Wie geht es der Pflege, wie den Care-Berufen? Wie ging es den Menschen vor der Pandemie, wie währenddessen? Wie kamen sie in ihren Beruf und was haben sie dort erlebt? In Protokollen fängt Frédéric Valin die unterschiedlichen Lebensläufe, Motive und Erfahrungen jener Menschen ein, die sich kümmern: Altenpfleger*innen, Erzieher*innen, Sozialarbeiter*innen, Hospizmitarbeiter*innen, Geflüchtetenhelfer*innen. Dabei entsteht ein aufschlussreiches, sehr persönliches und berührendes Bild jener Berufe; von den Aufgaben, Herausforderungen und Belastungen. Geschichten aus jenen Bereichen, vor denen die Gesellschaft allzu oft die Augen verschließt.

Frédéric Valin, geboren 1982 in Wangen im Allgäu, lebt seit einigen Jahren in Berlin. Dort studierte er Deutsche Literatur und Romanistik, bevor er begann, als Plegekraft, Autor und Kulturveranstalter seinen Unterhalt zu verdienen.

Im Verbrecher Verlag erschienen die Erzählungsbände »In kleinen Städten« und »Randgruppenmitglied« sowie der Essay »Zidane schweigt. Die Équipe Tricolore, der Aufstieg des Front National und die Spaltung der französischen Gesellschaft« als E-Book.

Frédéric Valin

PFLEGE PROTOKOLLE

VERBRECHER VERLAG

Erste Auflage
Verbrecher Verlag Berlin 2021
www.verbrecherei.de

Druck und Bindung: CPI Clausen & Bosse, Leck
Satz: Christian Walter

ISBN 978-3-95732-497-9

Printed in Germany

Der Verlag dankt Antonia Lesch,
Lisa M. Müller und Luisa Stühlmeyer.

Inhalt

Plötzlich war Zeit da.
Ein Vorwort.

Ich arbeitete bereits seit sieben Jahren als Betreuer in einer Einrichtung für Menschen mit sogenannter geistiger Behinderung, als die Corona-Pandemie begann. Parallel dazu hatte ich ein Studium der Sozialen Arbeit angefangen. Ich wusste, welche Belastungen und Herausforderungen in der sozialen Arbeit und der Pflege eine Rolle spielten. Es war früh klar, dass die Pandemie die Situation für alle Hilfesysteme dieser Gesellschaft verschärfen würde; jedenfalls allen, die in diesen Hilfesystemen arbeiteten oder von ihnen abhängig waren. Unklar war allerdings, wie sehr die Gesellschaft den Belasteten zuhören würde.

Die Pandemie hat viele neue Expert*innen in den Medien hervorgebracht, Virolog*innen, Statistiker*innen, Ärzt*innen. Darunter waren jedoch kaum Pflegekräfte und Sozialarbeiter*innen. Warum eigentlich nicht? Vielleicht, weil niemanden interessiert, was sie zu sagen haben. Vielleicht aber auch, weil sie keine*r fragt. An ersterem konnte ich nichts ändern.

Was aber zweiteres anbelangt: Plötzlich hatte ich Zeit. Ich habe mich recht früh isoliert im März 2020, und ich fand diese Geschichten immer schon wichtig, die mir aus der Care-Arbeit erzählt wurden. Bis dahin hatte ich es immer vor mir hergeschoben, die Menschen aus dem Sozialen, die ich kannte, systematisch erzählen zu lassen: das war eher was für gemeinsame Kneipenabende, Dirty Talk sozusagen. Mit der Pandemie aber rückte insbesondere die Pflege in den Blickpunkt der Öffentlichkeit, und die Kneipen hatten zu: Und so saßen die Pflegenden und Sozialarbeiter*innen zu Hause mit ihren Problemen und Eindrücken und Herausforderungen.

Also fing ich an, Leute anzurufen, und diese Leute kannten immer noch jemanden, der auch etwas zu erzählen hatte; immer noch weitere Leute, denen Dinge auf der Seele brannten. Ich fing an, die Gespräche aufzuzeichnen und zu transkribieren; zunächst, um das Material zur Hand zu haben. Später, um es vielleicht in Zeitungsartikeln zu verarbeiten. Und irgendwann im Herbst 2020 entstand die Idee, aus dem Material ein Buch zu machen.

Jetzt ist es tatsächlich ein Buch geworden, das, so hoffe ich, etwas davon erzählt, wie es Care-Arbeiter*innen ergangen ist und ergeht; und das nicht nur während der Krise, die diese Pandemie ist, sondern allgemein. Die Krise der Pflege hält schon lange an, wovon einige der Texte erfahrenerer Kolleg*innen eindrucksvoll erzählen.

Ich habe versucht, Beschäftigte aus ganz unterschiedlichen Bereichen erzählen zu lassen; ambulante Hilfen, Krankenhäuser, Pflegeheime, psychiatrische Einrichtungen; Menschen, die mit sogenannten Behinderten arbeiten, mit Alten, Kindern, Geflüchteten. Menschen aus verschiedenen Regionen Deutschlands, Menschen unterschiedlichen Alters. Trotz dieses Bemühens hat dieses Buch nicht den Anspruch, ein umfassendes Bild über alle Bereiche der Pflege und der Sozialen Arbeit zu geben; tatsächlich gibt es Bereiche, die nicht vorkommen, der Strafvollzug zum Beispiel oder die häusliche 24-Stunden-Pflege. Die meisten der Befragten sind zwischen 30 und 45, und es kommen überproportional viele Leute aus Berlin darin vor. Personenbezogene Daten wie die Namen der meisten Protagonist*innen wurden anonymisiert, um ihren Schutz zu gewährleisten. Dieses Buch hat nicht den Anspruch, eine soziologische Studie zu sein – es bildet dennoch einen Teil einer Realität ab, die zu selten wahrgenommen wird.

Mein Eindruck ist, dass Pflege und Soziale Arbeit der Öffentlichkeit im Grunde fremd sind. Alle Gespräche, die ich geführt habe, sind mit Dankbarkeit und zum Teil auch Enthusiasmus angenommen worden: Alle Protagonist*innen waren froh, dass ihnen mal jemand zugehört hat. Interessanterweise waren fast alle Protagonist*innen hinterher unzufrieden mit den Texten; sie dachten, sie hätten sich besser, präziser, konziser ausgedrückt. Diese Unzufriedenheit mit dem eigenen Sprechen, dieses Unperfekte des Ausdrucks durchdringt das ganze Buch: Es ist etwas, das auch ein jahre- bis jahrzehntelanges Schweigen illustriert.

Ich bin allen Protagonist*innen dankbar, die dieses Schweigen durchbrochen haben, dieses Schweigen, das Pflege und Soziale Arbeit im Grunde immer ummantelt hat. Dieses Buch ist entstanden, weil ich Zeit hatte und sie sich Zeit genommen haben. Sie haben alle ein Risiko auf sich genommen, denn die Care-Arbeitgeber*innen sieben Whistleblower*innen zuverlässig aus. Man gilt schnell als Nestbeschmutzer*in, wenn man Kritik übt oder Missstände anspricht.

Meine Hoffnung ist, dass dieses Buch viele andere Geschichten anstößt, dass viele Menschen aus der Care Arbeit beginnen zu erzählen. Aus den Geschichten dieser Alltagsexpert*innen lassen sich Lösungsvorschläge ableiten. Dieses Buch kann ein Anfang sein, um dem Care-Diskurs mehr Gehör zu verschaffen und notwendigen Veränderungsprozessen den Weg zu bereiten.

Berlin, im August 2021
Frédéric Valin

MAXI

Maxi, Anfang 30, arbeitet in einer Geriatriestation in einer westdeutschen Großstadt.

Mein Traumberuf war eigentlich Heilerziehungspflegerin, also Behindertenhilfe. Die Ausbildung habe ich damals auch gemacht. Allerdings stirbt der Beruf immer mehr aus, weil immer mehr Krankenpflegerinnen gesucht werden, denn die dürfen mehr als Heilerziehungspflegerinnen. Ich war zwei Jahre Hauptnachtwache in einem Behindertenheim, in dem ich auch meine Ausbildung gemacht habe. Mein Vertrag ist dann ausgelaufen. Damals war das noch nicht so, dass man gleich unbefristet übernommen wurde, zumal ich Krankheits- und Schwangerschaftsvertretung war. Und ich habe gesagt: Dann mache ich weiter. In der Berufsschule wars auch so, dass ich in Medizin besser war als in Pädagogik, Pädagogik hat mir nicht so gelegen. Deswegen habe ich im medizinischen Bereich als Krankenschwester noch mal eine Ausbildung gemacht. Ich bin dann in die Innere gewechselt. Die Verhältnisse waren katastrophal rückständig.

Da hat man alles selbst machen müssen, es gab keine Sekretärin, die einem Sachen abnimmt, auch keine Blutentnahme-Damen oder Leute, die Medikamente richten. Da musste man wirklich alles machen. Ich bin dann zur Konkurrenz in ein anderes großes Krankenhaus gewechselt. Da haben wir ein Programm, in dem ich jetzt bin. Da wird alles digitalisiert, was Medikamente angeht. Es wird dann ausgedruckt und in die Kurven reingeklebt. Das ist für jeden verständlich. Das Programm denkt auch mit, und sagt: »Ja, das haben wir in der Hausliste.« Dadurch kann man viel schneller lesen, und es hilft die Medikamente zu richten. Damals, im alten Krankenhaus, habe ich drei Stunden gebraucht, weil alles handschriftlich hingeschludert war, und man konnte die Schrift vom Arzt nicht lesen und so weiter.

Im Spätdienst war ich für 16 Leute zuständig, und dann drei Stunden Medikamente richten, das geht einfach nicht. Die Versorgung war dementsprechend nicht gut, und die Kollegen waren auch ständig überfordert. Ich war damals frisch ausgelernt und konnte nicht alles wissen. Du lernst nur die Grundlagen in der Ausbildung, und musst das in deinem Fachbereich vertiefen. Wenn man nicht fragen darf, weil die älteren Kollegen überfordert sind, und man für die mitarbeiten muss, das geht an die eigene Substanz. Das konnte ich nicht mehr leisten. Ich war permanent frustriert, dann hab ich gesagt: »Ich muss gehen.«

Die Anfangszeit im neuen Krankenhaus war recht gut, aber im Endeffekt ist es genauso frustrierend. Man hat trotzdem so viele Aufgaben, dass man den Leuten nicht gerecht wird – gerade in der Geriatrie, wenn die Patienten Weglauftendenzen haben und teilweise Doppeldiagnosen mit Demenz und irgendwelchen psychischen Auffälligkeiten. Und man wird denen erst recht nicht gerecht, wenn man drei solche zusätzlich noch sehr pflegeaufwändige Leute in einer Gruppe hat ... Ja, man hat zwar Helfer, aber manchmal ist das auch eher weniger als mehr.

Damals hab ich Dreischicht gemacht: Früh-, Spät-, Nacht-, jeweils eine Woche mit freien Tagen dazwischen, dann eine Woche frei. Eigentlich in Ordnung. Im Gegensatz zum alten Krankenhaus, da habe ich meistens zwölf Tage am Stück gearbeitet, danach hatte ich jedes Mal einen Tag frei plus Wochenende. Das geht an die Substanz, weil ab und zu braucht man einfach, wenn so viel Stress herrscht, einen Tag zum Ausruhen, zum Runterkommen. Mittlerweile habe ich mit meinen Vorgesetzten geregelt, dass ich nur noch Spät- und Nachtschichten arbeite, weil ich kein Frühaufsteher bin. Ich kann das nicht, ich bin dann einfach so fertig, ich wurde sogar krank, Migräne und so, weil ich das einfach nicht konnte.

So ein Dienst läuft ungefähr so ab: Ungefähr halb zwei ist Übergabe. Was ich sehr gut finde: Wir haben so Überleitungsbögen, da schreibt man alles drauf: Name, Diagnosen, Diabetes, Marcumar, irgendwelche Abgänge. Eigentlich alles. Die ersten zwei Dienste sind immer ein bisschen anstrengend, man muss die Leute kennenlernen und einschätzen und sehen, was sie machen. Ich persönlich bin so, ich kuck mir erstmal gemütlich alle Kurven an und schreib mir dann auf einen Zettel, was ich zu tun habe, wie die Leute heißen, welche Zimmernummer sie haben und was sie bekommen. Dazu kommen die Uhrzeiten. Ich neige dazu, vergesslich zu sein. Deswegen schreibe ich mir auf, was zu machen ist. Dann kuck ich mir die Akten an. Wenn ich mir alles angeschaut habe, geh ich durch jedes Zimmer und arbeite meine Liste ab: nochmal Vitalzeichen, über die Verbände drüberkucken. Auch damit ich sehe, was die gerade machen: auf dem Bett sitzen, schlafen oder welche Beschwerden da sind. Um 15 Uhr ist erste Raucherpause, mal kurz Luft schnappen, dann geht es weiter.

Von 15 bis 16 Uhr ist eigentlich auch Zeit, da kann man mal Kollegen helfen und Schülern Sachen erklären oder mit Ärzten besprechen, wenn irgendwas aufgefallen ist. Die Spätvisite fängt dann auch an, meistens haben die Ärzte noch Fragen. Um 16 Uhr fang ich an mit Zucker, Diabetes. Ab 17 Uhr gibt es dann Abendbrot, wir haben ja auch schwerkranke Leute, Apoplex-Patienten mit Schluckbeschwerden oder auch Demenzpatienten, die das kognitiv nicht mehr auf die Reihe bekommen, selbst zu essen. Dadurch dauert es eigentlich bis 18 Uhr. Dann machen wir Pause bis 18.30 Uhr, wenn es passt. Natürlich klingelt es immer wieder zwischendurch, man hat zwar Helfer, je nachdem was sie können, helfen sie halt mehr oder auch weniger.

So um 19 Uhr mach ich meinen Abendrundgang, Clexane spritzen, Antikoagulantien im Allgemeinen, manche kriegen auch Antibiosen. Noch die Betten frisch machen, Kaffeekannen leeren. Spätestens um 20 Uhr sind wir fertig, manche Helfer dürfen um 20 Uhr gehen. Dann fangen wir meistens an mit Übergabe und der zweiten Runde Dokumentation. Außer es gab einen Vorfall, das muss man gleich dokumentieren.

Um 20.40 Uhr kommt der Nachtdienst, wir machen Übergabe. Wenn Zeit ist, bereiten wir nochmal Tropfen oder Medikamente für den Frühdienst vor. Nachtdienst sieht etwas anders aus, da ist es ruhig oder völlig durcheinander, je nachdem.

Ich habe das Fachgebiet Geriatrie, also 65 plus, mit typisch altersgemäßen Krankheitsbildern wie Schlaganfall mit Lähmungserscheinungen, sehr schwere Krankheitsfälle: jahrelang bettlägerig, von oben bis unten durchlöchert, mit Tracheostoma, PEG-Sonde, SPK, alles Mögliche. Wir sind keine Palliativstation, sondern akut für alte Menschen da. Aber viele kommen auch zum Sterben zu uns. Das ist oft besprochen mit den Angehörigen, wenn die Menschen schon ein gewisses Alter und Krankheitsstadium erreicht haben. Da muss der Arzt Gespräche führen, dass es nicht mehr gut wäre, viel zu machen. Dementsprechend kann man sich einigen. Patientenverfügung, Vorsorgevollmacht. Kommt darauf an, wie die Angehörigen darüber denken oder wie viel die wissen, viele wissen ja nicht Bescheid. Der Arzt muss dann aufklären und auch ehrlich sein. Palliativ ist, wo Leute wirklich krank sind, oft auch onkologisch, also irgendwelche Krebserkrankungen. Manche kommen auch einfach auf Palliativstation, weil die dort meistens spezialisiert sind auf Schmerzen. Das heißt nicht, dass die nur dahin kommen, um zu sterben, sondern einfach für Schmerzeinstellungen und um onkologisch nochmal drauf zu kucken, wie man den letzten Weg angenehm machen kann. Wir bekommen nur Akut-Fälle. Der Mensch ist jetzt 99 und hat keine Lebensqualität mehr oder es macht nicht mehr viel Sinn und er darf gehen. Aber die meisten werden akut eingeliefert, mit AZ-Verschlechterung, also Allgemeinzustandsverschlechterung. Und dann kuckt man, soll noch reanimiert, intubiert, intensiv gemacht werden oder nicht. Das ist ganz grob der Unterschied.

Männer verkraften das nicht so gut wie Frauen, wenn der Partner vor einem geht. Es kommt aber auch drauf an, in welchem Alter, und wie abhängig sie sind. Die Männer kommen dann mit Versorgungsproblemen zu uns, weil die es nicht mehr hinkriegen. Das hört man oft von Angehörigen: »Vor vier Wochen ist unsere Mutter gestorben, und vor drei Wochen ist der Vater noch Auto gefahren. Und jetzt ist der aber so dement, wie konnte das passieren?« Das ist die Trauer dann.

Wir haben insgesamt 49 Betten auf Station. Das ist recht klein. Da wir Geriatrie sind, müssen wir bestimmte Anforderungen einhalten. Wir sind keine zertifizierte Geriatrie, weil uns die Küche fehlt: Kochen ist ein Angebot zum Reaktivieren von alten Personen, vor allem bei Demenz. Das haben wir nicht, weil wir ein Akut-Krankenhaus sind, die Räume fehlen uns leider. Aber wir haben ein großes Wohnzimmer. Wir sind sehr altmodisch eingerichtet, dass die Leute sich besser erinnern können, mit altmodischen Bildern oder richtig altem, schönem Radio, das man anschalten kann. Wir haben auch lange Hundebegleitung gehabt. Leider haben wir das momentan nicht im Angebot, durch Corona sind alle Gruppenaktivitäten verboten worden. Wir haben auch Demenz-Coachs auf Stationen, die uns unterstützen, und Betreuungskräfte, die nicht jeden Tag, aber an einzelnen Tagen kommen. Die kommen auf uns zu und fragen: »Wen habt ihr, wo wir mehr kucken müssen?« Um uns mehr Arbeit abzunehmen, damit wir eher das Medizinische machen können.

Den Patienten geht es bei uns, würde ich sagen, recht gut. Wir haben einmal im Jahr Schüler auf Station, da werden die beinahe verwöhnt. Da ist dann Schlüssel 1:3, also ein Schüler, drei Patienten. Da ist dann auch dementsprechend Zeit, und das genießen dann auch die Patienten.

Wir haben einen recht guten Ruf. Als Arbeitsplatz nicht, weil wir viel machen müssen, harte Arbeit. Man kann sein Geld leichter verdienen. Das ist der Grund, warum die Leute nicht zu uns kommen, und viel Personal geht. Weil es harte Arbeit ist. Man muss viel pflegen, viel lagern. Man hat viel Visite, viele Notfälle. Sterbebegleitung kann auch nicht jeder. Deswegen kommen nicht so viele, und viele gehen mittlerweile, weil es einem irgendwann so dermaßen an die Substanz geht. Ich persönlich bin momentan dabei, mich umzukucken, ich kann auch nicht länger. Viele haben Burn-out, weil es einfach viel und auch schlimm ist.

Wir bräuchten kleinere Gruppen und immer ein bis zwei Helfer. Aber das passiert nicht. Als Corona anfing, kamen die auf die Idee, dass wir Überstunden abbauen sollten. Warum? Wir hatten nicht weniger Patienten. Wir hatten Notstationen, die geschlossen wurden nur für Corona-Fälle. Dadurch musste Palliativ mit zu uns. Und Palliativ heißt: eine Fachkraft für drei bis vier Leute. Bei uns ist eine Fachkraft für zehn Leute zuständig, also offiziell, tatsächlich sind es dann zwölf. Dann sitzt sie da hinten bei ihren Leuten, wartet, bis wir mit der Arbeit fertig sind, und kommt dann angeschissen: »Ja, kann ich euch noch was helfen?«

Ich habe dafür keine Geduld mehr. Ich werd dann patzig. Und jetzt sind immer mehr Leute gegangen, dadurch wirds auch immer mehr Arbeit. Das Schlimme ist auch, dass der Stationsleiter nicht zu uns hält und auch nicht die Abteilungsleitung, aber darüber will ich jetzt nicht sprechen. Nicht, dass es irgendwie rauskommt.

Ich finde, gerade in sozialen Berufen, wenn man immer mit Menschen Kontakt hat, stumpft man irgendwann ab. Ich bin jetzt in einer Phase, durchaus recht lange, in der ich nicht so nett war, und deswegen viel Ärger von meiner Stationsleitung bekommen habe. Weil ich den Mund aufmache und sage, wie es ist. Nein, ich hol den Angehörigen keinen Kaffee. Die sind gesund und können sich selbst einen holen. Und wenn es denen nicht passt und sie zum Vorgesetzten rennen, entschuldige ich mich auch nicht. Ich krieche niemandem in den Arsch. Ich habe auch keine drei Jahre gelernt, um Arschabwischer zu sein und Bedienstete. Nein, ich bin medizinische Fachangestellte. Medizinisch spezialisiert auf Pflege. Wir schimpfen uns Pflegefachkräfte, und da lass ich mich auch nicht beim Vornamen rufen. Dafür habe ich keine Geduld mehr.

Gut, bei den dementen Personen ist das was anderes. Die nennen wir auch manchmal beim Vornamen, gerade Frauen, die alt sind und geheiratet haben, die einen anderen Namen angenommen haben. Das wissen die manchmal nicht mehr. Dann musst du die entweder mit Mädchennamen ansprechen oder mit Vornamen, sonst reagieren sie nicht.

Wenn ich mich dann mit Vornamen vorstelle, ist das für mich in Ordnung. Ansonsten bin ich Pflegefachkraft. Alle anderen werden ja auch gesiezt. Warum muss ich mich unterordnen, nur mit Vornamen vorstellen? Da fängt es schon an. Ich finde, dann hat man auch ein bisschen Distanz und die Leute haben auch mehr Respekt.

Ich muss sagen, wir haben einen echt guten Chefarzt, der ist sehr menschlich. Deswegen kommen auch viele Private zu uns, weil er viel macht für unsere Patienten und auch für uns. Der hört uns zu. Unsere Oberärzte haben alle bei uns Grundausbildung gemacht, beziehungsweise als Assistenzarzt angefangen und sich hochgearbeitet. Die waren immer gern bei uns. Mit denen kann man reden, die hören auch zu. Bei Assistenzärzten kommt es drauf an, ob sie neu sind. Klar, das ist viel für die, die haben lange studiert, vielleicht auch nicht so den Stress gehabt, und nun kommste hierhin, bist frisch ausgelernt. Da hast du erst mal Patienten, die schwer krank sind, mindestens zehn Stück davon allein auf unserer Station und dann noch auf anderen Stationen vielleicht. Dann sind die überfordert. Das dauert. Doch da sagt niemand was, wenn die gut Rücksprache halten und trotzdem nett sind. Man merkt schnell, ob sie jetzt Lust auf unsere Patienten haben oder nicht. Bei manchen merkt man, wenn sie Bereitschaftsdienst haben, dass sie nicht so gerne hochkommen und helfen, was nicht in Ordnung ist. Wenn ein Patient Schmerzen hat, man ruft die an und die sagen: »Ja, so ist das.« Nein, niemand muss Schmerzen haben, dann komm halt hoch und setz was an. Aber im Großen und Ganzen sind eigentlich alle in Ordnung. Man kann mit ihnen reden. Die hören auf uns.

Das ist nicht selbstverständlich, das ist nicht überall so, gerade Chirurgen sind arroganter.

Ich möchte momentan wieder in meinen alten Beruf. Ich möchte jetzt wieder Nachtdienst machen im Behindertenheim. Mir fehlt es, dass man für die Leute da ist, mit denen Spaß haben kann, mit denen reden und nicht nur medizinisch alles abhaken und die Menschen dabei liegen lässt, morgen ist ja wieder jemand anderes da, weil einer dann gestorben ist. Es gibt welche, die sind seit 20 Jahren dabei mit hundert

Prozent. Da frage ich mich: »Wie zur Hölle machst du das?« Ich bin zwei, zweieinhalb Jahre da, und ich bin schon am Ende. Es geht darum, wie viel man selbst ertragen kann, und wie man es verarbeitet.

Von den Patienten krieg ich nicht viel mit. Ich kuck einmal rein und dann muss ich zum nächsten weiter. Viel Zeit hat man nicht, zumal man eh so viel Druck hat, dass man sich nicht jedes Mal das Gequatsche von Dementen mit Psychose geben kann.

Und dann klingelt seit den Corona-Maßnahmen das Telefon ununterbrochen, weil Angehörige neue Infos haben möchten. Das ist auch verständlich, aber bei zwölf Patienten mit jeweils drei Angehörigen die sich untereinander nicht absprechen oder verfeindet sind, was glaubst du, kommt da raus? 36 zusätzliche Leute, die Fragen haben und anrufen, dann kommen noch Ärzte, Kollegen, Sekretärin, Stationsleitung, Fachbereiche wie Röntgen, MRT; Dialyse, Echo, EKG usw. dazu, die auch Fragen haben oder Anordnungen und so weiter! Und dann kommt ein Angehöriger unfreundlich am Telefon, der nicht einmal »Hallo« sagt, und sagt einfach nur: »ISCH WILL MEI MUDDA SPRESCHE.« Da kann ich nicht so freundlich bleiben. Das sag ich halt dann: »Hey, sorry, wer zur Hölle ist Ihre Mutter? Name?« Das hört sich jetzt hart an, aber ich denke, vielen Menschen ist das nicht bewusst, was die Pflegefachkräfte alles gleichzeitig machen müssen. Man muss multitaskingfähig sein, sonst geht man unter in dem Beruf. Und das dann zwölf Tage am Stück ohne frei … Und nein, ich will kein Mitleid, sondern Verständnis! Mitleid hilft niemandem.

Wenn ich frei habe, bin ich froh, wenn ich daheim bin, weil ich einfach keine Menschen mehr sehen will.

Deswegen denke ich, in den sozialen Berufen, da müssen die Leute ja so viel Frust abbauen, weil sie ständig mit Menschen zu tun haben, daher kommt diese Kälte, diese nicht soziale Einstellung. Bei mir ist das so. Im Internet, auf der Straße oder im Fernsehen gibt es eigentlich nichts mehr, was mich groß schockt.

Mit Corona hat sich recht viel verändert, vor allem kommen keine nervigen Angehörigen mehr vorbei, die dumme Fragen stellen oder einem Nachlaufen und kucken was man macht, weil ja jetzt keiner mehr reindarf. Der Nachteil ist, gerade bei dementen Personen, wenn da die Angehörigen oft da sind, können die eigentlich recht viel abfangen. Wir haben die Patienten halt jetzt mehr an der Backe, weil die niemanden haben. Wir sind jetzt an der vordersten Front, wir sind die ersten Bezugspersonen.

Ansonsten ist es schon ruhiger. Schlaganfälle, Herzinfarkte kommen trotzdem. Als das anfing mit dem Covid, hatten wir auch eine recht große Influenzawelle bei uns auf Station. Klar, die Patienten sind ja auch Risikogruppe. Dann wurden die auf beides getestet. Und meistens kam raus, dass es nicht Covid ist, sondern Influenza. Letztes Jahr hatten wir nicht so viel. Aber vor zwei Jahren, wo die Riesenwelle war, ich war noch im alten Krankenhaus und noch in Ausbildung, da gab es teilweise ganze Influenza-Stationen.

Es gab schon ältere Kollegen, die waren vorsichtiger, aber bei uns Jungen hieß es: »Das ist auch nix anderes als Influenza.« Wir jungen Menschen mit Abwehrkräften, wir hatten nicht solche Angst. Wir hatten eher Angst, dass wir angesteckt werden und dann unsere alten Patienten anstecken. Viele haben gehofft: »Hoffentlich werde ich krank, und muss dann nicht arbeiten. Steck mich an, ich will nicht!«

Wir sollten auch Urlaub abbauen, die Heime waren ja geschlossen und die haben sich alle zweimal überlegt, ob man Menschen ins Krankenhaus schickt. Wenn die Leute zurückgekommen sind, haben die Heime gesagt: »Dann möchten wir aber auch einen Negativtest.«

Bei uns wurde nur getestet, wer Symptome gezeigt hat, glaube ich. Aber ältere Menschen haben ja oft Aspirationspneumonie, das ist so ein offensichtliches Symptom von Covid. Dadurch wurden die meisten getestet oder eben Leute, die aus dem Heim kamen, weil es da Ausbrüche gab. Bei uns war man vorsichtiger. Wir wurden aber nie getestet.

Was sich verändern muss: Das fängt eigentlich schon in den Köpfen an. In unserer Gesellschaft. Die haben uns als Arschabwischer im Kopf und als Dienstmädchen, aber das sind wir nicht. Das muss schon anfangen bei den Pflegekräften, dass man sich selbst nicht runtermacht.

Um ehrlich zu sein: Ich bin froh, nur Schwester zu sein, der Arztjob ist genauso undankbar. In meinem alten Krankenhaus haben die 24 Stunden-Dienste – zum Teil genauso schlecht bezahlt. Da ist mir mein Privatleben zu wichtig. Und dann die ganze Verantwortung, die die haben. Bei manchen frisch ausgelernten Ärzten denke ich: what the fuck. Überhaupt keine Menschenkenntnis und nix. Geld ist auch nicht alles.

Momentan arbeite ich 100 Prozent. Ich habe fünf Tage im Monat frei, wenn es blöd läuft, und da sind die Wochenenden schon drin. Manchmal komm ich mir vor wie ein Arbeitssklave. Durch die Nachtdienste hab ich aber normalerweise mehr frei. Ich muss sagen, würde ich bei einer Dreiviertel-Stelle das jetzige Gehalt kriegen, das wäre lukrativ. Das wäre was anderes.

Ich denke schon über Alternativen nach. Ich interessier mich sehr für Piercings und Tattoos, ich würde gerne Shop-Manager machen. Organisieren kann ich. Und Termine vereinbaren und Leute beraten, das mache ich ja jetzt auch. Und ein bisschen Medizin kann man da ja auch brauchen.

Wir haben viele internationale Kollegen. Unsere Stationsleitung ist aus Ex-Jugoslawien. Da macht er immer Anwerbungen, wahrscheinlich im Urlaub, und schickt dann dauernd Leute her, die schlecht Deutsch können und keine Ahnung haben von dem, was sie machen. Klar, die laufen dann mit uns mit. Uns sagt man: Man muss den Leuten jetzt zwei bis drei Jahre Zeit geben. Aber dann lass die doch die Ausbildung machen, so haben die was Richtiges in der Hand. In meinen Augen ist das eine Gefahr für die Patienten. Die haben eine rein schulische Ausbildung, und da sind die in den Standards einfach hinterher.

Es gibt auch viele gute, die sind schon etwas älter meistens, möchten jetzt hier anfangen, machen ihre Anerkennung. Aber da merkt man, die haben schon in diesem Beruf gearbeitet, die haben auch Ahnung.

Wir machen zusätzliche Arbeiten, bilden aus, kriegen dafür allerdings kein Geld, was ich nicht in Ordnung finde. Klar, wenn Schüler Interesse haben und offen sind und mit mir klarkommen – ich bin halt eine ironisch-sarkastische Person. Aber wenn man sich versteht, das mache ich gern und erklär was. Wenn jemand keine Lust hat, habe ich auch keine Lust. Oder man merkt, dass einfach nichts ankommt. Ich arbeite halt schnell, ich bin eingespielt. Die brauchen ein bisschen mehr Zeit, da lass ich die dann wursteln. An sich mach ich das gern. Vielleicht studier ich auch nochmal. Da kann ich auch rumrennen, wie ich will. Das ist ja im Krankenhaus nicht so. Ich bin tätowiert, und die Stationsleitung mag das nicht so, da hat man immer ein bisschen schlechtere Karten. Weil sie dann die Professionalität anzweifelt. Ja, klar hab ich auch Tattoos, die andere nicht sehen sollten, aber die habe ich an den Stellen, wo man sie auch nicht sieht. Ich weiß nicht, warum das ein Problem ist.

Bei religiösen Trägern werden wir gezwungen, immer noch in der Kirche zu sein. Mein Glauben hat nichts mit dem Beruf zu tun. Nur weil ich nicht in der Kirche bin, heißt es nicht, dass ich ein schlechterer Mensch bin. Das ist Heuchelei, aber so sind halt die Christen. Und mir darf gekündigt werden, wenn ich austrete, finde ich nicht in Ordnung.

Zum Ausgleich, naja. Ich zocke viel, meistens Shooter, hauptsächlich um Aggressionen virtuell rauszulassen. Das funktioniert mal mehr, mal weniger. Für mich war die Quarantäne total in Ordnung, ich bin Gamer, ich sitz ja eh nur drin und zocke. Aber es war schön, nicht so viele dumme Menschen auf der Straße zu sehen. Jetzt, wo alle wieder rausdürfen – ich wohn direkt in der Innenstadt, ich muss hier einmal um die Ecke und bin direkt in der Fußgängerzone – und jetzt wieder überall Menschen. Naja. Und niemand kuckt nach dem anderen. Rücksichtslose Ellenbogengesellschaft Deutschland. Ich gehe jetzt am Wochenende in den Zoo, immer nur Spazieren und Fahrradfahren in der Gegend hier, whäää, nee. Die Tiere machen halt glücklich, hat man was zum Ankucken.

Inzwischen hat Maxi ihre Stelle gekündigt, »es ging einfach nicht mehr«, sagt sie. Sie arbeitet jetzt als Leasingkraft.

LUDWIG

Ludwig ist pädagogische Fachkraft, er hat einen Bachelor in Erziehungswissenschaften. Er arbeitet in einer stationären Wohneinrichtung mit psychiatrischem Schwerpunkt.

Ich bin jetzt Mitte 30, hab Erziehungswissenschaften studiert. Da gab es einen starken Fokus auf Betriebsarbeit, Coaching von Mitarbeitern, Diversity-Management in Unternehmen und all so ein Quatsch. Ich habe mich aber dazu entschlossen, das trotzdem fertig zu machen.

Nebenbei hab ich schon in Werkstätten für Behinderte gearbeitet. Wenn die Mitarbeiter dort Feierabend hatten, war ich für eine Art Freizeitprogramm zuständig. Dann hab ich wen kennengelernt, der in einem Heim in Bayern arbeitet, wo ich jetzt auch bin, 30 Stunden die Woche. Ich bin da inzwischen seit ungefähr fünfeinhalb Jahren.

Ich wohne so 30 Kilometer entfernt in der Stadt, das ist ganz praktisch, weil ich eine gute Trennung habe von Freizeit und Beruf, durch diese räumliche Distanz. Bei anderen Kollegen, die hier in der Beratungsstelle arbeiten zum Beispiel, die gehen einkaufen und treffen dabei sozusagen ihre Arbeit. Das wäre mir zu anstrengend.

Unsere Einrichtung ist im Zweiten Weltkrieg gebaut worden, wahrscheinlich als Landverschickungswohnheim. Es ist nicht so ganz klar, was die da gemacht haben, da ist viel Schweigen. Nach dem Krieg hat ein Träger das Haus bekommen und ein Kinderheim draus gemacht, später wurden dort vorwiegend ältere Menschen mit psychischen Erkrankungen untergebracht. Am Anfang war das recht klassisch: Feldarbeit, den Bauern aus dem Dorf helfen bei der Selbstversorgung. Das ging ungefähr bis vor zehn Jahren. Es war ein kleines Haus mit 20 Leuten, die hier betreut wurden, und wie man so hört, wurde ein striktes Regiment geführt. Irgendwann wurde das kleine Haus abgerissen und eine größere Einrichtung mit 32 Betten in einem Wohnheim und 20 Betten in der Pflegegruppe hingestellt. Das ist kein großer Klotz, sondern einigermaßen clever gebaut.

Die Bewohner und Bewohnerinnen dort leben in Wohngruppen, mit bis zu acht Menschen. Eine der Gruppen ist geschlossen, das heißt die Leute sind faktisch eingesperrt. Ich habe einen Schlüssel und kann sie rauslassen.

Diejenigen, die dort wohnen, sind größtenteils Menschen, die wenig Geld haben. Der Wohnkomfort ist gering, es gibt Gemeinschaftstoiletten, jede Gruppe hat ein Doppelzimmer. Finde ich uncool, Leute in einem Doppelzimmer wohnen zu lassen. Bei manchen ist es glücklich, wir haben Geschwister, die wohnen gern zusammen, aber das ist die Ausnahme.

Es gibt teilweise Bewohner, die sind hier seit Jahrzehnten, eine wohnt hier schon seit 40 Jahren. Ich würde sagen, ein Drittel lebt schon seit zehn bis 20 Jahren da, zwei Drittel der Leute sind neu dazugekommen. Das Heim ist verschrien als Endstation. Beispielsweise – eine Bekannte von mir arbeitet in einem Bezirkskrankenhaus und meinte mal über einen Patienten: »Vielleicht könnte man den da in dem Heim unterbringen.« Und da meinte der Sozialarbeiter mit langjähriger Erfahrung: »So weit ist es noch nicht.« Bei uns sind also größtenteils Menschen, die langjährige Psychiatrieerfahrung haben, dadurch teilweise stark traumatisiert sind. Eine der Bewohnerinnen hat über 150 Aufenthalte in der Psychiatrie hinter sich. Die erzählt richtig üble Geschichten »von früher«. Wenn man Stress gemacht hat in den 90ern, war das noch so: Heizkörper, Handschellen, fertig. Es gibt auch einen, der kommt aus einem anderen Wohnheim, der ist dort rausgeflogen. Die hatten eine Kammer, in die sie eingesperrt wurden, die nannten das ganz nett »Panikraum«.

Bei vielen merkt man, was mit den Leuten gemacht wurde in früherer Zeit bei Not- und Problemlagen: ans Bett fesseln, in die Kammer sperren, nicht adäquat reagieren und Hilfe bringen, sondern Polizei, Handschellen, Psychiatrie. Das ist oft nicht schön abgelaufen, auch weil die Leute hier oft multimorbid sind, also eine geistige Behinderung oder eine Intelligenzminderung haben mit einer psychischen Erkrankung gemischt.

Das Alter geht von Ende 30 bis fast 80 Jahre. Es wird ein Gesamtplanverfahren gemacht, die Leute gelten irgendwann als behindert, halt vorwiegend aufgrund der chronischen psychischen Erkrankung, die ihnen angedichtet wird. Ich finde das schwierig. Wenn ein Hausarzt die Überweisung für die Psychiatrische ausschreibt, steht bei 30 Prozent einfach Schizophrenie drauf. Und wenn man die dann sieht, merkt man halt: Okay, das hat auf jeden Fall individuell ganz andere Auswirkungen für die Einzelnen. Die Diagnose hilft den Betroffenen nicht immer.

Die Leute sind auch einfach sehr unterschiedlich. Jemand, der ganz viele böse Stimmen gehört hat in seinem Leben, sich deswegen in den Kopf geschossen und überlebt hat und jetzt Folgeerscheinungen hat. Oder ein anderer, der einfach sehr, sehr viele verschiedene Drogen genommen hat und jetzt beim Duschen nicht mehr die Reihenfolge von Wasser, Shampoo, Wasser, Handtuch, Kleidung hinbekommt. Es sind sehr unterschiedliche Krankheitsbilder. Bei den allermeisten ist es so, dass sie sehr lange in der Psychiatrie waren. Dann gelten die irgendwann als austherapiert.

Bei uns gibts schon einen subtilen Arbeitszwang. Was tun zu müssen, schwingt immer mit. Ungefähr ein Viertel der Menschen hier geht in eine Werkstatt, einer hat einen Außenarbeitsplatz bei einer richtigen Firma. Die anderen können in die Holzwerkstatt gehen, da wird gebastelt und so, und es gibt einen zweiten Raum, da gibt es ein Arbeitsangebot einer Elektrofirma. Da heißt es: »Hier sind 300 grüne Lampen, 300 rote und 300 gelbe, und jetzt macht ihr 10 grüne, 10 gelbe und 10 rote in eine Tüte und dann tackert ihr die zu, dann immer 100 Stück in einen Karton, und dann wird der Karton zugemacht, und immer zehn Kartons mit hundert Stück in einen größeren Karton. Und dann schickt ihr uns das zurück.« Da wird schon so eine Art Arbeitsleben simuliert, aber auf sehr reduzierter Ebene. Also: eine Dreiviertelstunde Arbeit, dann eine halbe Stunde Pause, und nochmal eine Dreiviertelstunde Arbeit und danach gibts Mittag.

Teilweise helfen die Leute im hauswirtschaftlichen Bereich und putzen oder gießen im Garten die Rosen oder mähen den Rasen. Aber es gibt Leute, bei denen halt gesagt wird: »Der ist jetzt 68 Jahre alt. Er hat sein Leben lang als Koch gearbeitet, jetzt ist er sehr depressiv, und wenn er gerade nicht arbeiten kann, kann er nicht arbeiten. Wenn er jeden Mittag den Essenswagen vom anderen Ende der Einrichtung holt, dann ist schon viel gemacht und es ist cool, dass er es macht. Und dann schaun wir mal, ob er noch ein bisschen mehr machen will.« Aber er wird glücklicherweise nicht mehr gezwungen Elektroteile zu sortieren, zum Beispiel.

Es wurde auch schon versucht, Leute bei der Gemeinde unterzubringen. Aber das Klientel ist größtenteils zu schwach, als dass man sagen könnte: »Du läufst mit den Mitarbeitern vom Bauhof mit und streichst die Bushaltestelle im Ort.« Das wäre nur mit einem Aufwand möglich, den sich die Gesellschaft nicht leisten kann beziehungsweise will. Es gibt einfach zu wenig Betreuungspersonal und Wille und Geld und Möglichkeiten, geeignete Arbeitsplätze zu schaffen. Wenn die Leute hier sind mit Mitte 50, ist es utopisch, wieder auf den Ersten Arbeitsmarkt nach jahrelanger Abwesenheit zu gelangen. Teilweise sind die Menschen auch stark hospitalisiert, da wieder in ein Leben in der eigenen Wohnung zu ermöglichen, ist sehr schwer.

Das Ziel ist immer, die Bewohner wieder zurück in die Gesellschaft einzugliedern. Das ist bei allen Maßnahmen so, wenn man noch nicht in der Pflege ist. Man muss den gleichen Integrations-Fragebogen ausfüllen, ob die Person jetzt 80 Jahre alt ist oder Ende 30. Im Endeffekt, wenn die Heimaufsicht vom Landratsamt vorbeikommt, machen die uns kaum Stress, obwohl in den letzten zehn Jahren wenig Leute von dem Wohnheim weg in offenere Wohnformen gewechselt sind. Das wäre eigentlich der gedachte Weg. Aber ich hab vor zwei Jahren mal gekuckt, da gab es in diesem Regierungsbezirk keine Strukturen für Antragstellende. Größtenteils ist dieses Angebot in dieser Region nicht angekommen, zumindest nicht für dieses Klientel. Und so wird es auch wenig von staatlichen Stellen oder Wohlfahrtsorganisationen angeboten.

Was es tatsächlich noch gibt, ist Wohnen in Gastfamilien, aber das ist den meisten Leuten unangenehm. Es gelingt nur in sehr seltenen Fällen, jemanden rauszuvermitteln.

Wir sind eine stationäre Wohnform, bei uns sind 24 Stunden am Tag betreuende Menschen da und wach. Und wenn Leute mitten in der Nacht kommen und sagen: »Ich habe Angst, dass die Polizei kommt und mich verhaftet, dass ich hier rausgeschmissen werde, dass ich ins Krankenhaus muss«, dann ist wer da, um sie zu beruhigen.

Eigentlich sollen wir vermitteln. Aber potenziell läuft es genau andersherum. Die Leute schaffen es in anderen Bereichen nicht mehr, kommen zu uns und haben dann eine Art Sicherheit, dass sie in diesem Wohnheim bleiben können. Dass sie nicht mehr rausfliegen und sich ihren Lebensmittelpunkt aufbauen können.

Leute mit Geld sind eher nicht im Wohnheim, weil das sehr stark auf diese staatlichen Hilfen zentriert ist, die suchen sich andere Dinge wie private Krankenstationen im Bezirkskrankenhaus. Bei uns ist es halt so: »Okay, austherapiert, kann nicht lesen, fertig. Brauchen wir nicht mehr, kommt da hinten ins Heim, ist auch gut so, kuckt keiner.« Viele hier haben Erfahrungen mit Drogen gehabt und wenn man Umfragen macht, findet eine Mehrheit in der Gesellschaft halt, die seien selbst schuld. Behindertenfeindlichkeit trifft meiner Meinung nach Personen mit psychischen Erkrankungen nochmal mehr, weil wenig Wissen über und viel Angst vor diesen Menschen in der Mehrheitsgesellschaft mitspielt.

Das ist auch immer wieder Thema in der Einrichtung selbst, wenn darüber geredet wird, wie Menschen mit ihnen in der Öffentlichkeit umgehen. Ein Beispiel: Bei einem Ausflug auf einem Schiff kommt es vor, dass die anderen Fahrgäste von unserer Gruppe abrücken, uns meiden. Es ist schwierig, dann Leute von außerhalb kennenzulernen.

Einer hat ein Auto, das benutzen auch ein paar der anderen. Sie fahren durch die Gegend und besuchen Konzerte oder machen bei einem Schlager-Internetradio mit. Andere kennen noch Leute von dort, wo sie aufgewachsen sind, und bleiben mit denen über SMS in Verbindung, bekommen Besuch und haben guten Kontakt zu ihren Angehörigen, teilweise vielleicht sogar zu guten, das heißt, manchmal sind die Angehörigen auch etwas überfürsorglich. Wir haben eine Mutter, die ruft ihre Tochter mehrmals am Tag an, um zu schauen, ob alles in Ordnung ist. Die Tochter hat Angststörungen und denkt immer, sie hätte etwas falsch gemacht. Sie bespricht dann alles mit ihrer Mutter, und die Mutter bringt da ein bisschen die Ruhe raus. Es gibt aber auch Leute, da ist der Kontakt zu allen gekappt. Komplett Isolierte gibts jedoch eigentlich nicht. Es gibt immer noch den Bruder, der zum Geburtstag ein Paket schickt, einmal im Jahr vorbeikommt und an Weihnachten anruft.

Wir sind ein Team von zwölf Personen, da gibt es Altenpfleger, Heilerziehungspfleger, Krankenpfleger und einen Psychologen, das ist gesetzlich vorgeschrieben, und es gibt einen Sozialarbeiter und einen Heilpädagogen. Keine einzige Person hat eine spezielle Ausbildung für die Zusammenarbeit mit psychisch kranken Menschen. Bisschen Fortbildung und learning by doing. Was mach ich aber, wenn eine Person zu mir kommt und denkt, sie hätte alles falsch gemacht? Tja, das muss ich dann selbst rausfinden.

Wir hatten früher eine Sozialdienstleitungsebene, jetzt nicht mehr, jetzt ist es so, dass man abarbeitet, was gerade so ansteht. Und je nachdem, wie die Leute gepolt sind, packt man sie am Sonntag ein und fährt mit ihnen auf den Flohmarkt, oder wenn der Altenpfleger da ist, wird halt Körperpflege gemacht, Fingernägel geschnitten und lackiert, mal der Bart gestutzt und so. Das läuft durch die Multiprofessionalität des Teams einigermaßen gut. Wobei man sagen kann, unser Träger ist nicht der beste Arbeitgeber, man bekommt anderweitig wesentlich mehr Geld, und das Heim liegt auch nicht sehr zentral. Dadurch ist der Personalmangel hier ständig Thema, also springt man auch viel ein. Der Hausmeister macht Therapieangebote und es gibt den hauswirtschaftlichen Bereich, die setzen sich nachmittags auch hin und machen mit den Leuten Gymnastik, gehen spazieren, plaudern oder stricken gemeinsam.

Teilweise haben die Leute externe Psychiater oder Psychologen, zu denen sie regelmäßig hingehen für Gespräche. Allerdings ist völlig klar, dass wir hier in einem Landkreis sind, der psychiatrisch unterversorgt ist. Wenn jemand sagt: »Ich seh die ganze Zeit schwarze Fliegen«, wird erstmal die Psychiaterin angerufen, die kommt irgendwann vorbei. Es ist aber durchaus so, dass Probleme auftreten, aufgrund von pädagogischer Unfähigkeit, Personalmangel oder strukturellen Missständen, die die Leute unangenehm werden lassen oder aus Sicht des Betreuungspersonals »nervig«. Dann wird beim Psychiater angerufen und gesagt: »Der Mensch ist so und so.« Und daraufhin heißt es: »Okay, Haloperidol. Wenn er nicht ruhig wird, dann einfach nochmal anrufen.« Das wird so gemacht.

Das ist nicht wirklich gut. Generell ist es halt so, dass die Ärzte nach dem Prinzip »Never change a running system« arbeiten. Wenn Leute von uns ins psychiatrische Krankenhaus kommen zur Neueinstellung, wird dort meistens nicht viel gemacht. Die sehen: »Aha, Heim, Krankengeschichte ewig lang, Mitte 50, schaun wir halt, dass die in ihrem gewohnten Setting funktionieren, keine Auffälligkeiten zeigen und dann passt das schon so.« Das ist gängig. Eine Freundin, die in einem Wohnheim für behinderte Menschen arbeitet, hat erzählt, dass die so Gruppen eingeteilt haben: Also bei acht Leuten durften vier am Montag die Gruppe verlassen, die anderen vier am Dienstag und so weiter. Weil das nicht gut geklappt hat, ist halt der Herr Doktor vorbeigekommen und hat bei denen, die rausgegangen sind, obwohl sie nicht dran waren, Tavor aufgeschrieben. Das ist bei uns glücklicherweise nicht passiert. Bei uns gibt es schon die grundsätzliche Haltung, dass man die Leute nicht niederknallen darf, denn was haben die noch für ein Leben, wenn die nur noch in der Ecke liegen? Aber wenn die laut rumschreien und zu anstrengend werden, wird das trotzdem gerne psychiatrisch gelöst. Da wird schon stark übers Ziel hinausgeschossen. Man kann das nicht generell verhindern, weil es in der Struktur von solchen Einrichtungen angelegt ist, dass man Medikamente als Mittel benutzt.

Das läuft beim »Panikraum« nicht anders, man teilt einfach eine Tablette mit aus, und muss Leute nicht in einen Raum einsperren. Das merkt man auch, wenn sowas wie Corona kommt und plötzlich Betreuer auf die Idee kommen: »Wir können ja diese psychisch kranke Person isolieren, indem wir sie im Zimmer einsperren.« Da schlug zum Glück schnell der Humanismus durch. Aber die Ideen sind schon da.

Ich bin heilfroh, dass ich nicht am Fließband stehen muss. Und tagein, tagaus Fisch in Dosen einpacke oder Türen an Autos schraube. Ich hab das Gefühl, dass ich was Sinnvolles mache, wenn ich da hingehe. Wenn mir einer sagt: »Solange du hier arbeitest, sind meine Rechte garantiert«, weil ich zum Beispiel dafür gesorgt habe, dass niemand einfach mehr in die Zimmer rein rennt ohne zu Klopfen, dann ist das schon schön. Gleichzeitig versuche ich, Schlimmeres zu verhindern. Ich bin damit zufrieden, aber auch froh, dass ich auf 25 Stunden reduziert habe.

Ich überlege öfter mal, vielleicht eher persönlicher Assistent zu werden, seh aber halt auch klare Nachteile.

Ich habe schon auch den Traum, mir selbst was aufzubauen, wo man versucht, mit den Leuten auf Augenhöhe zusammenzuarbeiten, aber das ist halt nicht mehr so das klassische Konzept von Lohnarbeit. Meine Arbeit ist schon okay. Außerdem hab ich ja die Wahl: Ich habe keinen nichtdeutsch klingenden Namen, ich kann mich einigermaßen gut verkaufen, ich bin ein Mann in der sozialen Arbeit. Wenn ich irgendwo hinginge und sagte, ich will bei euch arbeiten, hätte ich gute Chancen. Also, ich arbeite nicht aus Not dort.

Als Mann muss man viele Dinge automatisch nicht machen, weil davon ausgegangen wird, dass man es nicht kann. Es hat sich zum Beispiel noch nie bei mir jemand beschwert, dass ich irgendwelche Betten nicht bezogen habe, wenn ich das zeitlich nicht geschafft habe. Das wird stillschweigend von Frauen übernommen. Bei vielen Bewohnerinnen ist es so, dass sie sich nicht so gern von mir beim Duschen helfen lassen. Den Männern ist es egal. Dafür ist zum Beispiel dann klar, dass, wenn wir grillen, ich am Grill stehen muss, weil das kann anscheinend nur ich.

Die Hälfte des Personals ist Mitte 50, manche auch kurz vor der Rente. Da gibts welche, die über 25 Jahre dort arbeiten. Mit Mitte 30 bin ich der Jüngste, der dort fest arbeitet.

Wir haben Schwierigkeiten, Personal zu kriegen. Man braucht entweder ein Auto oder müsste da wohnen. Man braucht auch Fachkräfte. Hilfskräfte zu finden, ist nicht so schwierig, vor allem im hauswirtschaftlichen Bereich ist es leicht, weil die Frauen aus dem Dorf, wenn die Kinder früh in der Schule sind, am Morgen dorthin kommen zum Arbeiten. Die meisten von denen gehen arbeiten, damit sie der häuslichen Enge entkommen. Das Geld brauchen die nicht, die kommen mit dem SUV angefahren, und das ist auch nur das Zweitauto. Da herrscht halt größtenteils die Mentalität vor: »Ich hab Kinder großgezogen, da kann ich auch im Heim arbeiten.«

Wir finden halt immer jemanden. Aber wenn jemand ausfällt, dauert es meist zwei, drei, vier Monate, in denen klar ist: Jetzt müssen wir alle eine 30-Stunden-Woche arbeiten oder der Dienstplan wird geändert. Es kommt noch diese klassische »Ich kann keinen Arsch abwischen«-Mentalität dazu. Und man muss schon ziemlich belastbar sein und wissen, was man macht, wenn jemand kommt und glaubt es brennt unter seinem Bett.

Was man merkt, ist eine recht starke Identifikation mit Menschen, bei denen man denkt: »Das könnte ja auch ich sein.« Die meisten kommen ja nicht auf die Welt und sind psychisch krank, sondern haben ein geregeltes bürgerliches Leben, und irgendwann kommt die psychische Krankheit, die killt dann alles: Wohnungssituation, Kontakte, soziales Umfeld, Kontakt zu den Kindern, Scheidung und so weiter. Da hab ich das Gefühl, dass da bei uns eine sehr starke Projektion reinkommt, dass sich sehr fürsorglich um diese Leute gekümmert wird. Und bei anderen, früher weniger Bürgerlichen ist es eher – naja.

Wir waren vor Corona schon sehr abgeschnitten, jetzt ist es richtig krass. Der Pfarrer im Ort hat uns einen Solidaritätsbrief geschrieben, dass er jeden Abend für uns betet und so einen Quatsch. Unser Wohnheim gleicht einem Hochsicherheitstrakt, hat er gesagt. Wir haben ja Leute mit Beschluss für beschützende Unterbringung.

Da erfolgt normalerweise eine persönliche Anhörung durch einen Richter, damit der sich ein Bild von den Menschen macht. Das ist jetzt telefonisch abgelaufen. So hat einer einen Beschluss bekommen für zwei Jahre Unterbringung, ohne dass sich das wer angekuckt hätte. Aber es heißt dann schön »Wohnheim mit beschützender Unterbringung«.

Das Wichtigste wäre, die Leute regelmäßig aus dieser Institution rauszuholen. Wir gehen spazieren, wir fahren mit dem Auto in die Stadt und gehen ins Eiscafé. Wir kucken uns ein blödes Andrea Berg-Konzert in einer großen Sporthalle an oder sowas – das bricht den Charakter der totalen Institution auf. Das geht auch dadurch, dass Heimatbesuch reinkommt. Dieser Charakter von Gefängnis, der ist ja einfach schon festgeschrieben.

Mit der Corona-Krise wird das verstärkt. Faktisch gesehen. Man kann mit den Leuten spazieren gehen. Doch es fehlen externe Angebote. Das ist ein internes Problem, weil dem Sozialarbeiter, der mit den Bewohnern in ein Eiscafé fährt, schnell mal gesagt wird, der drücke sich davor, richtig zu arbeiten. Es gibt zu wenig Bewusstsein dafür, dass es eine wichtige Tätigkeit ist, die Leute aus dieser Institution rauszuziehen. Es ist nicht unbedingt schön mit acht Leuten im Eiscafé zu sitzen und für alles verantwortlich zu sein, zu kucken dass niemand abhaut, weil er glaubt, seine Mutter irgendwo gesehen zu haben, darauf zu achten, dass niemand hinfällt. Manche sind auch stark distanzgemindert, da muss man aufpassen, wenn sie mit fremden Leuten sprechen. Wenn sie an die falschen Personen kommen, ist es nicht witzig. Ich habe auch schon eine Situation erlebt, in der ein Bewohner von uns weggeschubst wurde.

Keine Ahnung, wie es weitergeht. Ich kuck jetzt erstmal, dass wir durch die Pandemiekrise kommen, der Rest wird sich schon finden.

Seit Oktober 2020 gab es sehr harte Maßnahmen in der Einrichtung, sagt Ludwig. Im Dezember und Januar waren die Krankenhäuser im Landkreis so voll, dass es sehr schwierig gewesen sei, akute Notfälle einzuweisen. In der Einrichtung selbst habe es keinen Corona-Ausbruch gegeben, aber die Überlastung des Gesundheitssystems sei trotzdem spürbar gewesen; so sei auch eine Person in sehr schlechtem Zustand aus dem Krankenhaus wieder auf die Gruppe entlassen worden, weil nach einem Ausbruch in einem anderen Heim der Platz gebraucht worden sei. Für den Herbst habe er ein sehr mulmiges Gefühl, sagt er; nicht nur wegen Corona, sondern auch, weil er mit Einsparungen im Sozialen rechnet.

NINA

Nina ist Anfang 40 und Betreuerin in einer Einrichtung für Menschen mit Behinderung. Parallel schließt sie ein Masterstudium im Sozialen Bereich ab.

Es ist schwer gerade. Ich hab das Gefühl, alle lassen uns hängen. Ich bin mal gespannt, was das mit den Mitarbeitenden macht, wenn das Interesse so gering bleibt. Das Unternehmen hat sich komplett zurückgezogen aus der Verantwortung, nach dem Motto: »Die Wohnstätten und Bereiche sind alle unterschiedlich. Deswegen müssen alle ihre eigenen Regeln aufstellen. Wir geben keine Vorgaben raus.« Das führt im Team zu Konflikten. Und abgesehen davon passt es zur Kultur der mangelnden Wertschätzung im Unternehmen. Und das ist einer der größten Dienstleister hier in der Stadt, da arbeiten mehrere tausend Menschen. Bei uns im Haus sind 18 Bewohnende. Die meisten der Bewohner*innen sind über 60 und haben diverse Erkrankungen. Gleichzeitig ist es auch so, dass es kein großes politisches Interesse gibt: Wenn Verordnungen kommen, dann zuerst für die Krankenhäuser, dann für die Altenheime und irgendwann für Einrichtungen für Menschen mit Behinderung.

Thema Werkstätten: Wir haben die Leute zu Hause gelassen eine Woche bevor die Werkstätten zugemacht haben. Weil dazu einfach aus der Politik keine Ansage kam. Die Werkstätten machen Druck, weil die Angst haben, dass ihnen die Aufträge entzogen werden. Die wollen wieder aufmachen, und wenn niemand sagt: »Nein, das ist zu riskant«, machen die das auch. Wir Betreuer müssen sagen, dass das nicht geht.

Die Verantwortung wird nach unten durchgereicht, und am Ende hat man das komische Gefühl: Wenn ich zu Hause bleibe, lass ich die anderen hängen.

Wir hatten hier eine Situation, die ich sehr schwierig fand. Wir sind insgesamt fünf Teammitglieder, und eine Person ist raus, weil sie fast jedes Jahr eine sehr schwere Lungenentzündung hat, unter Asthma leidet und 65 ist. Wir haben vom Team aus darum gebeten, dass sie zu Hause bleibt. Die ist seit 30 Jahren hier, die hat den Laden mitaufgebaut. Wirklich eine tolle Mitarbeiterin, pädagogisch der Hammer. Da mussten wir als Team kämpfen gegenüber der Leitung, dass sie zu Hause bleiben kann. Es gab nicht wirklich eine Antwort, die Leitung hat akzeptiert, dass wir uns Sorgen machen, aber Verantwortung übernommen hat niemand.

Ich hab Kunstgeschichte studiert, Journalistik und Soziologie. Vor 15 Jahren dann, während des Studiums, hab ich angefangen, Ferienreisen für Menschen mit Behinderung zu begleiten, auch bei dem Träger, bei dem ich jetzt arbeite. Ich habe dort immer mal wieder was gemacht, teils als Mitarbeitende, teils als Leitung. Das war mein Einstieg in diesen Bereich, der über Bekannte erfolgte. Wir hatten Teams von Leuten, die sich auch gut verstanden haben. Dann habe ich etwas Festeres gesucht und mit Einzelfallhilfe begonnen. Das war eine sehr angenehme Arbeit, das habe ich fünf Jahre gemacht und habe Kinder betreut, Kinder mit Behinderung oder Geschwisterkinder, die in ihrer Entwicklung gefährdet sind.

Nach dem Studium habe ich aufgehört, im sozialen Bereich zu arbeiten, weil ich einfach mehr journalistisch arbeiten wollte, hab das dann gemacht ein paar Jahre, das war sehr schön, aber auch sehr prekär. Und ich habe schließlich doch wieder eine Beschäftigung gesucht, die mir eine gewisse Sicherheit gibt und in der ich in einem Team arbeiten kann, weil allein arbeiten wollte ich in dem Moment nicht mehr. Das war vor fünf Jahren, da kam ich über eine Freundin auf die Arbeit in der Wohnstätte. Ich hab da ein gutes Team vorgefunden, sehr nette Leute. Es harmoniert. Vor zweieinhalb Jahren habe ich noch ein Masterstudium Soziale Arbeit draufgesetzt, da bin ich jetzt kurz vor der Abschlussarbeit.

Die Wohnstätte, in der ich jetzt arbeite, wurde vor 30 Jahren aufgemacht, und es sind noch Mitarbeitende da, die das aus politischen Gründen mitaufgebaut haben, um die Leute aus den Heimen und Psychiatrien rauszuholen, und mit den Bewohnenden gemeinsam etwas zu gestalten.

Das macht das Haus zu etwas Besonderem. Dieser politische Grundgedanke ist für mich ganz wertvoll, weil ich es von anderen Gruppen kenne, die den nicht haben, wo dann eine unreflektierte Lust auf Bestrafung und Restriktion vorherrscht, gerade bei jüngeren Leuten. Da bin ich regelmäßig erschrocken und dachte: »Echt, muss das jetzt sein, nur weil wir zufällig entscheiden dürfen?«

Man merkt bei den Älteren eine andere Grundhaltung. Klar, auch da ist nicht alles perfekt, es sind viele ausgebrannt und müde. Es gibt eben generell wenig Wertschätzung von der Gesellschaft für diese Arbeit. Aber sie versuchen, was Eigenes auf die Beine zu stellen und ein gewisses Feeling aufrechtzuerhalten. Bei den Jüngeren merkt man den Backlash, also dass Selbstbestimmung und Eigenverantwortlichkeit in Bezug auf die Bewohnenden ein Stück weit wieder zurückgehen. Das ist schade.

Ich hab das auch im Studium festgestellt. Da gab es einerseits die Leute, die wussten, was sie machen wollen, die dann viele Fragen hatten, sehr reflektiert waren. Also: In welcher Rolle befinde ich mich? Welche Macht habe ich? Und wie gehe ich damit um?

Bei den Jüngeren hingegen herrscht sehr viel Überzeugung von sich selbst vor. Das finde ich schwierig in der sozialen Arbeit, die Lebensrealitäten sind so unterschiedlich. Du kannst da schlecht mit einer wahnsinnigen Selbstüberzeugung rangehen.

Ich glaube, das ist bei manchen auch ein Ventil für ihre Überforderung. Wir werden immer wieder mit neuen Aufgaben überhäuft, ohne dass Arbeitszeit dazukommt. Man hat einfach diese vielen Aufgaben, und manche Leute können nicht sagen: »Wenn ich meine ganzen Aufgaben heute nicht schaffe, schaffe ich es halt nicht. Hauptsache, ich werde den Leuten gerecht.« Das fehlt mir manchmal. Da gibts ganz korrekte Leute, die wollen diese vielen Aufgaben unbedingt schaffen, und dabei geht Menschlichkeit verloren.

Dabei brauchen unsere Bewohner*innen die Zeit. Wir haben häufig Probleme mit Verhaltensauffälligkeiten, eine Bewohnerin schreit zum Beispiel, wenn sie irritiert ist. Wir werden das nicht komplett verändern können bei einer Person, die über 60 ist. Da müssen wir an unserer Toleranz arbeiten, weil klar ist, dass von ihr kein normkonformes Verhalten zu erwarten ist. In anderen Situationen versuchen wir schon, der Person näherzubringen, wie man anders reagieren kann. Es gibt dafür keine Regel, das ist alles sehr individuell. Wenn du denen aber den Druck, den du bekommst, weiterreichst, wird es kritisch.

Menschen mit geistiger Behinderung werden älter. Dadurch kommt mehr Pflege bei uns dazu. Einer der Bewohner aus der Nachbargruppe ist jetzt dement. Vor drei Jahren waren wir noch Fahrradfahren im Park, und jetzt kann er gerade noch so laufen und fast nicht mehr sprechen. Er braucht jetzt eigentlich 60 Prozent der Aufmerksamkeit. Für die anderen Bewohnerinnen und Bewohner ist das natürlich eine Herausforderung. Es kann sein, dass er einfach eine oder zwei Stunden durchschreit. Solche Situationen gibt es.

Es sind auch bei den anderen viele kleine Aufgaben, die dazukommen, wenn es darum geht, dass die Menschen dort ihre Gesundheit erhalten. Deswegen gibt es bei dem Bewohner mit Demenz die Überlegung, ob eine Pflegeheimunterbringung nicht sinnvoll wäre. Wir als eine Einrichtung der Eingliederungshilfe nehmen sehr viel am öffentlichen Leben teil, kulturelle Veranstaltungen und so weiter – das ist mit ihm nicht möglich. Er hat einen Warteplatz in einem Pflegeheim, aber das Team ist sich noch nicht einig, ob er bleiben soll oder ob es zu schwierig ist. Ein Kollege ist unter anderem deswegen gegangen. Das war dem zu viel. Die Schwierigkeit ist auch: Es gibt keine Plätze für unsere Leute. Geistige Behinderung im Alter, da sind die Angebote rar. Und wir sind keine Pflegekräfte, wir sind alle Pädagoginnen und Pädagogen. Wir sind überfordert mit pflegerischen Maßnahmen.

Das ist grenzwertig. Und da ist die Angst, was falsch zu machen oder bestimmte Zeichen zu übersehen. Bei der Person mit Demenz war es schon einmal kritisch, da mussten Mund und Nase ausgeräumt werden, weil er sich im Bett übergeben hatte. Danach war er im Krankenhaus und hatte eine Lungenentzündung. Zum Glück ging alles gut. Aber das war reines Glück, weil es nachts nur Nachtbereitschaften gibt, da wird kein Rundgang gemacht. Da stehst du morgens vor der Tür und schickst erstmal ein Stoßgebet zum Himmel, dass nichts passiert ist, bevor du reingehst.

Wir wollen die Leute nicht abgeben, weil sie natürlich zum Haus gehören. Und da gibts viele Kontakte unter den Leuten und eigentlich ein sehr nettes Miteinander, aber es gibt einen Punkt, an dem es schwierig wird. Im Bereich Medizin sind wir nicht am kompetentesten. Inzwischen hat er eine Demenz-WG besichtigt, um vielleicht da einzuziehen, aber dort hieß es: »Das geht nicht, die Demenz ist zu weit fortgeschritten.« Auf der mittleren Hierarchieebene gibt es eine Pflegebeauftragte, die sagt: »Das Thema brennt seit fünf bis zehn Jahren, aber es bewegt sich nichts.«

Es ist auch schwierig, Mitarbeitende zu finden. Mein Kollege, der seit 20 Jahren da ist, sagte auch: »Früher war es einfacher.« Wir haben zwei offene Stellen, die nicht besetzt werden, schon länger. Und das war, glaube ich, schon vor zwei Jahren der Fall, da war eine Stelle mindestens ein halbes Jahr vakant. Wir sind aber auch ein bisschen anspruchsvoll. Zum Glück haben wir einen festen Stamm an guten Leuten.

Unsere Leute sind verbal und kognitiv schon so drauf, dass man viel erklären kann, und sie sind alle mobil. Wir sind viel im Zoo oder im Museum, mal irgendwo einen Kaffee trinken gehen, viele Ausflüge.

Leider gibt es nicht besonders viele Korrektive. Schon ab Leitungsebene wird es schwierig, die Leute wissen nichts über die Bewohnerinnen und Bewohner oder eben nicht genug. Und bei uns sind die Menschen zu alt, bei uns gibt es keinen Elternbeirat. Da jammern ja immer viele, wenn es um Angehörigenarbeit geht, aber das ist wichtig und sehr gut, ich seh das in anderen Einrichtungen mit jüngeren Menschen.

Wenn man engagierte Angehörige hat, das ist immer ein Gewinn. Nervt manchmal, doch es ist eben wichtig, dass die auch nerven. Von den gerichtlich bestellten Betreuer*innen hört man eigentlich nichts, da passiert nicht viel. Wir sind in jeder Hinsicht in einem sehr hierarchischen System gefangen und dürfen relativ wenig. Das ist eine sehr unbefriedigende Situation mit verschiedensten Problemlagen. Und irgendwie wurschteln wir uns nur von Tag zu Tag durch.

Die Bewohner*innen sind eher ältere Leute und sind sehr angepasst. Die äußern ihren eigenen Willen nicht ohne Weiteres, das ist nicht wie bei jungen zwanzigjährigen Downies mit coolen Eltern, die total selbstbewusst sind. Aber bei den Leuten, die über 60 sind, die mit ganz anderen Eltern aufgewachsen sind, ist das eine ganz andere Generation, eine ganz andere Lebensrealität. Denen fällt es schwer, unbequeme Dinge zu äußern.

Was schwer ist, ist auch die Konzentration der großen Träger am Markt. Ich war vorher bei einem kleineren Träger, und die waren schwer genervt, weil die versucht haben, mit einem innovativen Konzept eine neue Gruppe aufzuziehen, und hatten es echt schwer, da die großen Träger im Grunde den Markt unter sich aufteilen. Und so hast du quasi ne Monopolstellung von ein paar Wenigen. Der Bereich interessiert gerade auch linke Politiker*innen nicht sonderlich. Die machen ganz viel in anderen Bereichen, Wohnungslosenhilfe und Geflüchtetenhilfe und alles, aber Behindertenhilfe eher nicht. Vielleicht braucht es da eine neue politische Bewegung, die laut ist. Das gibt es gerade nicht. Was interessant ist, weil die meisten Behinderungen im Laufe des Lebens erworben werden. Das heißt jeden kann es jederzeit treffen, es geht uns alle an.

Mehr Selbstorganisation wäre wichtig, aber wie kriegt man das hin? Die Vereinzelung der Leute ist in vollem Gange, jetzt mit Covid sowieso. Es gibt da schon verschiedene Aktionen, Rambazamba, Ohrenkuss und so. Es gibt einen großen anderen Teil Behinderte, die sind einfach unsichtbar.

Es ist gut, dass sich bei uns alle in einem ähnlichen Lebensabschnitt befinden, weil die Interessen in eine ähnliche Richtung gehen. Man kann ganz gut das Alltagsleben zusammen gestalten. Das erhöht die Wahrscheinlichkeit, dass die Leute zusammenpassen. Es bräuchte auch eine Möglichkeit von Mitbestimmung, im Stationären gibt es die de facto nicht. Das ist einfach ein Glücksspiel.

Ich finde es sehr schwierig dort zu arbeiten. Nicht wegen der Leute, nicht wegen der Kollegen, sondern der Struktur, der Haltung des Unternehmens. Ich hab jetzt erstmal Stunden reduziert. Ich bin auf 20 nominell, das heißt de facto 25. Jetzt mach ich erstmal das Studium fertig, dann muss ich mal sehen.

Im Winter 2020 hat Nina gekündigt, schweren Herzens, wie sie sagt. Das Studium hat sie beendet, aber wie es jetzt weitergehen soll, hat sie noch nicht entschieden.

NADINE

Nadine, Anfang 40, ist examinierte Intensivkrankenpflegerin. Sie hatte bereits zu Beginn der Pandemie Einsätze auf Covid-Stationen.

Ich arbeite auf Intensivstationen, seit zehn Jahren. Ich habe meine Ausbildung 2008 beendet und bin seit drei Jahren vielleicht in einer Zeitarbeitsfirma. Der Unterschied zu einer Normalstation ist: Erstmal ist der Betreuungsschlüssel ein anderer als auf einer Normalstation. Man hat sehr viel weniger Patienten, je nach Station, und wenn Spahn nicht gerade die Personaluntergrenzen aufhebt. Normalerweise hat man zwei bis vier Patienten zu betreuen.

Ich mache da normale Körperpflege, und sehr häufig werden die Patienten beatmet. Da übernimmt man jede Funktion von außen. Ob das jetzt Ernährung, Stuhlgang, Waschen ist. Und es gibt eine starke technische Komponente, weil sehr viele Geräte da sind.

Die Patienten müssen gut beobachtet werden. Zwischendurch werden Analysen gemacht, anhand derer man sehen kann, ob sie ausreichend beatmet sind, da kann man sehr viel ablesen, ob irgendetwas nicht passt. Dann muss man Sachen einstellen, etwas an der Beatmung verändern, Insulin geben, Kalium substituieren und so weiter. Man muss es viel enger monitoren. Da bist du eigentlich die ganze Zeit mit beschäftigt, zu beobachten, acht Stunden lang.

Mir ist es sehr wichtig, dass mir nichts entgeht. Zumal auch die Ärzte sehr unterschiedlich sind. Viele haben die Kleinigkeiten nicht im Blick, die sehen das nicht, ob der Zucker besonders hoch ist oder das Kalium niedrig. Der Blutdruck verschlechtert sich, man verändert die Medikation, der Patient scheidet nicht mehr aus, kuckt man halt: wie ist es mit der Nierenfunktion und muss man Medikamente geben oder muss man was anderes machen? Die Patienten verändern sich ja manchmal stündlich, je nachdem, ob sie stabil oder instabil sind. Manchmal ist man acht Stunden mit einem Patienten beschäftigt. Eine Neuaufnahme wird vielleicht intubiert, möglicherweise reanimiert und kriegt dann alle möglichen Zugänge: zentrale Venenkatheter, arterielle Katheter, Blasenkatheter, Magensonde und so weiter. Teilweise lege ich das, teilweise die Ärzte.

Man kann natürlich verschiedenen Input reinstecken, das ist ja überall so. Und es gibt auch Tage, da gibts nicht bei jedem Patienten sehr viel zu tun. Wenn die Patienten stabil und beatmet sind, zum Beispiel.

Dann hast du da deine Medikamente, machst Routinelagerungen, also die Patienten alle zwei, drei Stunden auf die andere Seite oder in eine andere Position legen. Es ist nicht per se anstrengender als Normalstation, bloß eben mit sehr viel weniger Patienten. Ich weiß teilweise nicht, wie die das machen. Wenn die nachts zu zweit für 30 Patienten zuständig sind, die wach sind. Wache Patienten sind unter Umständen viel anstrengender, klingeln ständig, wollen auf Toilette und hier noch was und dort noch und nochmal hier einen Kaffee, und ständig wird man unterbrochen. Auf der Intensivstation kann man seine Abläufe viel stärker selbst strukturieren. Und das ist insofern vom Patienten vorgegeben, als dass der Zustand des Patienten Abläufe vorgibt. Aber die sind ja nicht alle permanent instabil. Man kann sich das sehr stark auch selbst einteilen.

Intensivstation hatte ich schon in der Ausbildung, ich fand das von Anfang an spannend. Normalstation ist mir einfach zu langweilig. Ich mag das gerne, wenn Action ist. Als Intensiv-Pflegekraft hat man viel mehr Möglichkeiten was zu machen. Auf der Normalstation muss man für jedes Zäpfchen den Arzt fragen. Das hätte ich nicht ausgehalten. Es geht nicht darum, dass ich mich nicht unterordnen kann. Aber mir ist es wichtig Dinge mitzugestalten. Ich sehe nun mal die Patienten den ganzen Tag und weiß oft besser, wie es ihnen geht als die Ärzte. Auf der Normalstation, wenn man das Gefühl hat: »Mensch, da ist doch was. Man müsste mal dieses und jenes untersuchen.« Ich könnte es nicht gut aushalten, da kein Mitspracherecht zu haben.

Ich finde die Ausbildung anspruchsvoll. Man lernt wirklich viel, und man kann sehr viel damit machen. Ich finde das eine Frechheit, dass man sagt: »Danach darfst du dann Pflegeroboter sein und irgendwie waschen, Arsch abwischen und Kaffee kochen. Aber den Rest überlässt du bitte denen, die studiert haben.« Das muss überhaupt nicht so sein: In vielen anderen Ländern wie Italien, Spanien und Portugal, auch in östlichen Ländern teilweise, haben die Pflegekräfte ganz andere Kompetenzen.

Wobei das sehr viele Kollegen und Kolleginnen nicht wollen. Es gibt viele, die einfach zufrieden sind mit dem jetzigen Stand. Ich will das auch nicht werten, weil da jeder einen anderen Anspruch hat.

Es gibt auch Tage, da sitzt man wirklich rum. Gibt es wirklich. Einige sagen dann halt: »Nee, das sollen mal schön die Ärzte machen. Ich hab schon genug zu tun.« Aber es ist eine Krankheit, dass die Leute sich immer beschweren, dass sie zu viel zu tun haben, auch wenn dem nicht so ist. So nach dem Motto: Wenn man sagt, das könnte man auch noch machen, würde das ja bedeuten, dass man nicht schon zu viel zu tun hat. Sonst könnte man ja noch zusätzliche Arbeiten übernehmen. Das ist so ein Mechanismus, der dann einsetzt.

Das ist in der Pflege ein bisschen die Jammer-Nörgel-Mentalität. Ich weiß nicht, ob die in anderen Berufsfeldern auch da ist. In der Pflege finde ich sie richtig ausgeprägt. Die Zustände in der Pflege sind auch scheiße. Es gibt viel zu bemängeln, aber es gibt auch Leute, die 40 Jahre lang an der gleichen Stelle sind und sich seither beschweren, dafür habe ich kein Verständnis. Ich meine, ich fand es auch nicht aushaltbar und bin deswegen in die Zeitarbeit gegangen, weil ich da meine Arbeitsbedingungen selbst bestimmen kann.

Das geht nicht in jedem Bereich in der Pflege, aber auf der Intensivstation schon.

Ich selbst versuche anderen immer so viel wie möglich abzunehmen. Aber ich würde lügen, wenn ich sagte, dass ich nicht froh darüber wäre, dass ich mit diesen ganzen organisatorischen Sachen im Team nichts mehr zu tun habe. Und diese ganzen zwischenmenschlichen Spannungen, das geht mich alles nichts an. Und darüber bin ich glücklich. Das dokumentiert ja auch eine Grundfrustration.

Man hat natürlich im Hinterkopf, dass man den Leuten lieber dabei helfen sollte, dass sie selbst essen und selbst trinken und sich selbst hinstellen. Aber im Hintergrund tickt die Uhr und in einer Viertelstunde ist der nächste dran. Und wenn man es selbst macht, geht es natürlich dreimal so schnell. Das ist ein strukturelles Problem, sicherlich, und das wird dann zu einem Automatismus, den man selbst gar nicht bemerkt. Da würde ich gar nicht ausschließen, dass mir das auch passieren könnte.

Ich bin überwiegend in einem Krankenhaus, ich war jetzt aber seit Beginn der Krise in vier Krankenhäusern, in denen ich mit Covid-19-Patienten zu tun hatte. Gleich am Anfang war ich zwei Nächte auf einer Intensivstation, in der die ersten Covid-Patienten aufgelaufen sind. Das war echt ganz gut, weil ich gleich am Anfang einmal die volle Breitseite bekommen hab.

Und letztens hab ich sehr gekämpft, da war ein Patient, ein Akademiker. Der war Mitte, Ende 50, er hatte keine Vorerkrankungen, vielleicht ein bisschen Bluthochdruck, aber mehr nicht. Er war auch nicht übergewichtig. Gar nix. War in Südtirol im Skiurlaub mit seiner Familie, dann nach Hause. Dann schwitzt er drei Tage nachts das Bett voll, hat aber wohl kein Fieber gehabt, und wacht morgens auf und kann nicht mehr reden. Antwortet seiner Frau nicht mehr. Die Frau ruft den Rettungswagen, und er kommt ins Krankenhaus, mit Verdacht auf Schlaganfall. Die machen dann ein CT vom Kopf. Die nehmen alles Mögliche ab, er wird isoliert zwei Tage lang, bis der Rachenabstrich da ist, negativ. Die nehmen Liquor ab, untersuchen nicht auf Corona im Liquor. Er wird zwei Wochen beatmet, wurde tracheotomiert. Es gibt keine Diagnose, nach zwei Wochen nichts gefunden. Bei einem Menschen, der im

Berufsleben steht, haben wir als Diagnose ein hirnorganisches Psychosyndrom. Ich habe mir den Mund fusselig geredet und hab gesagt »Leute, ihr wisst schon, dass Corona auch neurologische Symptome hervorbringt.« Alles, was da an Labor abgenommen wurde, ist Covid-auffällig, wir haben ein CT bekommen, das Covid-typisch war. Ich verstehe es nicht. Warum wird er nicht als Covid-Patient behandelt? Das macht in der Behandlung keinen Unterschied! Es geht nur darum, dass die Leute, die da reingehen, eine FFP2-Maske bekommen!

Die Behandlung ist exakt dieselbe. Es gibt keine Medikamente, es wäre nichts anders gewesen, nur dass die Leute geschützt sind. Die Leute stecken sich dann an, wenn er es hat, und fallen aus. Das macht auch aus wirtschaftlichen Aspekten überhaupt keinen Sinn. Es ist viel günstiger, ihn als Covid-Patienten zu behandeln. Und ich verstehe auch nicht, warum ich die Einzige bin, die sich darüber Gedanken zu machen scheint, wenn da zehn Oberärzte auf dieser Station rumspringen. Da wird aber nicht genug miteinander geredet, da fehlt auch die Augenhöhe. Die wäre aber notwendig im Sinne des Patientenwohls.

Ich will dann nicht arrogant sein. Aber ich denke mir manchmal: »Es kann doch nicht sein, dass die alle doofer sind als ich. Das kann nicht sein. Ist es euch wirklich scheißegal, oder was ist los mit euch?« Es ist möglicherweise auch einfach eine starke Schutzfunktion, die bei vielen einsetzt, weil sie sich absolut nicht vorstellen können, wie es ist, wenn es nicht gut läuft.

Die Intensiv-Patienten kennst du oft nicht oder lernst sie nicht richtig kennen. Wenn wir auf Station kommen, dann begreifen wir sie nicht als Persönlichkeiten, so wie man andere Patienten als Persönlichkeiten wahrnimmt. Nicht, dass sie es nicht sind. Aber du hast einen anderen Bezug dazu. Auch wenn das furchtbar klingt.

Die Leute sterben halt. Es sterben extrem viele auf der Intensivstation. Man ist es gewöhnt, und es ist nicht dieser Schockmoment wie bei anderen Leuten, wenn jemand stirbt.

In meinem früheren Krankenhaus waren wenige ältere Ärzte, die waren nicht so präsent. Da waren sehr viele junge, die waren echt viel neugieriger. Die wollten viel mehr Sachen untersucht haben. Auch wenn man gesagt hat: »Mensch, mir ist das und das aufgefallen, lass uns doch noch mal das kucken.« Das war sehr dynamisch. Das Krankenhaus jetzt ist riesengroß, wir haben alles da. Und ich habe manchmal das Gefühl, je mehr Führungskräfte herumspringen, desto weniger bewegt sich, weil keiner dem anderen ans Bein pinkeln will. Sobald jemand was in Frage stellt, stellt man einen anderen Oberarzt in Frage. Das macht sich nicht gut. Und es gibt auch nicht so viel Fluktuation, viele eingeschliffenen Strukturen.

Optimal wäre es natürlich, wenn verschiedene Sachen sich ändern würden. Zum Beispiel, dass wieder mehr Krankenhäuser staatlich wären. Das war vorher auch dringlich. Aber das wird in dieser Pandemie noch klarer, dass man vom Profitdenken wegkommen muss, dass nicht jedes Krankenhaus 100 Prozent nach Wirtschaftlichkeit funktionieren kann. Dass in so einer Situation Entscheidungen aufgrund von monetärem Druck gefällt werden müssen, ist eine Katastrophe. Und dass Produktionsstätten für medizinisches Material auch wieder nach Deutschland oder Europa verlegt werden müssen, damit nicht alles aus China kommt, weil klar ist, dass es immer wieder Probleme geben kann. Es betrifft ja nicht nur Masken, es betrifft ja auch Medikamente. Es gibt etliche Medikamente, die nicht mehr wirklich verfügbar sind. Es ist schon schwierig, wenn du bei den Narkose-Mitteln nicht mehr das nehmen kannst, was optimal ist, sondern was einnehmen musst, was sich langsam abbaut. Oder dass auf einmal Antibiotika nicht mehr verfügbar sind. Und ich finde es halt krass, dass es nur vier Wochen dauert, bis diese Engpässe wirklich massiv da sind. Man kann noch nicht mal einen Monat überbrücken, das finde ich schon drastisch. Wir kriegen dann irgendwelche Medikamente, bei denen es heißt: »Ja, die sind jetzt abgelaufen, aber die sind getestet worden.« Darf man die noch anderthalb Jahre benutzen? Als wären die ganzen Maßgaben, die man sich ausgedacht hat, so ein bisschen willkürlich gewesen.

Auch was Hygienemittel anbelangt. Ging es da wirklich um hygienische Maßnahmen? Oder ging es darum, dass man die Sachen verbraucht, damit die Firmen Umsatz machen? Wer hat diese Maßstäbe in die Welt gesetzt, dass man die einfach so mit einem Fingerschnippen wieder außer Kraft setzen kann?

Was ich mir tatsächlich wünschen würde, ist der bewusstere Umgang mit Infektionskrankheiten. Dass, wer erkältet ist, vielleicht einfach mal drei Tage zu Hause bleibt, sich nicht krank überall hinschleppt. Man sieht das ja auch. Es gibt kaum Krankheiten im Moment. Die Leute stecken sich nicht an, es gibt keine Durchfallerkrankungen. Ich weiß nicht, ob das in anderen Ländern anders ist, aber gerade in Deutschland und in der Pflege erlebe ich das oft, dass die Leute sich krank zur Arbeit schleppen. Das ist eine Mentalität, die finde ich total beschissen.

Da muss sich grundlegend was ändern. Erst mal dankt es dir keiner. Da geht es ja bereits los. Und dann ist es ja so, dass du im Zweifelsfall drei Leute mit ansteckst und mehr Schaden angerichtet hast. Das Problem ist, dass du dich nicht als einziger diesem System entziehen kannst, das geht nur, wenn ein Großteil der Leute mitmacht. Man kann leider nicht als Einziger sagen, ich mache jetzt das, was eigentlich sozial wäre. Die anderen empfinden das als unsozial.

Nadine ist weiterhin als Springerin auf Intensivstationen tätig. Die richtige Welle, sagt sie, kam dann erst ab November bis in den Februar hinein. »Die Leute sind gestorben wie die Fliegen«, sagt sie, »es war ein Alptraum. Wir haben die Leute tracheotomiert in die Reha geschickt, nachdem sie monatelang bei uns lagen. Es fühlte sich alles komplett sinnlos an. So eine Hilflosigkeit habe ich noch nie erlebt, es war grauenvoll. Du kommst sechs Stunden nicht aus dem Zimmer raus und weißt: Es bringt nichts. Furchtbar.« Viele Kolleg*innen seien nach dem Höhepunkt der Krise gegangen, und jetzt, Juli 2021, würden obendrein viele krank. »Da ist sicher ein kollektives Trauma entstanden, da bleibt sicher was hängen.« Was die nähere Zukunft anbelangt, ist Nadine pessimistisch: »Ich denke, die Zustände werden sich wiederholen. Ich weiß überhaupt nicht, wie wir da wieder rauskommen sollen.«

VANESSA

Vanessa, Anfang 30, arbeitet als ambulante Hilfe in einem Flächenland.

Ich hab jetzt fünfeinhalb Jahre in diesem Bereich gearbeitet, vorher ein halbes Jahr in einem anderen. Wir arbeiten mit den Unsichtbaren der Gesellschaft. Wir arbeiten mit Obdachlosen, mit Drogenkranken. Wir arbeiten mit Leuten, die vereinsamen zu Hause. Und genau so wie diese Menschen übersehen werden, werden wir auch übersehen: Der Bereich, in dem ich arbeite, ist ohnehin nie im Diskurs.

Wir sind sozusagen Türöffner*innen. Es ist oft so, dass wir den Zugang zum Hilfesystem öffnen. 90 Prozent sind Jobcenterkund*innen oder kommen vom Sozialamt. Und oft sind es dann die Fallmanager*innen beim Jobcenter, die merken: Da läuft nichts mehr. Da gibts Pfändungen, Mietrückstände, und oft ist es so, dass wir das Verfahren quasi eröffnen.

Oder wir haben jemanden, der aus dem Krankenhaus entlassen wird, der Sozialdienst ruft uns an und sagt: »Hier ist eine Dame, die kann nicht mehr laufen, die hatte was am Rücken, und wird jetzt entlassen. Und die wird das nicht hinbekommen, ganz allein sich einzurichten in dieser neue Lebenssituation.« Dann kommen wir und organisieren Physiotherapie, Pflegedienst, Haushaltshilfen, Umbaumaßnahmen der Wohnung.

Manchmal ruft uns auch die Jugendhilfe oder die Familienhilfe an und sagt: »Okay, wir sind eigentlich für die Kinder da. Aber wir sehen, die Eltern brauchen auch Hilfe. Könntet ihr nicht zusätzlich noch was machen?«

Wir begleiten auch hin zum Entzug, und auch danach, kommt auf die Person an.

Oder es gibt einen Nachbarn, der sagt: »Bitte kommen, da muss jemand hin, der verwahrlost in seiner Wohnung und vereinsamt.« Dann kommen wir regelmäßig, gerade bei älteren oder kranken Menschen. Wir sind oftmals ein Fixpunkt, kommen einmal pro Woche. Wir machen zwischendurch Gruppenangebote mit allen Klient*innen, zu denen sie kommen können, wenn sie wollen, gemeinsam frühstücken oder so was. Das ist ein Prozess.

Wir sind kein Ersatzdienst. Wir machen mit den Klient*innen etwas gemeinsam, um sie aufzubauen, sie zu befähigen, das selbst wieder hinzubekommen irgendwann. Da geht es darum, wieder Selbstwert aufzubauen und Skills ans Tageslicht zu bringen, die ja da sind.

Die Covid-Krise hat bestehende Probleme nochmal verschärft. Als die Schulen schlossen und alles online stattfinden sollte, dachte ich erstmal: »Herzlichen Glückwunsch!« Ich glaube, kaum eines der Kinder meiner Klient*innen hat einen eigenen Rechner oder Internet oder einen Drucker oderoder.

Zudem wurden ganz schnell die Tafeln geschlossen. Logischerweise, weil sie tatsächlich von Freiwilligen geführt werden und die teilweise alle zur Risikogruppe gehören. Dann haben die Kinder normalerweise in der Schule Mittagessen bekommen, das ist über das Jobcenter bezahlt worden. Das fällt jetzt weg, die Eltern kriegen auch nichts zusätzlich. Sie haben nicht die Möglichkeit, bei der Tafel einzukaufen, und sie müssen zusätzlich noch die Kinder mittags versorgen, was normalerweise nicht in ihrem Budget ist. Und das Budget wurde ja nicht erhöht. Das ist wirklich krass. Gerade wenn du mehrere Kinder hast.

Dazu kommt: Viele wissen nicht genau, was eigentlich los ist. Der Zugang zu unabhängigen Medien ist schwierig. Ich kriege mit, dass bei vielen Klient*innen die meisten Infos zu dieser Pandemie über WhatsApp-Kettennachrichten laufen. Der Zugang zu öffentlich-rechtlichen Medien war auch vorher nicht da. Wenn du dich vorher nicht bei der ARD oder so informiert hast, dann wirst du das auch in einer Krisensituation nicht tun. Und ja, ich habe einfach das Gefühl, dass da viel Unwissen ist, viel Unsicherheit, viel falsches Wissen auch. Es fehlt der Zugang zu qualitativ hochwertigem Wissen, das verständlich aufgearbeitet ist. Einige Behörden haben schon was gemacht, aber nichts, was regelmäßig kommt. Da gibt es ein Info-Blatt in leichter Sprache und das wird nicht upgedatet.

Ich krieg das aktiv nur mit, wenn jemand tatsächlich Zweifel hat und mir was weiterleitet, zum Beispiel eine Mail, in der steht, dass jeder Mensch in Deutschland jetzt aufgrund von irgendeinem Paragrafen aus dem Infektionsschutzgesetz 500 Euro bekommt. »Klick diesen Link, um das Geld anzufordern«, steht dann da. Das war natürlich ein Virus-Link. Und dann gibt es politische Verschwörungstheorien, zum Beispiel, dass der Staat Flüchtlinge eingeladen hat, und die uns das eingeschleppt haben.

Ich versuche wirklich, in der täglichen Arbeit die Gefährdung zu vermitteln. Ich kommuniziere ständig: »Bitte passt auf euch auf. Es ist wichtig. Bitte wascht euch die Hände, bitte tragt Mundschutz und ich weiß, ihr wollt eure Freunde sehen. Aber es ist gerade nicht sicher.« Das ist meine tägliche Arbeit, das beten wir wirklich runter. Und wir sagen: »Wir können euch jetzt gerade nicht besuchen, weil wir eventuell Überträger sind, es tut mir furchtbar leid, dass du einsam bist.« Und dann macht der Ministerpräsident die Möbelhäuser auf und sagt: »Geh mal zu Ikea.« Das ist jetzt ein bisschen polemisch, aber im Grunde ist das so. Ich versuche, meine Arbeit zu machen, so gut es geht. Sobald alles Mögliche erlassen wird, die Beschränkungen wieder runtergefahren werden, merke ich, dass es immer schwieriger wird, meinen Klient*innen zu vermitteln, warum ich sie weiterhin schützen muss.

Es ist halt so, dass die Menschen, mit denen ich arbeite, in der Gesellschaft nicht gesehen werden. Absichtlich nicht gesehen werden. Soziale Arbeit ist ja immer ein Frauenberuf gewesen, ein Beruf, der nicht wirklich wertgeschätzt wurde und wird. Frauen haben sich immer um Alte und Kranke gekümmert. Dementsprechend schlecht wird das auch entlohnt, genauso wie Pflege. Das Kümmern, das Arbeiten mit kranken, schwachen, alten Menschen wird schlecht bezahlt und damit auch nicht wertgeschätzt. Wenn ich mich jetzt nicht in meinen Kreisen bewege, sondern dort, wo ich Small-Talk halten muss, wenn ich irgendwie auf einem Event bin, einem Dorffest oder so, und ich muss jemandem erzählen, was ich mache, sage ich: »Ich bin Sozialarbeiterin«, und viele meinen dann: »Ach, wie schön, mit behinderten Kindern!« Dann sag ich: »Nee, ich arbeite mit psychisch kranken Menschen.« Und dann kommt sowas wie »Bwuäh«.

Ich denke, die Soziale Arbeit braucht mehr Öffentlichkeit. Die Frage ist, inwieweit das in unserem Bereich die Klient*innen auch wollen würden, gerade wenn es um wirklich schambehaftete Sachen geht wie Drogenabhängigkeit, Wohnungsverlust, Schulden. Das sind Sachen, damit will man nicht an die Öffentlichkeit.

Aber für die Soziale Arbeit fände ich es sehr gut, wenn sie lauter wäre. Ich finde es auch gut, wenn Leute streiken. Ich darf nicht, weil ich bei einem kirchlichen Träger bin. Wenn wir jetzt mehr verdienen – das ist oft ein Ruhigstellen, finde ich. 2,1 Prozent mehr Lohn, okay, jetzt ist drei Jahre Ruhe. Das finde ich gesellschaftlich schwierig. Niemand möchte daran denken, mit was für Leuten wir arbeiten, niemand möchte das für sich selbst. Das ist etwas, was man wegdrängt. Niemand möchte seine Wohnung verlieren, niemand möchte alt und krank werden. Das sind Dinge, die du wegschiebst aus deinem Bewusstsein. Das ist wie Friedhöfe, die an den Stadtrand geschoben werden oder Behindertenpflegeheime, die irgendwo schön in den Wald verlegt sind. Ich weiß nicht, ob Soziale Arbeit und Pflege tatsächlich aufwertbar sind, ohne dass sich alle Menschen aktiv mit ihrer eigenen Sterblichkeit und ihrer eigenen Fragilität beschäftigen. Dass Leute den Gedanken zulassen: »Auch ich könnte arbeitslos werden, und ich könnte dann mein Haus verlieren.« Das ist nicht immer nur der Loser von nebenan, der nichts auf die Kette kriegt, es kann jedem passieren.

Darüber will auch niemand reden. Da gibt es keine weiteren Fragen. Ich sage, was ich mache, und das wars. Ich glaube, ich könnte sagen, ich züchte Tannenbäume. Da würde mehr nachgefragt.

Ich kann mir vorstellen, dass es in der Pandemie möglich ist, dass das aufgebrochen werden könnte, weil tatsächlich mehr Menschen finanzielle Schwierigkeiten haben. Das ist jetzt eine Sache, in der klar wird: niemand ist dran schuld. Es sind Leute arm geworden und haben ihren Job verloren, und vielleicht verlieren sie ihr Haus, weil sie die Rate nicht mehr zahlen können, weil es einfach passiert ist. Nicht, weil sie faul sind oder so. Etwas hat sie aus der Bahn geworfen. Wenn wir das mehr betonen und sagen: »Okay, wir verpflichten uns dazu, dass wir Menschen, die in Not geraten oder in Armut sind, mehr unterstützen, weil es jedem passieren kann« – das wäre ein Schritt. Ansonsten ist das immer eine moralische Frage, eine Schuldfrage. Aber gerade ist niemand schuld. Weil dieses Virus schuld ist.

Wir merken jetzt, welche Systeme richtig bröckeln. Und es ist halt nun mal wegen Hartz IV so, dass die Kinder keine Laptops haben, dass die Eltern das Geld für die Mittagsverpflegung nicht bekommen. Das sind Eltern, die jetzt zu Hause sitzen oder ihr Kind nicht betreuen können, weil sie Stress auf der Arbeit kriegen. Da würde ich mir wünschen, dass man diese ganzen Gesetze mal ankuckt, um zu überprüfen: »Ist das das, was Sinn macht, auch für künftige Zeiten?«

Es gibt dieses Bild vom Sozialarbeiter, der immer dasitzt und Kaffee trinkt. Das ist natürlich totaler Blödsinn. Niemand wird hoch angesehen in der Nachbarschaft, weil er Sozialarbeiter ist, der Herr Doktor wird hoch angesehen. Aber das ist nichts, was ich brauche. Das ist auch nichts, was es braucht, um gute Arbeit zu machen. Ich möchte nicht abgehoben sein. Ich möchte nicht in Expertenrunden sitzen und keinen Fuß mehr im wahren Leben haben und über Leute diskutieren, die ich nicht mehr miterlebe. Und ich habe das Gefühl, wenn man jetzt über Aufwertung der Profession spricht, passiert das schnell. Dann hast du Leute, die nur noch forschen, die einfach nur Zahlen lesen und keine Ahnung davon haben, wie sich ihr Urteil auswirkt auf der untersten Ebene.

Ich arbeite sehr stark im Kleinen. Ich bin fokussiert auf die einzelnen Arbeiten mit den Klient*innen, und ich bin in dem Einzelfall immer drin. Oftmals hab ich nicht die Kapazität, über das große Ganze nachzudenken. Ich habe das Gefühl, ich arbeite mit meinen Leuten wirklich am Menschen, um sie zu powern, einfach weil so oft über diese Leute geredet wird, statt mit ihnen. Das will ich anders machen.

Aber es bräuchte auch Leute, die öffentlich aus der Praxis berichten. Es gibt bloß keine aktiv arbeitenden Sozialarbeiter*innen, die öffentlich auftreten. Es gibt Leute, die bekannt sind und Sozialarbeiter*innen waren. Aber die treten nicht als Sozialarbeiter*innen auf. Peter Zwegat war ja auch mal Sozialarbeiter. Oder Cem Özdemir, glaube ich.

Ich finde, es ist ein guter Beruf, den ich noch lange machen kann. Aber es kann sich immer etwas verändern. Wir sind keine Beratungsstelle, die von acht bis vier aufhat. Wir haben auch Klient*innen, die ganz reguläre Jobs haben, die einfach erst ab fünf Uhr zu erreichen sind. Das heißt für mich: Ist das irgendwann mit einer eigenen Familie vereinbar? Werde ich das noch machen können zeitlich? Vom Workload her kann ich mir das vorstellen. Ich sehe aber auch, dass es manche Kolleg*innen aufzehrt. Ich habe mich relativ früh distanziert und kann wirklich Feierabend machen, wenn ich Feierabend habe. Ich stemple mich aus und bin dann auch weg. Ich bin ja kein Notruf, keine Feuerwehr. Wenn irgendwas ist, geht das auch morgen noch. Und wenn es nicht bis morgen zu regeln ist, weil es so lebensbedrohlich ist, bin ich eh nicht die richtige Ansprechpartnerin. Das ist ein wichtiger Punkt, der bei vielen Kolleg*innen, die gerade aus der Uni kommen, noch schwierig ist. Die sagen sich: »Aber wenn ich das nicht mache, dann haben die ja keinen mehr.« Das müssen viele erst noch lernen, da Abstand zu halten.

Ich hab das gesehen, als ich aufgewachsen bin. Meine Mutter hat auch im sozialen Bereich gearbeitet. Es ist wichtig zu wissen, wo die Grenzen meiner Arbeit sind. Ich als Person, ich als Mensch könnte viel mehr geben. Natürlich habe ich viel mehr in mir, Power, Empathie, was auch immer. Aber als angestellte Sozialarbeiterin muss ich irgendwann sagen: »Ich höre hier auf, damit ich noch genug für andere Klient*innen habe.«

Es ist auch ein Prozess, den die Klient*innen mitgehen müssen. Natürlich könnte ich immer mein Handy nachts anhaben, und wenn es denen gerade schlecht geht, können sie mich anrufen. Aber dann wissen sie nicht, wen sie sonst anrufen können und dass es auch andere Ansprechpartner*innen gibt. Wenn ich mich zu stark engagiere, bringe ich die Leute in ein Abhängigkeitsverhältnis zu mir, das möchte ich nicht. Ich möchte diese Leute befähigen, irgendwann wieder ohne mich klarzukommen. Ich will mich ja überflüssig machen. Wenn ich meinen Job gut mache, dann brauchen die mich nicht mehr.

Natürlich hat jeder Lieblingsklient*innen. Ich wäre auch versucht, für die Klient*innen, die ich mag, mehr zu tun. Aber wenn ich bei allen sage: »Nö, ich hab jetzt Feierabend«, dann komme ich nicht in Versuchung. Da kriegt jede*r dieselbe Zeit von mir.

Es ist schön, mit den Leuten große oder kleine Erfolge zu haben. Das mitzuerleben. Es ist auch schön, dass ich ein bisschen stellvertretend Mitarbeiter*innen mitführe. Es ist schön zu sehen, dass sich Kolleg*innen weiterentwickeln. Das finde ich eine schöne Sache, einfach zu sehen, wie die Leute daran wachsen, ob es Klient*innen sind oder Kolleg*innen.

Was extrem schwierig ist, ist der Kontakt mit Ämtern. Die Jobcenter legen einem einfach immens viele Steine in den Weg. Ich bin eigentlich sehr ausgeglichen, aber was mich wirklich auf die Palme bringt, sind Jobcenter. Ich hab das Gefühl, die sind mein Endgegner.

Zum Beispiel verschwinden ständig Papiere. Ich weiß, dass die Klient*innen das eingereicht haben. Aber die sind einfach weg. Das Jobcenter sagt: »Die Unterlagen haben Sie nie eingereicht«, und natürlich muss es dann nichts bezahlen. Das Jobcenter sagt: »Sie haben Ihren Mietvertrag nicht eingereicht, deswegen müssen wir Ihre Miete ja auch nicht bezahlen.« Ob es ein Einkommensnachweis ist, eine Abrechnung der Nebenkosten, was auch immer. Sicher verschwinden Sachen. Aber ich bin mir sicher, dass das Absicht ist. So viel kann die Deutsche Post nicht verschlampen, das kann nicht sein. Es verschwinden sonst auch kaum Briefe. Ich bekomme so viel Werbung. Wieso verschwindet davon nichts? Und die Briefe, die vom Jobcenter zurückkommen, verschwinden nie, die Bescheide kommen ja an. Ich ging mal stellvertretend für eine Klientin zum Amt, weil sie krank war, mit Vollmacht und so weiter, und gab etwas ab. Bei dieser Klientin verschwand wirklich regelmäßig was, das war doch Willkür von den Sachbearbeitern*innen. Sie bekam regelmäßig Briefe, in denen gesagt wurde, dass was fehlt. Doch das konnte nicht fehlen, ich hatte das persönlich abgegeben.

Um beweisen zu können, dass es eingereicht wurde, haben die Klient*innen die Möglichkeit, dass sie hingehen und sich das abzeichnen lassen. Theoretisch, denn die Leute, die am Empfang arbeiten, sagen meistens: »Nee, das will ich Ihnen nicht ausfüllen.« Das heißt, die einzige Alternative, die wir haben, ist Fax. Da kann ich sagen: »Da könnt ihr euch nicht rausreden. Das ist angekommen, ob ihr das jetzt verloren habt oder nicht, ihr müsst es bearbeiten.« Doch es gab eine ganz lange Zeit, da war das Faxgerät im Jobcenter kaputt, die Faxe gingen nicht mehr raus.

Da muss ich an eine Professorin von mir denken, die war super, die hat uns alle Ämter-Nerv-Paragrafen aus dem Sozialgesetzbuch beigebracht, die ich einfach wunderschön finde und immer noch nutze. Ich glaube, es ist Paragraf 16 SGB I, dass jedes Amt und jede Krankenkasse und so weiter in Deutschland einen Antrag für ein anderes Amt annehmen muss. Ich kann also meinen Antrag bei der AOK abgegeben, auch wenn ich nicht bei der AOK gemeldet bin, müssen die das annehmen. Und die müssen das ans Jobcenter weiterleiten. Die sind gesetzlich dazu verpflichtet. Das gilt auch im Ausland. Also ich könnte auch im Urlaub meinen Hartz IV-Antrag abgeben, wenn ich in Italien in die deutsche Botschaft gehe, müssen die das weiterleiten.

Ich habe vorher natürlich angerufen, »Hallo, ich komm nicht durch«, und die meinten: »Nee, hier ist nichts, funktioniert alles.« Aber funktionierte halt eben nicht, und das lag nicht an unserem Faxgerät.

Irgendwann hatte ich die Nase voll. Dann habe ich an das Sozialamt gefaxt und gesagt: »Hallo, hier ist der Antrag! Leiten Sie das doch bitte weiter.« Das habe ich mehrfach gemacht, weil die ihr Gerät einfach nicht repariert haben. Ich glaub, über zwei Wochen habe ich alle Faxe ans Sozialamt geschickt mit dem Hinweis, die mögen es bitte weiterleiten. Dann hatte ich eine Sozialamts-Mitarbeiterin am Telefon, die mich zur Sau gemacht hat, was mir einfallen würde, dass ich ihr das schicke. Gut, sag ich: »Dann tauschen Sie sich doch auf Amtswegen vielleicht mal mit Ihren Kolleginnen beim Jobcenter aus, die sollen ihr Gerät reparieren.« Die hat sich geweigert, das weiterzuleiten, und ich hab dann gesagt: »Gute Frau, das ist mir egal, was Sie tun. Aber Sie müssen es weiterleiten. Ich hab jetzt den Bericht, ich habe Ihnen alles geschickt. Laut diesem Gesetz müssen Sie es weiterleiten, ob Sie das jetzt wollen oder nicht. Sie sind sonst Schuld, wenn es nicht weitergeleitet wird, persönlich.« Die wollte sich noch mit ihrem Vorgesetzten kurzschließen, dann hab ich nix mehr von ihr gehört. Aber die Anträge wurden bearbeitet, und irgendwann wurde das Fax im Jobcenter magisch repariert. Das funktioniert nun wieder. Das fand ich schon sehr absurd.

Oder, andere Geschichte: Ich hatte einen Klienten, der hat zur Miete gewohnt und der Vermieter war im Knast, im Ausland. Das heißt, er war nicht zu erreichen. Und es gab in dem Haus weder Strom, noch Wasser, noch Heizung. Die ganzen Werke haben alles eingestellt, sie haben ja kein Geld mehr bekommen. Die Mieter durften das aber nicht selbst bezahlen, der Vertrag lief über den Vermieter. Deswegen war das gesamte Haus einfach komplett kalt und dunkel, und alle sind nach und nach ausgezogen. Und das Jobcenter hat geschrieben: »Hallo, wir hätten gern die Nebenkostenabrechnung von diesem Jahr«, und unser Klient sagte wahrheitsgemäß: »Hab ich nicht.« Es konnten ja keine Nebenkosten entstehen. Die haben sich nicht darauf eingelassen, haben weiter Briefe geschrieben. Erste Verwarnung sozusagen. Der Klient hat immer weiter geantwortet: »Hab ich nicht.« Das haben die einfach ignoriert. Da hat keiner die Briefe gelesen. Du kriegst dann ja bloß so ein automatisiertes Schreiben zurück. Das hat ja keiner getippt.

Stattdessen haben sie ne Sanktion verhängt, hiermit wird Ihre Leistung um 30 Prozent gekürzt. So. Das ließ sich tatsächlich erst lösen, als er zum Anwalt gegangen ist, der dann hingeschrieben hat. Mir haben sie auch nicht geglaubt.

Die fordern eben ganz oft Schreiben an, die sie nicht lesen. Es ist oft so, dass sie fragen: »Welche Farbe hat Ihr Auto?«, du schreibst: »Mein Auto ist grün.« Und dann schreiben sie zurück: »Hallo, wir brauchen noch die Farbe Ihres Autos.«

Das interessiert die nicht, und die, die es interessiert, die arbeiten dort nicht lange. Ich weiß nicht. Harald Thomé hat das mal in einer Fortbildung erzählt, die haben mit Leuten gesprochen, die sich beim Jobcenter beworben haben. Und es war so, dass schon im Bewerbungsprozess die Leute aussortiert wurden, wenn sie sich an die Gesetze gehalten haben. Die bekommen in einem Rollenspiel eine Ansage von ihrem Amtsleiter. Und wenn die sich dann daran halten und danach agieren, was im Gesetz steht, wurden sie nicht genommen, zumindest in diesem einen Jobcenter. Da musstest du aktiv und wissentlich gegen Gesetze verstoßen, um dort arbeiten zu dürfen.

Und wie viele Leute klagen? Keine*r. Wenn unsere Klient*innen nicht von uns begleitet würden, würden die sich nicht mal wehren. Unabhängig davon, ob ich jetzt tatsächlich die Eskalation bis zur Klage mache, das fängt schon beim Widerspruch an.

Ich selbst hab erst einmal klagen müssen für eine Klientin, gegen eine Krankenkasse. Da ging es darum, dass eine Klientin in einer sehr hügeligen Stadt wohnte, und die Krankenkasse wollte ihr keinen elektrischen Antrieb für einen Rollstuhl genehmigen.

Ich bin durch die Stadt gelaufen und hab von allen Steigungsschildern Fotos gemacht. Zehn Prozent Steigung fotografiert, 14 Prozent Steigung fotografiert, und so weiter und so weiter. Dann habe ich eine Karte ausgedruckt und habe die Wege eingezeichnet, auf denen sie zu sich nach Hause kommt. Dann hab ich die Fotos mit diesen Steigungsschildern draufgeklebt. Nun sagten die: »Ja, dann soll sie halt einen Umweg nach Hause fahren.« Ich hab gesagt: »Die wohnt auf einem

Berg, es gibt keinen Umweg ohne diesen Berg. Und einen Helikopter kann sie sich nicht leisten.« Haben sie trotzdem abgelehnt. Dann sind wir vors Sozialgericht gegangen, weil es einfach lächerlich war.

Naja, mit den Krankenkassen habe ich aber normalerweise nicht so viel Stress. Das ist okay. Das Jobcenter macht im Alltag dreimal pro Woche Stress. Das liegt auch daran, wie das Jobcenter mit den Leuten umgeht. Wenn dann Post kommt, sind die Leute teilweise einfach psychisch fertig. Und wir müssen das erstmal auffangen, den Brief lesen und sagen: »Hey, das ist gar nicht so schlimm, was hier drinsteht.« Allein das.

Viele unserer Klient*innen sind so lange vom Jobcenter schlecht behandelt worden, dass sie Angst haben, in Ämter zu gehen, und deswegen die Briefe nicht mehr öffnen. Dass sie Fristen nicht mehr einhalten, die in diesen Briefen standen, und dass sie Sanktionen bekommen, dass sie ihre Miete nicht mehr bezahlen können, so dass wir eingeschaltet werden.

Es ist auch so, dass es die Leute betrifft, die einfach schlechte Startbedingungen im Leben hatten, deswegen werden sie auch so behandelt. Ich glaube nicht unbedingt daran, dass sich was ändert, wenn es nicht mehr Hartz IV heißt, sondern irgendwie anders. Das war vorher schon nicht anders. Als es noch Sozialhilfe hieß, war es genauso. Ich habe auch Klient*innen, die schon älter sind, und die sagen: »Ich bin damals genauso behandelt worden.« Das sind ja teilweise dieselben Leute, die da sitzen.

Ich glaube, auch das würde sich nicht ändern, wenn ein Grundeinkommen kommen würde. Auch da musst du einen Antrag stellen. Und wenn die fragen: »Kriegen Sie noch was anderes an Geld?«, und du sagst: »Nee«, wirste genauso blöd behandelt. Der Staat würde ja nicht neue Leute einstellen, um das bedingungslose Grundeinkommen zu verwalten.

Das ist ein Teil der Arbeit, der einfach unnötig ist. Jemand, der mit einer Suchterkrankung kämpft oder einfach eine scheiß Kindheit hatte, muss sich nicht auch noch vom Jobcenter so behandeln lassen. Ich finde, das nimmt einfach einen großen Teil der Zeit weg, in der man kucken könnte, dass es besser wird mit dem eigenen Selbstwertgefühl, aber faktisch muss ich mich einmal in der Woche mit diesem Jobcenter auseinandersetzen, nur damit der Klient sein Geld bekommt und den Strom bezahlen kann. Es ist ein unnötiger Teil meiner Arbeit, einer, den ich absolut hasse. Meine Briefe werden auch frecher, einfach, weil ich gemerkt hab, dass es nicht anders geht und funktioniert.

Noch ein Beispiel: Es ist nicht so lange her, dass eine Klientin umziehen wollte. Das Jobcenter sagte: »Ja, Sie sind doch schon in der neuen Stadt.« Und sie so: »Nein, ich bin hier. Mein Mietvertrag läuft noch. Was wollt ihr von mir?« – »Dann beweisen Sie doch, dass Sie noch hier sind.« – Ja, wie will man das beweisen? Sie musste auch vorher nicht beweisen, dass sie hier ist, sie ist einfach noch hier. Soll sie ein Foto von sich in ihrer Wohnung machen? Die hat einen Monat kein Geld bekommen. Dann habe ich irgendwann einen zweiseitigen bösen Brief geschrieben, tatsächlich hat mich zwei Stunden später jemand persönlich angeschrieben vom Jobcenter, um mir mitzuteilen, dass das Geld jetzt überwiesen ist. Das funktioniert schon, aber es ist traurig, dass es nur mit diesem Druck funktioniert. Das sollte nicht sein, dass ich einen zweiseitigen Brandbrief schreiben muss, damit die arbeiten.

Aber so ist das eben, das ist mein Beruf. Manchmal muss man Türen eintreten, damit andere durchgehen können. Ich kann damit leben.

ANDREA

Andrea ist Ende 50 und examinierte Krankenpflegerin. Gelernt hat sie in der DDR, einen Großteil ihres Berufslebens verbrachte sie dann im Westen.

Ich bin schon länger wieder zu Hause, ich geh nicht arbeiten, keine zehn Pferde kriegen mich wieder in die Pflege. Ich hab immer erwartet, dass sich irgendwas ändert. Ich habe eine Nachbarin, die hat jetzt gerade angefangen mit ihrer Ausbildung, die ist auch bei einem Pflegedienst, den ich gut kenne. Und es ändert sich nichts.

Ich hab ja alles hier im Kreis durch, muss ich sagen. Ich bin immer so nach anderthalb, zwei Jahren weggegangen, weil ich es nicht mehr ausgehalten habe. Jedes Mal dachte ich, beim nächsten Mal wird es anders. Aber war dann natürlich nicht so.

Die Wechselei ist mir nie zum Verhängnis geworden, außer ein bisschen Nölerei beim Bewerbungsgespräch. Letztendlich haben sie mich immer genommen.

Warum bin ich immer so schnell gegangen? Ich bin harmoniebedürftig. Es gibt viele Sachen in meinem Berufsleben, da ärgere ich mich heute noch, dass ich nicht richtig die Klappe aufgemacht habe und mich nicht an offizielle Stellen gewandt habe. Einfach aus Angst, aus Angst vor den Kollegen, weil du kannst Fehlverhalten ja nicht richtig nachweisen. Es sind viele Sachen, die du einfach nicht beweisen kannst. Du hast ja kein Bild oder Tonmaterial oder irgendwas zu Verfügung, um das zu beweisen, und ich bin schon die eine gewesen, die bei Chefs was angezeigt hat. Aber dann bin ich eben geflogen oder strafversetzt worden.

Ich bin in Erfurt geboren und hab mit 16 meine Krankenschwesternschule gemacht. Zu DDR-Zeiten war das ganz normal, wenn du deine Schule aushast, musste natürlich direkt irgendeine Ausbildung machen, und mein Notenschnitt war nicht allzu gut für DDR-Verhältnisse, nur 2,6. Ich hätte kein Abitur machen können, hatte auch nicht die Beziehungen, um Abitur zu machen. Ich bin in Krankenhäusern ausgebildet worden und hab in dem Rahmen auch Altenpflege gemacht.

Eigentlich wollte ich Heimerzieherin werden. Das war mein Traumberuf. Aber da haben mir irgendwelche politischen Sachen reingefunkt, mein Vater war Lehrer, wir hatten Westverwandtschaft. Naja, da ging das halt nicht.

Während der Ausbildung hab ich in vielen Heimen gearbeitet, auch in einem modernen Altenheim. Das war eine Station mit 54 Bewohnern, alles auf einem Gang, der war lang, bis zum Ende bestimmt ein Kilometer. Von dem gingen lauter Vierbettzimmer ab, außer ganz am Ende des Ganges, da waren ein paar Einzelzimmer, wahrscheinlich Stasi-Leute. Wir waren immer zu viert auf Station, zwei Schwestern waren grundsätzlich nur im vorderen Bereich, wo die Medikamente sind. Und zwei Schwesterschülerinnen, die haben die eigentlichen Arbeiten erledigt. Die Menschen in diesen Altenheimen haben natürlich viel schneller abgeschlossen mit ihrem Dasein. Die fanden es normal keine Ansprüche zu haben, wenn sie in ein Heim kommen. Die waren froh, ein Essen zu kriegen und ein Bett zu haben. Da hat keiner gedacht, dass irgendwas Tolles bevorsteht im Altenheim. Ich kann mich auch nicht an Alzheimer-Leute erinnern, die groß ausgetickt wären. Es gab natürlich Demente, aber die sind eher immer ruhiger geworden und haben kaum mehr gesprochen oder nicht mehr gewusst wie sie Messer und Gabel halten.

Damals war das auch noch nicht so, dass du jeden gezwungen hast, dass der von Kopf bis Fuß geschrubbt wird. Im Westen später war es so, jeder musste jeden Tag duschen, und gerade alte Leute mögen das überhaupt nicht, unter die Dusche gezerrt zu werden. Und das schon fast täglich. Wir haben gekuckt, dass jeder einmal im Monat gebadet wurde. Wir hatten auch keine Hilfsmittel, aber das allerschlimmste war: es gab keine Handschuhe. Das war im ersten Jahr tatsächlich so. Auch nicht bei Exkrementen und so. Und es gab Leute, die haben in ihren Betten gelegen, in ihrer Scheiße gespielt und die irgendwohin geschmiert. Deswegen habe ich übrigens auch Warzen an meinen Händen gekriegt. Die habe ich erst verloren, als ich dort weg war.

Die Leute haben kaum Besuch gekriegt. Ich kann mich nicht groß an Besuche erinnern, außer von einer Frau. Und die meisten hatten keine Privatsachen, nur die in den Einzelzimmern ein paar, sowas wie ein Schränkchen und Bücher.

Es ist ja nun heute auch noch so im Heim, dass es so einen Prozess gibt, in dem die abschließen mit sich. Es war schon auffallend, wenn man sich so erinnert an diese Zeit. Und das war ein modernes Vorzeigeheim. Wenn du da reinkamst, dann dämmerten alle ruhig vor sich hin und haben immer mehr abgeschaltet.

Ich kann mich erinnern, dass ich die ganze Zeit unbedingt eine Leiche sehen wollte. Eine Kollegin hat gesagt: Bei uns ist der Herr Soundso gestorben, der ist im Keller, ich hab nen Schlüssel. Den kannste dir mal ankucken. Dann sind wir da runter, da hab ich das erste Mal einen Toten gesehen.

Apropos Sterben: Wenn jemand im Sterben lag, der kam in ein Extrazimmer, damit der nicht bei den vier Leuten rumschnarcht, mit seiner Atmung. Das sollte später, auch schon zu DDR-Zeiten meine ich, nicht mehr so sein, diese absolute Abschirmung. Aber zu meiner Zeit gab es das noch. Da wurde keiner hingesetzt und Hand halten oder sowas. Also nicht zwischen 1978 und 1981, da hab ich Ausbildung gemacht.

Wir hatten eine Kollegin, die hat uns auch so einen inoffiziellen Tipp gegeben. Wenn jemand im Sterben liegt, hat die Schwester gesagt, musste das Bett flachstellen kurz vorm Nachtdienst. Sonst hat der Nachtdienst so viel zu tun, wenn so viele im Sterben liegen. Wenn das Bett flach steht, sterben die schneller, weil sie weniger Luft kriegen. Ich habe das selbst nie machen müssen, zum Glück. Aber ich muss sagen, ich hätte jetzt nicht gewusst, ob das schlimm ist für den Sterbenden. Das hat keinen großen Unterschied gemacht, eigentlich nur zeitlich, die haben ja keine Panik gekriegt oder irgendwas.

Ich hatte ja auch in einer Frauenklinik gearbeitet, ein halbes Jahr zu Ausbildung auf einer Station, wo nur Abortus war, also nur Abtreibungen. Das war ja erlaubt. Und das haben nun auch viele in Anspruch genommen. Aber es gab leider Gottes auch viele Frauen, die auf natürlichem Wege das Kind verloren haben, auch in späteren Monaten mit vier, fünf, sechs Monaten, kriegten dann eben Blutungen. Und da kann ich mich eben auch sehr gut erinnern, wie wir Schwesternschüler manchmal rausgeschickt wurden und nur die älteren Schwestern durften dann in das Behandlungszimmer. Gerade bei Aborten im vierten, fünften, sechsten Monat, da wurde immer ein Wassereimer mit reingenommen. Und dann hab ich eine im Spätdienst gefragt, wozu der Wassereimer? Und die hat mir gesagt: »Das ist dafür, wenn die Kinder vielleicht doch einen Luftzug machen oder schreien, damit die sofort ertränkt werden. Die meinten eben, das wäre absehbar, dass das Kind sowieso keine Chancen hätte, schwerstbehindert wäre, offener Rücken und alle möglichen Sachen und man deshalb auch der Mutter diesen Schrei erspart. Nach der Wende kam das raus und war richtig groß in der Presse.

Wie gesagt, wir durften da nicht mit rein. Gott sei Dank, das wäre schon ein Schock gewesen. Es war schon Schock genug, wenn wir ins Nebenzimmer kamen und da standen die ganzen Spülungen und Hilfsmittel, und in einer Nierenschale die Föten. Und die mussten wir Schülerinnen immer ins Krematorium bringen oder ins Labor. Das war schon gruselig, dass wir ohne Vorwarnung diese Nierenschalenbabys über den Hof gebracht haben, bei Sonnenschein.

Danach kam ich in ein normales Krankenhaus für Inneres. Und da waren viele, die so eine Darmverlegung hatten, künstlicher Darmausgang und so, da wurde irgendwann ein sehr sympathischer Arzt auf der Arbeit von der Stasi abgeholt und in den Knast gebracht, weil er zu sehr mit seiner Meinung ... Das war wirklich traurig. Das war ein ganz toller Arzt.

Auf dieser Station war auch so typisch Visite angesagt. Kein Fleck auf der Schürze, mit gestärktem Häubchen. Dann hieß es: Benehmt euch, der oberste Chef geht hier durch. Tja, und dann kam der, ich stand da gerade im Flur. Und er kommt natürlich, mit seiner Horde hinter ihm, und streckt den Arm zu mir aus wie der König. „Hier, schmeißen Sie mal weg«, sagt der und hält mir ein zerknülltes Stück Papier entgegen. Das war seine Begrüßung.

Nach der Ausbildung bin ich als erstes in ein Schwerstbehindertenheim für Kinder gekommen, da war ich achtzehn. Das hat mich mehr interessiert als Altenheim. Das war eigentlich, würde ich sagen, noch ein bisschen mittelalterlich. Das waren also vor allem Impfschäden, Schäden durch selbst gemachte Interruptio, selbst gemachte Abbrüche. Oder Kinder, bei denen man nicht genau wusste, manchmal gab es Sauerstoffmangel bei der Geburt oder sowas. Aber zu meiner Zeit kam das schon auf, dass man die auch rausholt und man ihnen irgendwie ein paar schöne Stunden zu gestalten versucht. Da wurde sich schon einigermaßen Mühe gegeben für die damalige Zeit. Das war ein schönes, schönes Haus, wo man eine Riesenterrasse und Garten hatte.

Aber es war ein bisschen abgelegen, und die Nachtschichten waren gruselig und eine Zumutung. Da sind auch merkwürdige Sachen passiert. Männer, die nachts klingeln und am Fenster den Schwanz zeigen, da stand auf einmal irgendjemand und hat sich einen gewichst, draußen, als ich im Schwesternzimmer saß. Das sind so prägende Momente, wo du allein da sitzt als Achtzehn-, Neunzehnjährige. Und dann hab ich die Polizei angerufen, und die sind wirklich regelmäßig in meiner Nachtschicht aufgekreuzt, haben bei mir Kaffee getrunken und mich über die Nacht gebracht.

Das war wirklich gruselig, aber das waren eben die Bedingungen und ich fand das damals normal. Es gab nur Vollzeitstellen, immer 12 oder 13 Tage durcharbeiten. Danach aber gab es damals immer vier Tage frei. Ich weiß gar nicht, wieso das heute nicht mehr so ist.

Dann kamen die Kinder, also meine Kinder. Da war ich jeweils drei Jahre zuhause, was zu DDR-Zeiten recht ungewöhnlich war. Das musste ich natürlich erst mal durchboxen gegen den Staat. Beim zweiten Kind, da war schon die Wende, hab ich gerade eine tolle Ausbildung gemacht zur Suchtkrankenhelferin in der Filiale einer Einrichtung aus dem Westen. Die haben eine Ausbildung angeboten und ich konnte alles lernen über Süchte, Psychologie und Drogen. Ich fand das sehr interessant, so als Ossi, wir hatten ja nix. Das war für mich eine neue Welt. Da hatte ich wirklich Lehrer, alle aus dem Westen, ganz lockere und tolle Leute. Ich war ja nur diese ganz normalen Ossis gewohnt. Die waren schon anders. Die haben sich mit uns auch mal abends in der Kneipe getroffen und unterhalten. Das war für mich ganz besonders, auch der Unterrichtsstil und völlig andere Sichtweisen. Das war wirklich toll.

Meine erste Ehe kam da schon ins Wackeln. Die Mutter von meinem damaligen Mann hatte im Westen ein Haus, und das Haus stand halt leer. Und ich wollte meine Kinder damals in die Waldorfschule kriegen, und das hat geklappt. So sind wir dahingezogen.

Meine erste Arbeitsstelle dort war ein Altenheim, was aber gekoppelt war mit einer geschlossenen Station für psychisch Kranke, austherapierte Leute. Da waren schon Weglauftendenzen, auch ein ehemaliger Soldat von einer Spezialeinheit, der ist immer nur im Stechschritt rumgelaufen. Dem haben sie, wurde uns gesagt, so eine Art Gehirnwäsche verpasst, damit er alles vergisst. Der war bei geheimen Manövern dabei, hieß es. Da waren auch sehr aggressive Leute, du musstest immer ein bisschen aufpassen, dass nicht hinter dir einer steht mit einem Stuhl in der Hand und meint, in seinem Wahn, dich attackieren zu müssen. Mein Ehrgeiz war natürlich, mit denen klarzukommen.

Da kam ein neuer Stationschef, der war zu uns supernett. Aber zu den Leuten, da war der richtig hart drauf. »Wenn der austickt, dann muss der festgeschnallt werden für zwei Stunden.« Dann hat er uns Tricks gezeigt, wie man auf den drauf hechtet und ihn festhält. Der hat kein Pardon mehr gehabt. Wenn einer ausgetickt ist, ist er einfach wie eine Maschine geworden. Auf der anderen Seite haben wir erstmal gedacht: Naja, ist ja vielleicht auch erst mal okay. Der kommt nun aus einer Klinik, und da mussten die das so schnell machen, damit da überhaupt Ruhe reinkommt oder irgendwas. Aber es war schon irgendwie strange. Naja, jedenfalls kam ich dann irgendwann dazu, da war er bei ner Frau, die war noch gar nicht lange da, und die war eigentlich unaggressiv. Da kam ich einmal rein, weil ich die hab schreien hören, und hab gesehen, wie der die geprügelt hat. Er hat die geprügelt – ich war so geschockt. Erst hab ich ihn angeschrien, und er hat dann gesagt »die haut auf mich ein« oder sowas. Die hatte schlimme blaue Flecken, weil er die gegen die Duschstange gestoßen hat. Dann aber bin ich am nächsten Tag zur Chefin gegangen. »Das kann ich mir nicht vorstellen. Nein, also, der Herr Soundso, also das kann ich mir nicht vorstellen.« Diese Chefin, das hab ich später erfahren, die hat ein Verhältnis gerade gehabt mit dem. Ein junges Liebespaar. Ist ja logisch, dass die sich gegenseitig decken.

Das Ende vom Lied war, dass ich das beweisen sollte. Das war sehr demütigend. Und er hat mich dann angegangen, wie ich sowas behaupten könnte. Letztendlich wurde ich auf eine andere Station strafversetzt, auf die ich eigentlich nicht wollte. Dort waren große Kinder, die nur lagen, wo du nur gehoben hast, schwerst verschleimte Kinder. Und körperlich war es ganz, ganz schlimm und es hat keiner mehr gesprochen.

Das war eine ganz andere Art zu arbeiten, und man hat sich ja auch blöde gefühlt, man war im gleichen Haus wie der Typ, der war noch Chef und hat weitergemacht. Nach vier Monaten bin ich gegangen. Ein oder zwei Jahre später habe ich erfahren, dass ihn irgendwer anders auch bei Misshandlungen erwischt hat. Der ist seines Berufes enthoben worden, durfte also nie wieder als Krankenpfleger arbeiten. Das war schon wirklich heftig, wie hilflos, wie absolut hilflos man ist, wenn man zur Chefin geht und vorsichtig was sagt. Dass einem nicht geglaubt wird, obwohl jeder wusste, was der da macht. Die haben ja auch die blauen Flecken gesehen. Das war 1993, 1994. Ja, ich glaube, da hat sich gar nichts geändert.

Dann bin ich zu einer evangelischen Stiftung. Das ist auch praktisch ein kleines Dorf gewesen, mit mehreren Häuschen, und in jedem Haus waren Wohngruppen für psychisch austherapierte Leute, also Erwachsene. Und das war ein ganz anderes Konzept. Da hatte ich ein Bewerbungsgespräch mit einem Pfarrer, also der war mal Pfarrer, der hat das Heim geleitet und natürlich gleich gestutzt, weil ich nicht konfirmiert war. Aber weil ich gerade frisch als Ossi in den Westen gekommen war, war der großzügig und sagte: »Sie können ja ruhig erst mal arbeiten, und dann kucken wir mal mit der Religionszugehörigkeit.« Und dann hab ich ihm gesagt: »Na ja, wissen Sie, in der DDR, da musste man in der Partei sein, um Abitur oder bestimmte Sachen zu bekommen. Und hier muss ich jetzt in der Kirche sein, um eine gute Stelle zu kriegen.« Da hat der gesagt: »Mensch, da haben Sie ja irgendwie recht, irgendwie müssen wir das hinkriegen.«

Das war eben sehr schön, ein ganz offenes Konzept. Da gab es Mitarbeiterinnen, die waren als Hausmütter eingestellt und haben da auch gewohnt. Aber es gab eben auch da schwarze Schafe, sehr schwarze Schafe, was auch nicht gesehen werden wollte, vonseiten der Leitung. In einer der Stationen hat eine ältere Dame gearbeitet, die war so alt wie ich jetzt. Da gab es einen, der hat immer viel gemacht, im Hof gekehrt und ganz viele Hausarbeiten, und dafür hat der Taschengeld bekommen. Und der hat sich dann beklagt, immer würde ihm das Geld aus der Hose fallen. Seine Hausmutter würde immer sagen: Das Geld fällt ihm aus der Hose, immer, wenn man das Gehalt kriegt. Ja, das hat sie sich eingesteckt. Die Schülerin, die dort oben gearbeitet hat, hat das ein paarmal mitgekriegt. Mir erzählt und nun hab ich gedacht, jetzt willste das mal selber sehen. Dann war Zahltag, und ich habe gesagt: »Haste Dein Geld?« Ja, da hat er mir das noch gezeigt. Und am nächsten Tag saß er wieder weinend im Zimmer und sein Geld war weg. Da schnauzt ihn diese Frau an: »Pass doch besser auf dein Geld auf!« Die hat eh oft rumgebrüllt, dass man dachte: Mein Gott, was ist mit dir los? Und der Mann heult dann jedes Mal, weil er sich selbst diese Schuld gibt, ja, und wird noch angeschnauzt von dieser Hexe, die sich das monatlich einsteckt. Da bin ich hinterher zu diesem Herrn Pfarrer, zu diesem netten, wirklich netten Heimleiter. Und sag: das und das ist passiert, und das kann ja nicht sein. »Das kann ich mir aber nicht vorstellen, die Frau ist so lange bei uns, die macht sowas nicht«, sagte der. Das war natürlich auch blöd.

Na ja, ich durfte zwar weiterarbeiten, wurde aber gemobbt. Dann wurde jedes kleine Fehlerchen auf einmal so lange hin- und hergedreht, bis ich mich wirklich unwohl gefühlt habe. Und dazu kam, dass er immer darauf drängte, dass ich mich dann taufen lasse. Das war dann leider, leider auch das Ende.

Und dann bin ich in eine psychosomatische Klinik, in eine Suchtklinik, da war ich mit den Kindern schon allein nach der Scheidung. Die Klinik war weiter weg, Dreiviertelstunde bis Stunde war ich schon unterwegs, je nach Verkehr auf der Autobahn. Es war das erste Mal, dass ich keine richtigen Schichten hatte, sondern Tagdienst, von sieben bis drei. Das heißt um vier war ich zu Hause. Da haben die Kinder schon gewartet.

Die Leute waren nach ihrem Entzug in dieser Klinik, um dort das Methadon-Programm zu machen. Ich bin ehrlich gesagt gescheitert, vor allem an diesen ganzen Laborsachen. Ich habe das gehasst. Röhrchen aufkleben, beschriften, die ganze Zeit. Das war nicht so meins. Aber sonst war das eine tolle Zeit, die möchte ich nicht missen. Gerade an den Wochenenden warst du manchmal mit der ganzen Horde allein und musstest das hinkriegen. Wir haben Ausflüge gemacht, einmal im Monat musste jeder einen Ausflug mit denen machen. Ich bin vorher noch nie einen Bus gefahren, das hat mir nur einer schnell auf dem Parkplatz gezeigt. Und dann bin ich mit denen ins Ländchen, Bötchen fahren und Eis essen oder ins Kino. Was die sich so gewünscht haben. Bei mir ist da eigentlich immer alles glatt gegangen, obwohl viele schon zig Mal im Gefängnis wegen irgendwelcher Klau-Sachen waren. Das hat trotzdem geklappt.

Auf der Arbeit warst du schon Drill Instructor. Es ging immer nur um Zeit. Dann und dann war Frühstück, Morgengespräch und so weiter, war alles streng getaktet. Man hat auch Gespräche geführt mit Einzelnen, die dir so zugeteilt wurden oder du dir teilweise selbst aussuchen konntest.

Aber ich war zu locker. Ich hab denen mal heimlich erzählt, dass ich ganz gern mal einen kippe. »Ja, das haben wir Dir gleich angesehen!« Das restliche Personal bestand aus Schwestern, die waren streng. Vielleicht braucht es das ja auch. Ich weiß es nicht. War ich wirklich zu locker? Trotzdem hat alles geklappt. Es sind ja keine Leute ausgetitscht oder über Grenzen gegangen. Ich hätte die »nicht im Griff«, hieß es. Die haben das irgendwann beäugt, wie ich mit ihnen umgehe und fast nicht zu unterscheiden wär von den Leuten. Dann suchen sie kleine Fehler, da eine Unterschrift vergessen oder da irgendein Röhrchen vertauscht.

Naja, aber ich wurde nie gekündigt. Außer einmal. Weil ich auch so konfliktscheu bin, und mich nicht so behaupten konnte. Ich bin lieber gegangen und hab gedacht: Könnt ihr euer Ding alleine machen, geh ich woanders hin, dann kam eben wirklich noch der lange Arbeitsweg dazu und ich habe gemerkt, dass es den Kindern auch nicht guttut, wenn ich so spät nach Hause komme. Außerdem war es sehr mager bezahlt. Da habe ich im Altenheim mehr bekommen als in dieser Klinik. Naja, erstens keine Schichtzulage, das Grundgehalt war da recht wenig, für diesen Aufriss. Und die Wochenenddienste fielen weg, außer einmal im Monat. Aber ich habe gelernt, dort Pizzateig zu machen. Da waren viele Italiener, und die haben mir gezeigt, wie man wirklich Pizza macht, nämlich nur mit Wasser und niemals mit Milch.

Und dann ging ich in ein Pflegeheim, relativ klein. 1995 oder 1996, war das. Das waren zwei Stationen mit jeweils 25, 26 Leuten. Ich war damals Mitte 30. Da war eine ganz junge, unsichere Leitung, so Anfang zwanzig oder was, das war die Tochter von einer, die vorher dort ganz lange gearbeitet hat, und die hat die Stationen übernommen. Na gut, auf dem Land ist das manchmal so. Aber die hatte eigentlich von Tuten und Blasen keine Ahnung. War ne normale Altenheim-Arbeit unter schwierigen Voraussetzungen, es war ein ganz altes Fachwerkhaus mit kleinen Zimmerchen und Schwellen und Rollstühlen oder Toilettenstühlen von anno dazumal.

Die Leiterin, die junge Frau, hat das alltägliche Leben schwierig gemacht. Was schlimm gewesen ist: diese Anruferei, wenn du gerade frei hast. Das verfolgt mich bis heute, wenns Telefon klingelt. Die hatte überhaupt kein Verständnis. Ich war alleinstehend, mit beiden Kindern, hab voll gearbeitet, und dann hatte ich mal frei, nachdem ich schon zigmal eingesprungen war. Und dann rufen sie dich an: Kannst du nicht und willst du nicht ... Ach je.

Es gab einen Hausmeister, der mit seinem scharfen Schäferhund rumlief, ich hatte echt Angst, und das wittert so ein Hund natürlich und so hat der mich ständig in den Fuß gezwickt. Und der Hausmeister hat dann einen Schlüsselbund hinter dem her geschmissen. Skurrile Gestalten, wirklich.

Da gabs noch die Heimleiterin, die war um die 40, und von der hieß es: Die ist nie da, und wenn sie mal da ist, vögelt sie alles durch, schließt sich mit den Zivis im Büro ein und so abstruses Zeug. Auf solche Geschichten hab ich nichts gegeben, war aber tatsächlich so. Hab ich gar nicht schlimm gefunden, sollen sie halt machen. Und die Zivis fanden das natürlich auch toll. Die haben sich geschmeichelt gefühlt.

Aber dann hat ein Zivi gesagt: »Ich will ja nicht sagen, was da finanziell läuft, mit den Renten von den Leuten.« Ich hab erst mal nicht weiter nachgehakt. Ich hatte andere Sachen im Kopf. Dann habe ich bemerkt, dass zwei, drei Omas immer nach der Rentenauszahlung geweint haben und ganz traurig im Stuhl saßen: »Ich habe diesen Monat kaum was gekriegt, und ich weiß gar nicht, warum und wieso.«

Ich bin dem nachgegangen, was die hätten kriegen müssen, und sie hatten nur um die hundert Mark gekriegt, es war lächerlich. Es war eindeutig: Diese Heimleiterin hat über Jahre die Hälfte oder ein Drittel der Renten einkassiert, je nachdem, für wie dement sie Leute gehalten hat, wie sehr man denen glauben kann oder nicht. Die wurde übrigens Jahre danach erwischt, die darf auch nicht mehr in ihrem Beruf arbeiten und hat dann auch ihre Strafe bekommen.

Aber ich war halt der Vorläufer, der das aufgedeckt hat, hab Riesentheater gekriegt und der Zivi war auch feige und wollte es sich nicht verderben. Ich hab ja nicht zu ihr gesagt: »Ich habe gehört, Sie unterschlagen die Renten.« Ich habe mit den Verwandten der einen Dame geredet. Und die haben das irgendwie angeleiert, die hatten da eine bessere Handhabe. Und müssen sich aber auch noch mit anderen kurzgeschlossen haben. Als ich weg war, wurde das ganz schnell klar, dann ist das ganze Heim geschlossen worden.

Es waren oft Kleinigkeiten. Die hatten so einen kleinen Saal, ich konnte Essensmarken kaufen, damit meine Kinder dort Mittagessen konnten nach der Schule. Darüber war ich ganz happy. Und es gab freies Mineralwasser für alle, da hab ich natürlich meinen Kindern zum Essen jeweils ein Glas Wasser eingeschenkt. Und dann hat mich ein anderer Zivi angezinkt, der mit dieser Dame auch ein kleines Verhältnis hatte. Sie hat ein Affentheater gemacht! Die Frau, die sich die Renten in die Tasche gesteckt hat! Das war wirklich ungerecht.

Am Ende haben die mir gekündigt, weil ich »Nein« gesagt habe und nicht einspringen wollte, wenn ich frei hatte. Ich habe später eine Psychotherapie gemacht, und der Therapeut sagte mir: »Diese ganze Belastung in der Pflege, das liegt doch daran, dass diese Leute sich nicht wehren, weil sie nicht nein sagen können.« Dann habe ich ihm gesagt: »Mensch, das kann man nicht.« Erstens fliegt man, und außerdem: Man reitet ja auch seine Kollegen mit rein. Ach ja, Mensch, die arme Sowieso, die schon sechs Dienste am Stück hatte und die sich so gefreut hat auf ihren freien Abend, sie muss einspringen, wenn ich jetzt nein sage. Deswegen macht man es doch und sagt, ich komme.

Das liegt ganz, ganz oft am Führungspersonal. Ich bin vielen begegnet, die mal eben Erwachsenenqualifizierungen gemacht haben, weil sie sich gelangweilt haben in ihrem Leben und dachten: Jetzt mach ich was Sinnvolles. Ich geh in die Pflege, mache schnell ein Examen oder eine Ausbildung. Und die kommen dann in die Pflege, machen einen Schnelldurchlauf zur Stationsleitung. Die kriegst du vor die Nase gesetzt, und ihr Ego ist so abgehoben, das fand ich immer ganz schrecklich. Wenn solche Leute da sind, ist Ende im Gelände.

Dann fährt die Stationsleiterin mit der Heimleitung und mit der Geschäftsleitung zusammen in Urlaub und von den Überschüssen bauen sie sich ihre Einrichtungen gerade bei den privaten Trägern. Die sind gerade in den Neunzigern wie Pilze aus dem Boden geschossen. Davon hab ich auch ein paar von innen gesehen. Da war ich ganz happy erstmal. Es gab noch keine Pflegeplanungen und keine Zeitvorgaben, sondern es wurde noch ganz frei gepflegt. Du hast deinen Plan gekriegt, wann du zu wem gehst. Das war alles. Und es gab keinen Minutentakt. Heute kriegste Listen, ausgedruckt: 12.13 Uhr hier und 14.36 Uhr da. Und eine ganz nette Chefin eigentlich, heute frag ich mich auch, warum ich da wieder weggegangen bin.

Zu den Menschen nach Hause kommen, in ihre Wohnungen, die Bilder an der Wand, das Stück Leben von denen zu sehen, das fand ich ganz toll, den Hintergrund zu haben und diese Atmosphäre. Wenn die das Bedürfnis hatten, ein bisschen zu reden, ging das ganz ohne Hetze, man ging mit einem guten Gefühl und vor allem hatten die Leute selbst ein gutes Gefühl. Die haben sich gefreut, wenn du kamst, und nicht rein und wieder raus hetzen musstest. In der heutigen Zeit betteln sie dich an. »Ja, warum denn so schnell, bleiben Sie doch noch!« Das war wirklich ein ganz anderes Arbeiten damals.

Aber der Druck fing relativ schnell an. Je länger dieser Pflegedienst existierte, desto strenger wurde es. Und dann wurde immer mehr Wert auf Bürokratie gelegt. Dann musstest du Unterschriften einsammeln und ich hatte auch schon mal ein paar Unterschriften vergessen. Da gabs dann erste Gespräche, so nach dem Motto: »Oh wir reden mal mit der, so ganz locker, da sind so ein paar Sachen aufgefallen, aber nicht böse gemeint.« Wo ich so hinterher dachte auf dem Weg nach Hause: Mein Gott, dauert es halt zwei Tage länger mit der Unterschrift, ist doch nicht schlimm. Fand ich schon ein bisschen komisch. Ich versuche, mit allen eigentlich supergut klarzukommen, und bin lieb zu meinen Kollegen gewesen. Und dann kritisieren die auf einmal so rum? Keine Ahnung. Ja, dann war noch Sommer, ich hatte Spätdienst, war ne Affenhitze, und ich bin schnell in einen Supermarkt und hab zwei Flaschen Wasser gekauft. Da stand meine Chefin da, erstmal freundlich gegrüßt, aber am nächsten Tag hab ich eine Abmahnung bekommen, weil ich mir Wasser gekauft hab in der Dienstzeit. Da hab ich das Vertrauen verloren. Ab da war für mich auch das erledigt.

Da hab ich mich aufgemacht und bin in ein Seniorenheim gegangen, als Nachtschwester, hab ich auch nicht lange gemacht. Gott sei Dank, also Nachtschwestern, die das Jahrzehnte machen, das sind ganz spezielle Charaktere. Das waren 32 Bewohner insgesamt. Auf einer Ebene, das war ja gar nicht so lange her. 1999 war das. Und da war man dann eben auch allein Nachtwache. Zu der Zeit war ich immer noch alleinstehend mit beiden Kindern und hab diesen Nachtdienst gemacht sieben Nächte. Das war auch ein Altbau, wenigstens ebenerdig. Man hatte als Schwester noch ein kleines Zimmer in so einer Dachstiege. Und da war auch ein Fernseher, und da war ein richtiges Bett, man durfte offiziell zwischen 1 Uhr und 3 Uhr oder 4 Uhr schlafen. Das war auch voll bezahlt. Wobei schlafen ist zu viel gesagt. Es klingelt immer jemand, und wenn du Ruhe hattest, es war nebenan eine Pizzeria, da war gerade nachts ein Geschrei, man konnte schon deswegen nicht schlafen.

Der Heimleiter war auch Psychologe, der war sogar studiert. Er hatte noch einen zweiten mit im Boot, der die Geschäftsleitung gemacht und die Gehälter ausgezahlt hat. Der Heimleiter war eigentlich mehr mit sich beschäftigt, hat früh sich bei allen Bewohnern gezeigt und die Zeitung vorgelesen. Das war so seine Aktion, für ein gutes Gefühl übern Tag.

Die Leute waren nachts vor allem ruhig und sehr bei sich, keine auffälligen Klienten, außer so ein paar Herren, die waren in einem Zimmer, die haben manchmal verrückte Sachen gemacht. Einmal habe ich Geräusche gehört in der Nacht. Und dann geh ich runter. Da war ein großer Saal, wo es Essen gab, da kurven die alle drei völlig irre, kann man nicht anders sagen, mit ihren Rollstühlen im Kreis herum, und jeder hat seinen Katheterbeutel hinter sich hergezogen. Es war unglaublich. Ich weiß nicht, wie die aus ihren Betten rausgekommen sind, um sich in ihren Rollstuhl zu setzen. Normalerweise hast du zwei Leute gebraucht, um die zu bewegen. Wie sie das gemacht haben? Das frage ich mich bis heute. Die wirken auch schon ganz anders. Die Menschen in der Nacht. Naja, dann noch ein altes Haus. Manchmal hat eine Frau geschrien »Da sind Ratten, da sind Ratten, die sind mir direkt übers Bett gelaufen!«, und ich habe immer gedacht, die spinnt halt und hab sie getröstet: »Nein, da sind keine Ratten«, und sie: »Doch! Doch! Doch!« Bis ich den Tagdienst gefragt habe, die haben mir dann gesagt »Doch, die haben wir auch schon gesehen.«

Wirklich ganz merkwürdig waren diese Schwestern, so finstere Gestalten, ganz arme Frauen, völlig abgearbeitet. Eine hat mir gesagt: »Ja, ich wasche immer zehn Leute.« Ich sag: »Wie bitte? In der Nacht?« »Ja, Hier ist es üblich, dass wir für den Frühdienst zehn Leute waschen.« Wie will man das schaffen? Um drei oder halb drei habe ich angefangen Leute zu waschen, damit ich das schaffe, die zu waschen und anzuziehen, bis um sechs, bis der Frühdienst kam.

Das habe ich mit dem Herrn Psychologen nochmal besprochen. Ich sag: »Wissen Sie, Sie können ja nicht glauben, dass das eine ordentliche Pflege ist, wenn jemand zehn Leute wäscht.« Da wird dann irgendwas rumgenuschelt und der hat das aber gewusst und es hat sich auch nichts geändert, denn der Tagdienst, das waren wirklich kaputte Leute. Es war einfach so, die hätten das gar nicht gepackt. Ich weiß nicht, was die den ganzen Tag gemacht haben. Die haben nur noch, wenn sie zu dritt kamen, vielleicht ein, zwei Leute gehabt zum Rausholen. Das frage ich mich bis heute, warum das nötig war, zehn Leute in der Nacht zu waschen, was ja sowieso eigentlich verboten ist, damals auch schon. Davon mal ganz abgesehen: Jemand, den du um drei gewaschen hast, der bettlägerig und inkontinent ist, da ist es ja logisch, dass der um sechs, halb sieben eigentlich wieder hätte dran sein müssen.

Klar wollten die, dass ich gehe. Das merkt man einfach. Die wollen natürlich, dass derjenige geht, der das sieht und was sagt. Da hab ich übrigens in das Jahr 1999 ganz allein rein gefeiert. Da stand ich da, Silvester mit einem Gläschen Multivitaminsaft und hab gedacht: So, das ist das letzte Mal, dass du Nachtwache machst.

Als nächstes bin ich dann auch wieder zu einem privaten Träger. Da gabs eine Dame, die dieses Haus gestiftet hat, und immer, wenn die Geburtstag hatte, mussten wir immer so ein demütigendes Lied singen.

Und dann stehst du da und singst: »Danke für meine Arbeitsstelle.« Naja, das ist bis heute noch so. Ich kenne Leute, die versuchen dort zu arbeiten. Das ist eigentlich ein riesiges Haus, schön im Grünen gelegen. Der Sohn dieser alten Dame ist natürlich der Geschäftsführer und im Computerzeitalter, als das alles aufkam, war er einer der ersten, der richtig gute Werbung machte. In der Mitte war ein riesengroßer Saal, und er wurde immer neu rosa gestrichen, sodass jeder Angehörige dachte: »Bei Gott, hier möchte ich meine Mutter hinbringen.« Ließ sich auch super fotografieren. Naja, aber fürs Personal waren die Bedingungen katastrophal.

Auf so einer kleinen Station waren da 26, teilweise wirklich aggressive Leute. Und es gab es einen Tagesraum, so groß wie ein größeres Wohnzimmer, da hat man die ganzen Leute reingepfercht, das war ein Geschrei und Gebrülle, das war ein Wahnsinn.

Die Frau, die mich eingearbeitet hat, war zwar sehr sympathisch, aber vor allem fand die mich sehr sympathisch, deswegen hat sie mich da auch ein bisschen anders behandelt als die anderen. Die hatte den Ehrgeiz: »Die müssen alle raus und es muss allen gut gehen.« Das ist ja auch völlig in Ordnung erst mal. Aber dann waren die alle in diesem Raum, die eine hat ständig irgendwie gerufen, so ununterbrochen, da konnte Besuch sein, sie hat nur geschrien. Was das war, weiß ich bis heute nicht. Das war Wahnsinn. Es war ein Geräuschpegel in diesem Zimmer, der für die Leute, die ruhiger waren, überhaupt nicht gut war. Aber das hat sie nicht gesehen. Dann hab ich mit ihr Gespräche geführt, aber nein, es gab kein Pardon. Ob die jetzt im Tagesraum sitzen oder in ihrem beschützten Zimmer mit Musik? Nein, sie mussten alle raus. Und das war auch nur das Ego von dieser Frau, von dieser Stationsleitung, die übrigens auch weggegangen ist, weshalb ich dann sogar Stationsleiterin war. Aber nicht offiziell. Ich habe auch nicht mehr Geld gekriegt. Aber ich war die Leitung.

Da waren zwei Leute, die, wenn du die duschen wolltest, um sich getreten haben. Der eine war tatsächlich mal Boxer gewesen. Und sobald du dem näher gekommen bist, gabs einen auf die Rübe. Wir haben es zu zweit machen müssen. Dann wurde getreten, so blitzartig und so gewalttätig. Oder der hat dir in die Fresse mit der Faust gehauen. Der wusste genau, wo er hinschlägt und -tritt. Alle hatten blaue Flecken von dem und wenn man nicht getreten wurde, dann hat er gekrallt. Ich meine, manche haben ja auch Kräfte, das ist unglaublich. Eine hat sich ganz toll und süß um ihn gekümmert und ist immer um ihn rumscharwenzelt. Aber letztendlich hat sie auch einen abgekriegt. Die hat ihn auch mal reflexartig getreten oder irgendwie, mir ist das auch passiert bei dem. Dass du mit der Hand aus Reflex irgendwas abwehrst, ist ja klar. Wie hätte man den anders pflegen sollen, den hätte man festschnallen müssen. Ein Wunder, dass man das überhaupt noch hingekriegt hat, den hin und wieder zu waschen.

Da waren einige, auch eine nette alte Dame: Du redest mit ihr und versuchst, in ihre Welt zu kommen und ihre Lieder zu singen, sie zu beruhigen. Und sie singt mit in einem Engelston. Und im Moment, in dem du sie sanft aufs Bett setzen willst, kriegste eine reingehauen in die Magengrube. Dann schluckt man, dann atmet man durch und macht weiter, weil einem was anderes nicht übrigbleibt. Das begegnet einem ständig. Und ich finde, in den letzten Jahren ist es schlimmer geworden. Ich sage ja zu den Heimen in den DDR-Zeiten: Ich kann mich nicht an einen erinnern, der aggressiv war.

Als ich als provisorische Leitung der Station eingesetzt wurde, hat es super geklappt. Bei mir geht alles über Beziehungen. Und ich muss sagen, alle Pflegerinnen, die ich kennengelernt habe, fast alle, sind immer engagiert gewesen, immer liebevoll, immer im Guten, haben immer das Beste gewollt für die zu Pflegenden. Da war keiner dabei, der von Anfang an hässlich gewesen wäre oder blöde zu den Bewohnern. Dieses Engagement ist so groß, auch die Empathie. Und das wird immer nur nieder gemacht von denen, niemals von den Bewohnern, noch nicht mal von solchen aggressiven, sondern wirklich nur von den Bedingungen, von den Chefs, die sie vor die Nase kriegen, von den dummen Ideen, von Leuten, die überhaupt keine Ahnung haben, wie das in der Pflege ist, die irgendwie meinen, sie müssten jetzt einen Minutentakt für Duschen und Baden einführen, um das Abrechnen zu können. Alle Kollegen, alle, sind aus Herzensgründen Pfleger geworden. Es ist eine Schande, dass das so kaputtgemacht wird.

Ich hatte dann tatsächlich ein paar Jahre nach meiner ersten Kündigung versucht, dort nochmal zu arbeiten, in der Hoffnung, dass es wirklich anders würde. Ganz im Gegenteil.

Da hatte ich das erste Mal das Gefühl, ich möchte mit einer Kamera da reingehen. Gerade weil die so eine unglaubliche Werbung machen für sich. Zeigen, wie der Alltag aussieht, dass manchmal eine Station komplett sich selbst überlassen war. Wirklich katastrophal. Nach Jahren, als ich dann wieder dahin gekommen bin, dachte ich, es hätte sich was geändert. Es war noch schlimmer. Aber die haben sogar noch angebaut, weil sie noch mehr verdienen wollten und noch mehr.

Da wurde ich übrigens angeschissen von einem ehemaligen Kollegen, der noch da arbeitete. Ich war da ne Woche, hab reingeschnuppert, um eventuell nochmal Fuß zu fassen. Und da hatte er sich doch offiziell beschwert, weil ich einer bettlägerigen Dame die dicken Strümpfe über Nacht angelassen habe.

Ich war mir unsicher. Die hatte Strümpfe im Bett, und da wusste ich nicht, warum sollte ich ihr die jetzt abends ausziehen? Viele die so lange bettlägerig sind, haben ja harte, eiskalte Füße, da ist es angenehmer mit den Socken. Da hat der mich angeschissen, als wäre sonst was.

Die waren alle völlig überfordert. Ich hab mit einem Pflegeleiter gesprochen und gesagt: Mensch, aber warum sind die Zustände so? Dann hatte ich einen großen Zusammenbruch und der hat mich im Krankenhaus besucht, und da hab ich gesagt: »Machen Sie doch, dass man noch einen Tag frei hat und mehr Personal.« Und der sagte dann das, was sie bis heute reden. Sie hätten kein Geld, um Personal einzustellen. Naja, der hat Krebs gekriegt und ist gestorben inzwischen.

Dann war ich drei Jahre in einer Rehaklinik, in der die Leute nach Schlaganfällen wieder zum Gehen gebracht werden. Es ist komisch, aber nach all den Jahren gibt es immer noch Sachen, die mich schrecklich ekeln. An Schleim gewöhnt man sich nicht. Ich muss jetzt noch würgen, wenn ich dran denke, wie ich die Töpfe voll Schleim weggeschüttet habe. Oder das Absaugen. Das fand ich schon damals bei den Kindern einigermaßen eklig. Aber es waren halt Kinder, da ging das irgendwie. Bei Erwachsenen möchte ich das nicht machen.

Ansonsten war das eben viel Betten beziehen und Leute aus dem Bett holen. Schwere körperliche Arbeit war das. Und viele Medikamente, das war ja nie so richtig mein Ding. Da hab ich meinen jetzigen Mann schon gehabt. Er hat immer gut verdient.

Der Auslöser zur Kündigung dort war, dass ich eine Schwester erwischte, eigentlich eine tolle Frau, die einen Patienten demütigte. Ich hab erst hinterher gemerkt, was da abgegangen ist. Da war ein Patient, der konnte nicht mehr laufen und nicht mehr sprechen, lag in seinem Bett, mit Gittern drumrum, weil der so unruhig war, ständig raus wollte und sich selbst geschädigt hätte. Da ging die Klingel in einem Spätdienst, ich kam rein, und die Schwester stand über ihm und hat ihn beschimpft. »Siehst Du, wie das ist«, und so weiter, hat da ihren ganzen Sermon abgelassen, und der Mann lag auf dem Boden und hat gewimmert. Fürchterlich. Wenn da solche hässlichen Sachen zusammenkommen, und man kann nichts machen, dann fühle ich mich einfach nicht mehr wohl.

Ich hab noch in einem Altenheim gearbeitet, irgendwas muss man ja machen. Da waren 120 Bewohner insgesamt, ein großes Heim, die waren fast alle aus Siebenbürgen. Auch im ganzen Ort lebten viele Siebenbürger. Die sind da ganz unter sich. Das war wirklich nett, mit denen bin ich super klargekommen. Richtig nette, warmherzige Leute. Und die waren eben auch nett zu den Bewohnern. Die kannten sich alle von früher aus den Dörfern, in denen sie aufgewachsen sind. Als ich ankam, war ein ganz herzlicher, empathischer, älterer Herr der Leiter. War klar, dass der irgendwann geht, in Rente. Erstmal hat der diese ganzen modernen Sachen abgewehrt, die ganzen Auflagen und die Pflegeplanung und sowas.

In dem Heim kannten sich alle, das hat man sofort gemerkt. Die haben da ihre eigenen Alten gepflegt. Leider war auch da Personal knapp, da war sehr viel zu tun. Und wenn du morgens sieben, acht Leute wäscht, bist du erst mal fertig. In der restlichen Schicht kann danach nicht mehr viel kommen, wenn du das ordentlich machst. Aber es herrschte nicht so ein Druck, es war ein schönes Klima.

Mit der neuen Leitung hat sich das unglaublich verändert. Der hat Stationen zusammengelegt, das waren Wege! Wenn du eine Schere oder Verbandsmaterial, irgendwas vergessen hast, warst du mehrere Minuten unterwegs. Und dann warst du als Examinierte allein für 54 Leute verantwortlich, plus zwei Hilfspflegekräfte. Das Schärfste war: Die lebten gar nicht alle auf der Station, sondern ungefähr ein Drittel wohnte in so Bungalows, draußen. Das war echt nett gemacht, aber du bist nur am Springen, Insulin spritzen oder Tabletten verteilen oder sowas.

Aber die Stimmung war schön, diese Menschen sind bei mir im Herzen, so wie die mit ihren Leuten umgegangen sind. Sehr, sehr liebevoll, also wirklich. Deswegen ist man da über manches Ärgernis hinweggegangen.

Mir hat es auch trotzdem irgendwann gereicht mit Heim, ich wollte mal was anderes machen. Ich hab mich bei einer heilpädagogischen Familienhilfe versucht. Ich hab mit psychisch Kranken gearbeitet, die ambulant betreut werden, da hilft man bei Amtsgängen und bei Schulden und kuckt, wie die wieder in ihre Bahn kommen können. Eigentlich wollte ich Familienhilfe machen, aber das ging nicht, als Krankenschwester. Da fehlte das Pädagogische.

Die Besprechungen waren gruselig. Die Kollegen haben erzählt, was so los ist, und die Chefin hat dann fast willkürlich entschieden, was jetzt gemacht wird, welche Kinder prädestiniert dafür sind, aus der Familie genommen zu werden. Da saß man bei ihr im Wohnzimmer und die sagte: so und so. Völlig ohne Grundlage, einfach weil sie das persönlich für richtig hielt.

Ich hab da einen psychisch Kranken betreut, ein Süchtiger. Der hat sich natürlich heimlich ständig Tabletten bestellt. Wenn der eine Arzt ihm keine gegeben hat, dann hat er es beim nächsten probiert. Und ich habe ihn dann auch vor dem Knast bewahrt, weil er natürlich auch ständig Schulden gemacht hat.

Jedenfalls hat er auf einmal eine Entzündung im Fuß, ich hab natürlich sofort einen Termin gemacht. Sind wir da regelmäßig hingefahren, und man hat gleich gesehen, dass der Arzt überhaupt keinen Bock auf den hatte. Der hat bloß abgewiegelt. Die Entzündung wurde immer schlimmer. Da hab ich dem Arzt gesagt: »Mensch, das geht doch hoch. Das geht ja schon übers Knie. Da muss man doch irgendwas machen.« Der hat immer nur eine Schiene verschrieben. Und dann war es tatsächlich soweit, ich hatte den zwei Wochen gar nicht gehört und gesehen. Ich hatte auch keinen Termin bei ihm. Dann rief er mich aus dem Krankenhaus an, da war die Entzündung hochgegangen. Da haben sie ihm das Bein abgenommen. Der Arzt ist, glaube ich, nie belangt worden.

Ich wollte wieder ein bisschen mehr arbeiten, aber die Frau Chefin hat mir einfach keine Stunden gegeben, also bin ich doch wieder zurück ins Heim. Die Frau hat den Pflegedienst irgendwann aufgegeben und macht jetzt irgendwas Esoterisches, Heilpraktikerin oder so.

Da sind so Sachen, bei denen ich mich bis heute ärger, dass ich so feige war. Und zwar in einem ganz kleinen Heim, wo mich ganz nette russische und polnische Pflegekräfte begrüßt haben und mir sagt dann eine: »Hier bleibst du bis zur Rente. Es ist wunderschön bei uns.« Da waren bloß 24 Bewohner, unten und oben zwölf, zwei Etagen in einem ganz normalen Wohnhaus. Das Heim wurde von einem geleitet, dessen Mutter das Haus gegründet hat, erst nur mit ein paar Leuten, mit paar alten Leuten, die sie betreut hat, dann ausgebaut zum Heim.

Das ist eben auch etwas, von dem keiner was mitkriegt, was abgeschottet ist von der Außenwelt, wo Leute arbeiten, die hätten nicht in diesem Beruf sein sollen, vor allem nicht im Nachtdienst. »Nimm das nicht so ernst«, hieß es, »der Pfleger geht schon manchmal ein bisschen ruppig mit den Leuten um. Aber den muss man halt so nehmen.«

Das war ein psychisch kranker Mensch, der sich natürlich ganz gut verkauft hat, aber eben auch so seine Macken hatte. Der war verbandelt mit der Nachtschwester, die wiederum die Schwester der Stationsleiterin war. Die hatte auch ganz komische Macken, die Nachtschwester. Die hat sich immer Plastiktüten über die Hände gestülpt statt Handschuhen.

Ihre Lieblingsbeschäftigung war das Ausräumen, Leute ausräumen. Es ist wirklich widerlich, deswegen hat die auch nur Nachtschicht gemacht, damit keiner die Leute schreien hört. Aber das Härteste ist eigentlich dieser Typ gewesen. Das war ein zwei-Meter-Kerl, riesen Kopp, und der hat manche Leute psychisch so fertig gemacht.

Jedenfalls hat der sich an den Leuten vergangen, auch sexuell. Einmal hat der eine Frau gewaschen, die war ein Schwerstpflegefall, die hat gar nichts mehr mitgekriegt von der Welt. Da kam ich ins Zimmer geplatzt, und der kam von der Frau wieder hoch, mit hochrotem Kopf, das war schon eindeutig. Und da war mir wirklich echt ... Das habe ich in all den Jahren noch nicht erlebt.

Aber ich hab nix gesagt, ich hatte Angst vor dem Psychopathen. Ich hatte wirklich Angst, weil der wusste, wo ich wohne. Ich hab dann einen bekannten Pflegekritiker und Journalisten angerufen, der sagte mir: »Zeigen Sie ihn an, machen Sie das! Bitte machen Sie das!« Ich hab aber Angst gehabt. Ich habe es nicht gemacht. Ich habe das beim Heimleiter angesprochen, der aber natürlich wieder gedeckelt hat. Hat alles nichts genützt. Das Haus ist inzwischen geschlossen worden, Gott sei Dank, wegen all der Missstände. Das sind wirklich finstere Abgründe. Da habe ich mich auch lange nicht von erholen können, von diesen Typen.

Danach bin ich nochmal zurück auf eine Station für Austherapierte. Das war ein super Konzept. Die haben das ganz offen gehalten. Da sind hauptsächlich Drogen-Leute, die jetzt eben auf Medikamente umgestiegen sind, die ordentlich Medikamente kriegen, die es super vertragen, und Leute, mit denen du dich noch unterhalten kannst. Manche sind dabei, die haben Psychosen, Schizophrenie. Ja, da wird es schon mal lauter, aber das ganz gewaltlos. Wenn jemand nicht duschen wollte, duscht der halt nicht. Fragt man halt am nächsten Tag nochmal.

Die haben das raffiniert gemacht, mit ganz vielen Hilfspflegekräften. Das Problem war bloß: Ich war die Examinierte, mich brauchten sie für die Unterschriften. Und da ist schon recht großzügig bei Bedarf verteilt worden, wenn die Leute das wollten. Und ich muss dafür jedes Mal meine Hand ins Feuer legen. Die Hilfspfleger hatten fast alle auch ein kleines Suchtproblem, daher sind die auch wirklich locker und cool mit denen umgegangen. Da war auch keiner, der sein Mütchen gekühlt hat an irgendjemand anderem. Das Beschissene war nur, das ich mir gewünscht hätte, ich wäre eine fähige Hilfskraft, und nicht die Examinierte, die im Haus für alle verantwortlich ist. Die Fluktuation dort war enorm. Solang ich dort war, haben acht Examinierte angefangen und sind wieder gegangen. Denn da gabs auch die Mitarbeiter, die mal krank gemacht haben oder eben nicht aus dem Bett gekommen sind. Ich bin dann ständig angerufen worden, mit meiner halben Stelle, rücksichtslos. Zum Sonntag um 5 Uhr klingelt das Telefon. Dann war es mir auch zu viel. Ich muss trotzdem sagen, dass es schön war.

Das läuft auch ganz gut. Ist ja auch in Ordnung, wenn es wirklich gut läuft. Aber dann müssen die kucken, dass die Examinierten auch gut behandelt werden.

Ich hab dann noch zwei drei Sachen versucht, dann war meine Tochter schwanger und ich hab mich verantwortlich gesehen, sie hatte ganz frisch eine Stelle, dann hab ich hier die Kindergarten-Oma gemacht.

Ich beneide jeden, der eine Büroarbeit hat. Ich beneide meinen Mann. Ich sehe das ja, wie der Homeoffice macht. Irgendwelche Bilder rumschubsen im Internet, dann geht er wieder Kaffee kochen, und wie viel der verdient dabei!

Ich muss mal sehen, was ich jetzt mache. Ich male gern. Aber beruflich … Psychologische Beratung, sowas würde mir liegen. Aber das traue ich mich jetzt auch nicht, ohne Schein so etwas zu machen, obwohl man das eigentlich könnte. Lebensberatung vielleicht, hab ja schon ein bisschen was gesehen.

Andrea hat sich nicht mehr um eine Anstellung bemüht. Sie sagt, es gehe jetzt darum herauszufinden, wie sie in Würde alt werden könne.

COLLIN

Collin ist Mitte 30 und angehender Erzieher in Berlin.

Ich bin Erzieher in einer Kita und habe gerade meine Abschlussprüfungen geschrieben. Jetzt gibt es eigentlich keinen Stolperstein mehr für mich. Ich bin jetzt seit viereinhalb Jahren in der Einrichtung.

Davor habe ich viel nichts gemacht. Ich hab mal ein Freiwilliges Ökologisches Jahr angefangen nach dem Abi und nach zwei Monaten geschmissen, weil ich keine Lust auf Arbeiten und das frühe Aufstehen hatte. Dann hab ich von Hartz IV gelebt und irgendwann hinter einem Tresen in einer Kickerkneipe gestanden. Da hatte ich tatsächlich wieder einen Tagesrhythmus und Freude am Rausgehen und Spaß mit Leuten. Aber es war klar, dass ich das nicht ewig machen möchte und dass ich schon mal Lust habe auf was Richtiges. Nach sechs Jahren habe ich mir gesagt: Ich muss mal was tun. Und es war klar, dass ich was mit Menschen machen will.

Das mit der Kita war zufällig, ich hab eher an Jugendliche gedacht, weil ich schon mal im Jugendclub gearbeitet habe. Ich musste zuerst die Ausbildung zum Sozialassistenten machen und war dann ein Jahr im Altenheim und ein Jahr in der Kita. Die Kita war so cool, da wollte ich bleiben und die haben mich dann als Azubi übernommen.

Wir sind ungefähr 50 Erzieher. Wir haben jetzt noch zwei neue Azubis bekommen, insgesamt fünf Männer, also 10 Prozent. Die Gruppen hätten alle gerne einen Mann bei sich. Ein Azubi, der gerade bei uns anfängt, würde gern zu uns in die Gruppe kommen. Aber weil er ein Mann ist, wird er vielleicht doch in andere Gruppen gesteckt, damit die auch einen haben. Was für die Kinder von Vorteil ist, wenn sie andere Rollenbilder zu sehen kriegen als immer nur die gleichen Erzieherinnen. Ich weiß, ich kann mich überall bewerben und sie werden jubeln: Ja, ein Mann! Das ist der Vorteil, den ich sehe.

Jetzt, am Anfang der Pandemie, habe ich drei Tage gearbeitet in fünf Wochen in der Notbetreuung. Ich freu mich, wieder mit den Kindern zu arbeiten. Unsere Chefin ist sehr entgegenkommend den Eltern gegenüber. Mir tat es leid um die Kinder, die allein zuhause sitzen und für die Eltern, die nicht wissen, was sie machen sollen. Nicht so sehr um die Wirtschaft. Mein Gott, sollen halt alle zu Hause bleiben und Geld dafür kriegen.

Ich hab mich jetzt mit dem Risiko abgefunden. Ich arbeite da, so ist das eben. Meine Frau ist vorsichtiger. Die macht mir schon manchmal Angst, weil sie sich sorgt und will, dass ich mich besser schütze.

Ich glaube, die allermeisten Eltern bei uns verdienen gut. Wir haben ziemlich motivierte Eltern, die immer für ihre Kinder alles machen wollen und gerne Ratschläge annehmen und mit uns zusammenarbeiten wollen. Dementsprechend sind das Eltern, teilweise, mit wirklich guten Jobs. Viele haben Ressourcen in der Hinterhand. Ob das dann die Oma ist, die eine Laube hat oder so. Es gibt eins von 24 Kindern, das einen Berlinpass hat und das ist noch nicht wieder in der Kita. Von daher weiß ich gar nicht, wie es dem geht.

Von dem Organisatorischen krieg ich nicht viel mit. Die Bestimmungen oder auch was die Eltern sagen. Das läuft alles bei meiner Chefin zusammen, die entscheidet. Die hat einen Arsch voll zu tun. Ich finde das total gut. Meine Chefin mag ich sehr gerne und die reißt sich für uns den Arsch auf und stärkt uns den Rücken, wo sie nur kann. Vor ihren Chefs und vor der Politik und vor wem auch immer. Vor den Eltern und so. Sie hat mich auch zurückgehalten in der ersten Zeit, als ich gerade Papa geworden bin. Und ich bin froh, weil sie ganz, ganz viele Verwaltungsaufgaben macht, auf die ich überhaupt keine Lust hätte. Ich möchte nicht 35 Anrufe am Tag entgegennehmen und E-Mails schreiben und sowas. Deswegen bin ich froh, dass unsere Chefin da ist und uns diese Arbeit abnimmt, damit wir mit den Kindern arbeiten können. Das ist das, was wir machen wollen. Wir wollen nicht im Büro sitzen, sonst wären wir nicht Erzieher geworden.

Und die Mitarbeiterführung ist auch eine Aufgabe für sich. Unsere Kita spaltet sich da. Die eine Hälfte der Erzieher ist gut gelaunt, und wir haben die andere Hälfte, die gerne meckert, die auch im Alltag einfach gerne meckert. Die meckern über zu volle Gruppen, zum Beispiel, über nicht umsetzbare Vorgaben, meckern über die Politik, meckern über alles Mögliche. Es ist eine generelle Unzufriedenheit. Ich nehme das nicht sonderlich ernst, muss ich sagen.

Warum sie meckern, naja. Das liegt teilweise daran, dass die Leute überarbeitet und seit 40 Jahren in dem Beruf sind, sie haben ein bisschen die Lust verloren. Zum Glück werden diese Kollegen immer weniger, wenn sie in Rente gehen. Ich muss jetzt mal ein gemeines Klischee eröffnen. Ich arbeite im Osten in der Kita und ich als Wessi behaupte: All die Ossis, die meckern viel mehr. Vor allem bei älteren Kollegen, die nicht mehr die Motivation haben. Wodurch auch immer sie die verloren haben, durch viele Berufsjahre oder schlechte Bezahlung oder schlechte Arbeitsbedingungen, schwer zu sagen.

Was die Arbeitsbedingungen anbelangt, kann ich das verstehen. Besser wären kleinere Gruppen, zum Beispiel. Und mehr Zeit für die Dokumentation. Das eine ist, bei den Kindern sein und das andere ist die ganze Schreibarbeit. Da nimmt man gern mal was mit nach Hause, weil die Arbeitszeit, die dafür bemessen ist, einfach zu knapp ist.

Die Bezahlung ist auch nicht so klasse, muss man mal sagen. Ich habe netto 888 Euro als Azubi und die schlechtere Steuerklasse als Verheirateter. Ich bin in die Gewerkschaft eingetreten, vor einem Jahr schon. Der Grund war, dass ich mal nachgefragt habe, als die Personalräte da waren. Ob wir denn streiken dürfen? »Ja«, meinten die, »nee, dürft ihr nicht.« Hä, warum nicht? Weil nicht genügend Leute in der Gewerkschaft engagiert sind. Ich glaube, es waren fünf bis acht Prozent bei unserem Träger, die in der Gewerkschaft sind, was ganz schön traurig ist. Dann dachte ich, ich muss mit gutem Beispiel vorangehen.

Damit man wenigstens mal das Maul aufmachen und sagen kann, dass es total scheiße ist, was mit uns gemacht wird. Wir haben schon einen Brandbrief während der Pandemie geschrieben, dass die Arbeitsbedingungen hart sind, unmöglich so umzusetzen, wie es gefordert ist, dass die Bezahlung schlecht ist, und wir wirklich vergessen wurden. Die Politik müsste da was machen.

Gerade weil Kitas Seuchenherd Nummer eins sind. Ich hab neulich gelesen, dass Läuse jetzt ausgerottet sein könnten in Deutschland, weil die Kinder so lang zu Hause waren. Wenn die Kinder zur Eingewöhnung kommen, sind die nach zwei Wochen erst mal zwei Wochen krank und im ersten Jahr noch ungefähr zwölf weitere Male. Und irgendwann baut man sich die Immunität auf. Das war bei mir auch so, als ich die ersten Tage in der Kita gearbeitet habe. Da war ich mal eine Woche krank, eine Woche gesund, eine Woche krank, eine Woche gesund und mittlerweile kriege ich das ganze leichte Gedöns nicht mehr.

Und ich nehme auch die Kinder auf den Arm und kuschel mit denen, weil die das Bedürfnis haben und das Teil meiner Arbeit ist. Auch wenn man das nicht unbedingt machen sollte. Aber wie gesagt, ich finde, das gehört dazu und das bin ich den Kindern irgendwie schuldig. Kinder sind meiner Meinung nach grundsätzlich lieb und nett und werden durch die Gesellschaft verzogen.

Man hofft das Beste. Und es gibt ja keine Alternative. Ich könnte mich für ein halbes Jahr krankschreiben lassen, damit ich nicht arbeiten muss. Aber das kann ich meiner Chefin nicht antun und meiner Gruppe auch nicht, den Kindern nicht und mir selbst nicht. Zum einen hab ich ein schlechtes Gewissen. Zum anderen macht mir die Arbeit ja Spaß und ich mache die gerne und bin gerne bei den Kindern. Meine Chefin sagt immer, das soll man nicht sagen, sonst kriegt man nie mehr Geld. Aber es ist halt so, ich mag meine Arbeit.

Was ich mir wünschen würde, wäre, dass verstanden wird, dass das ein ganz schön harter Job ist, den ganzen Tag mit Kindern was zu tun. Vielleicht wissen das die Eltern wieder besser jetzt, vielleicht kommt es so auch in der Politik an. Und man sagt okay, dann gibts ein bisschen mehr Kohle. Was ich super fände, wenn alles mal überprüft würde. Was brauchen wir für unsere Arbeit? Was brauchen die Kinder? Es kann nicht sein, dass eine Kita wirtschaftlich arbeiten muss. Das ist wie mit Krankenhäusern. Das kann nicht funktionieren, dann wird gespart und wir leben im Kapitalismus, das hat aber in einem sozialen Beruf nichts zu tun. Da geht es um die Menschen und nicht um Kohle. Kannste machen, wenn du Brot verkaufst, aber nicht, wenn man mit Kindern arbeitet, ist meine Meinung.

Ich glaube nicht, dass die Politik das versteht und alles vergesellschaftet. Das ist ein sehr illusorischer Wunsch. Dafür bräuchte man eine andere Gesellschaft.

Im Juni 2021 lief die Einrichtung wieder seit längerer Zeit im Normalbetrieb. Corona-Fälle gab es in der Nachbargruppe, bei ihm selbst nicht; wobei, wie Collin sagt, die Kinder auch gar nicht getestet werden.

CORDULA

Cordula ist Anfang 30 und Betriebsrätin bei einem großen Träger in einem Flächenland. Sie hat parallel ein Studium der Sozialen Arbeit absolviert.

Ich bin seit ein paar Jahren schon Betriebsrätin und seit zwei Jahren freigestellt. Wir haben bei diesem Träger mehrere hundert Mitarbeiter, die wir betreuen. Das ist einer der großen Träger hier, der als Wohlfahrtsverband organisiert ist und sich dann in kleinere Bereiche unterteilt.

Nach der Realschule habe ich eine Ausbildung gemacht und wollte eigentlich studieren. Dann hab ich festgestellt: so ein Schnitt zwischen zwei und drei ist ganz schön schlecht, sechs Jahre auf einen Studienplatz warten wollte ich nicht. Also hab ich in einer Kita angefangen, auch so vor zehn Jahren. Da war alles super, aber mit der Zeit hab ich gemerkt, dass es in verschiedenen Bereichen hakt. Und ich hab gemerkt, dass viele Leute sich nicht trauen, Probleme anzusprechen, weil die so vertraut sind miteinander im Team. Das macht es schwer.

Der Altersschnitt im Betriebsrat ist relativ hoch, und irgendwann gehen die Leute. Da hab ich mich entschieden, da will ich rein, und hab mich aufstellen lassen zur Wahl.

Ich kümmere mich um die Belange der Mitarbeiter und sitze in verschiedenen Gremien, im Dienstplan-, im Wirtschafts-, Arbeits- und Sicherheitsausschuss. Die personellen Maßnahmen werden uns vorgelegt, ich mache auch Sprechstunden und besuche Einrichtungen vor Ort. Da gehts darum, ein offenes Ohr zu haben und Vereinbarungen mit den höheren Ebenen einzugehen.

Was sich mit der Arbeit als Betriebsrätin verändert hat, ist, dass man total schnell drin ist, in diesem Jargon. Man fängt auch an, anders zu denken: faktischer, organisatorischer. Da muss ich switchen, je nachdem, mit wem ich gerade spreche. Als ich noch in der Gruppenarbeit war, sind natürlich auch Probleme aufgeploppt. Aber man erlebt die anders. Und dadurch, dass man sie anders erlebt, spricht man anders darüber.

Ich schätze bei uns im Gremium die Kollegen und Kolleginnen sehr, die sowohl im Betrieb als auch im Betriebsrat vor Ort sind. Das ist ganz, ganz wichtig. Denn umso mehr du mit Unternehmensleitung und Tralala in Kontakt bist, verschiebt sich auch der Fokus. Natürlich liegt der Fokus auf den Mitarbeitern und deren Bedürfnissen. Aber es ist nochmal ein bisschen anders, wenn du das Tag für Tag mitkriegst. Und diese Kolleginnen und Kollegen korrigieren deine Sicht, das ist sehr wichtig. Ich bin zum Beispiel als Betriebsrätin nicht dafür zuständig, wie die Arbeit mit den Kindern ist. Aber manchmal bedingt sich das. Und wenn du nur Betriebsrätin bist, kommst du ein bisschen raus.

Wir mussten uns ganz, ganz viel mit Umstrukturierungen beschäftigen. Noch vor meiner Zeit hatten wir das Problem, dass wir in die Sanierung mussten. Dann kamen die Tarifauseinandersetzungen. Das war ein großes Thema, da war vieles wirklich sehr, sehr schlecht. Wir sind ganz verschiedene Berufsgruppen in unserem Verband und sollten alle unterschiedlich bezahlt werden, je nach Refinanzierungsart. Und so kam es, dass zum Beispiel ein Erzieher aus der Kita bis zu 200 Euro mehr verdient hat als ein Erzieher in einem anderen Bereich. Und wir haben es leider nicht geschafft, die Mitarbeiter und Mitarbeiterinnen dahingehend zu sensibilisieren, dass wir trotzdem eins sind. Dass es nicht nur um mich und mein Berufsfeld geht, sondern darum, die Solidarität untereinander zu stärken. Und wir haben natürlich einen Arbeitgeber, der aktiv dagegen angearbeitet hat.

Nachdem das vorbei war und wir es für gescheitert erklärt haben, kam heraus, warum man die Bereiche getrennt betrachten wollte. Es ging um eben die Aufspaltung in verschiedene Bereiche. Das heißt, die Kontakte der Betriebsräte und der Mitarbeiter untereinander sollen immer mehr aufgespaltet werden. Aktuell haben wir einen Gesamtbetriebsrat, in dem die Betriebsräte aus den verschiedenen Bereichen zusammenkommen, und das wollten die trennen, erst nach Regionen und dann nach Sparten. Das war ein großes Thema, weil du dann nicht mehr mitkriegst, was in den anderen Bereichen läuft. Für uns ist es aber sehr wichtig zu wissen, was in allen Bereichen abläuft. Deswegen sitzen bei uns ja auch Mitarbeiterinnen und Mitarbeiter aus jedem Bereich.

Ich habe berufsbegleitend ein Studium der Sozialen Arbeit begonnen. Es war wichtig, dass ich vorher schon wusste, was mein Steckenpferd ist, und das ist die Ökonomisierung. Damit konnte ich mich auch mehr beschäftigen. Ansonsten war das Studium möglichst viel Inhalt in kurzer Zeit, oft nur oberflächlich angerissen. Ich weiß nicht, wie das für andere war: Ich hatte Glück, dass ich schon vorher wusste, was mich interessiert. Es gab auch nicht gerade viele Dozentinnen und Dozenten, die sich stark für Basisarbeit interessiert haben.

Neben der Ausdifferenzierung der Bereiche gibt es das Problem des Outsourcings, zum Beispiel von Reinigungskräften, die bei uns nicht mal den tariflichen Mindestlohn bekommen – mit dem Argument, wir seien ja kein Reinigungsgewerbe.

Bei uns im Kitabereich ist das nochmal ein anderer Schnack. Die erste Fortbildung, die du hier kriegst, heißt »Arbeiten im Dienstleistungssektor«, in der wirst du darauf getrimmt, kundenorientiert zu arbeiten. Da wird vermittelt, dass Kritik nicht immer angesagt ist, das merkt man auch in der hierarchischen Struktur. Oben sitzt der erste und scheißt alle anderen voll, jede Stufe weiter unten ist ein kleiner Durchlauferhitzer. Deswegen ist Kritik nicht erwünscht. Ich hatte das Glück, dass ich mit einer Leitung zusammengearbeitet habe, mit der ich mich sehr gut verstanden hab. Da konnte man offen reden, aber das war reines Glück.

Ein großes Thema im Wettbewerb sind Alleinstellungsmerkmale. Das macht die Kritik teilweise schwierig, weil es ein Baustein ist, mit dem der Arbeitgeber sich vermarkten will, und da hat man dann nachzuarbeiten. Punkt. Das liest sich dann auf dem Papier gut, sieht in der Praxis dann aber doch ganz anders aus. Strahlt schön nach außen, ist im Endeffekt aber doch mehr Schein als Sein. Das ist ein Problem bei ziemlich vielen sogenannten innovativen Konzepten, dass sich eigentlich inhaltlich nichts ändern soll.

Früher hatten wir Arbeitskreistreffen, da haben sich aus bestimmten Regionen ein paar Kolleginnen getroffen und ausgetauscht. Das ist stark eingeschlafen. Von Seiten der Arbeitgeber ist das, zumindest hab ich das Gefühl, auch gar nicht erwünscht. Das kostet ja alles Geld.

Damals im Studium zum Beispiel wollte ich gerne eine Freistellung haben, meine Arbeitgeberin profitiert natürlich von meinem Studium. Da habe ich die Ansage gekriegt, dass das erstens im Bereich Kindergarten nicht vorgesehen ist und dass ich zweitens ja auch bei Ver.di sei und Betriebsrätin. Da hieß es: »Du musst ja auch in einer Einrichtung sein.« Also nach dem Motto: »Wir geben dir keine Freistellung, weil wir keinen Bock drauf haben, weil du anderswo organsiert bist, aber wenns drauf ankommt, können wir das auch anders begründen.«

Mit Covid-19 haben sich jetzt noch andere Ängste und Sorgen aufgetan. In den Leitungen erlebe ich das sehr unterschiedlich, das hängt stark von den jeweiligen Personen ab. Allein was die Informationsweitergabe anbelangt: manche hängen es nur am Brett auf, andere geben die Informationen direkt weiter und sind mehr hinterher.

Ein Problem ist die Gefährdungsbeurteilung. Warum muss ich als Betriebsrat so sehr darauf beharren, dass die Gefährdungsbeurteilung aktualisiert wird? Das muss doch im Rahmen der Fürsorgepflicht des Arbeitgebers klar sein, dass der sich darum kümmert. Obendrein gerade jetzt, wo der Arbeitssicherheitsausschuss nicht mehr regelmäßig tagen kann. Das fällt alles aus. Die Sicherheit der Arbeitnehmenden fällt hinten runter.

Klar könnte man die Digitalisierung nutzen, um solche Konferenzen zu machen. Aber mein Eindruck ist, dass das nach hinten gedrängt wird. Im sozialen Bereich funktioniert Digitalisierung im ambulanten Bereich, wenn es darum geht, irgendwie zeitnah abzurechnen. Aber im stationären Bereich nicht, wenn es darum geht, Mitarbeitende zu schützen. Das ist auch Teil des Dienstleistungscharakters.

Zum Beispiel haben sich viele am Anfang auch komplett gesträubt, Masken an Mitarbeiter rauszugeben, weil das für die Kinder nichts sei. Das kann ich einerseits nachvollziehen, weil ich weiß, dass es für Kinder ein Problem ist, wenn du mal Brille trägst und mal nicht oder plötzlich ne andere Haarfarbe hast. Aber trotzdem denkt man sich doch: Du hast ne Pflicht für deine Mitarbeiter. Und da kann es nicht nur das Kind sein, sondern man muss gleich kucken: Wie kann man die Kinder dahingehend sensibilisieren, dass das weniger ein Problem ist, statt von vornherein zu sagen: »Das machen wir nicht, weil es schlecht für die Kinder ist.«

Es gibt eine Geringschätzung gegenüber den Mitarbeitern, Stichwort »Corona-Ferien«. Da wird das Zuhausebleiben aus gesundheitlichen Gründen als was Positives dargestellt. Wenn es jedoch darum geht, die Notbetreuung zu organisieren, kommen solche Anfragen: »Du warst doch jetzt die letzten Wochen zu Hause, jetzt kannst du doch deine Wochenarbeitszeit mal um sechs Stunden erhöhen, ist doch kein Problem.«

Es gibt Mitarbeiter, die das auch von sich aus anbieten, die Stichworte dazu sind »interessierte Selbstgefährdung« und »Selbstoptimierung«. Darüber sind sich viele nicht im Klaren. Wenn du im Team sagst: »Ja, ich mach das jetzt, ich hau mich rein«, das hat was mit Profilierung zu tun. Da hilft es gerade nicht, wenn Leute auf den Balkonen klatschen, im Gegenteil.

Wir bräuchten insgesamt mehr Vernetzung unter den Kollegen und Kolleginnen, damit alle wissen, was läuft bei uns, was läuft bei euch. Das wäre wichtig, auch jenseits der Pandemie.

Ich hab schon lange das Gefühl, dass in der Sozialen Arbeit eine Resignation um sich greift. Als wir damals die Tarifauseinandersetzungen hatten, war ich teilweise am Boden zerstört. Ich hab mich oft gefragt, wie kann man so unsolidarisch sein und immer nur auf sich kucken. Was du da zum Teil zu hören kriegst, von Leuten, die an der Basis arbeiten:

Das ist heftig! Gleichzeitig hörst du: Es wird immer schlimmer, es wird outgesourct, gespalten, aber es bewegen sich trotzdem wenige.

Gerade bei Menschen in meinem Alter, da sind die Eltern auf die Straße gegangen, die Großeltern, und die sagen: »Man kann doch eh nix ändern.« Obwohl sie in ihrer eigenen Familie sehen können, dass man sehr wohl etwas ändern kann. Das ist wirklich traurig.

In der Hinsicht war das Studium gut. Einerseits hatte ich da eine Dozentin, die mitgekriegt hat, dass ich bei Ver.di bin und die mir dafür Platz eingeräumt hat. Selbstorganisation spielt im Lehrplan keine große Rolle, aber die hat mich unterstützt, das war gut. Auch der Austausch war gut, die Vernetzung. Außerdem war ich davor als sozialpädagogische Assistentin ganz unten in der Nahrungskette, jetzt habe ich andere Perspektiven. Inhaltlich ist vieles eben huschhuschhusch und schnellschnellschnell. Die Hierarchisierung in der Sozialen Arbeit ist überall ein Problem, auch im Studium. Generell wird der Druck von oben nach unten verteilt. Meine Schwester arbeitet bei einem kirchlichen Träger, die haben auch nur eine Mitarbeitervertretung, das läuft einfach scheiße. Die machen was sie wollen und versetzen Kollegen, die seit 20 Jahren an einem Ort arbeiten, wenn die zu aufmüpfig sind. Sonst wird immer die Dienstleistung großgeschrieben, und dass das Team gut läuft und tralala, doch sobald eine Krise da ist, sorgen die Leitungen dafür, dass sie ihre Ruhe haben.

Ich muss mal kucken, was ich jetzt mache nach dem Studium. Betriebsrat ist ja keine Stelle, nur ein Amt. Ich hab meine Geschäftsführung angesprochen, und die haben mich gefragt, ob ich Betriebsratsvorsitzende werden möchte.

Da dachte ich mir: »Entschuldigung, in welche Richtung geht das Ganze?« Ja, und im nächsten Moment haben die mich dann gefragt, ob ich irgendwo Leitung werden wollen würde. Das hat bei uns eine gewisse Tradition, dass Betriebsräte, die viel reden und viele Kontakte haben, in Leitungstätigkeiten kommen und teilweise komplett umgepolt werden. Das geht nicht, ich kann sowas nicht machen. Ich fühle mich dann komisch.

Und ich komme auch nicht klar auf dieser mittleren Ebene. Das hat etwas mit Macht zu tun, und zwar einer Macht, die von anderen ausgeht, du gibst das nur weiter. Da bist du dann die Person, die die Scheiße weitersprüht. Darauf hab ich keinen Bock.

Gerade in diesen mittleren Regionen, in der Sozialen Arbeit, bist du nicht mehr die Kritikerin, da bist du nicht mehr die, die hinterfragt, sondern nur noch die, die das System weiterführt, sonst gar nichts. Jeder hat Macht über einen anderen Menschen, ob du willst oder nicht. Ich kann rausgehen und jeden Tag die Nachbarin beschimpfen. Wenn ich das lang genug mache, hab ich die vielleicht irgendwann gebrochen. Aber ich möchte nicht diejenige sein, die Aufgaben verteilt und dafür ausgewählt wurde.

Ich möchte offen bleiben. Dazu gehört die Möglichkeit, sich mit sich und seiner Umwelt und dem System auseinanderzusetzen. Das ist es, was dich letztendlich voranbringt, die Offenheit. Und ich hab nicht den Eindruck, dass man das in den mittleren Positionen sein kann. Wenn Macht dem Selbstzweck dient, dann will ich sie nicht.

Nach einem Jahr weiß Cordula nicht genau, wie es weitergehen soll. Die Konflikte mit dem Arbeitgeber haben sich zugespitzt, das sei alles schon ziemlich belastend, sagt sie.

IRMA

Irma ist Ende 30 und Einzelfallhelferin. Die Einzelfallhilfe ist eine Eingliederungshilfe nach § 35 SGB VIII. Dort heißt es: »Intensive sozialpädagogische Einzelbetreuung soll Jugendlichen gewährt werden, die einer intensiven Unterstützung zur sozialen Integration und zu einer eigenverantwortlichen Lebensführung bedürfen.« Es handelt sich um Kinder und Jugendliche, die besonders belastet sind. Einzelfallhilfe ist ihr Nebenberuf, hauptberuflich ist Irma Vertrieblerin.

Ich bin zur Sozialen Arbeit gekommen, weil ich die Welt retten wollte, also wie ziemlich viele, ganz langweilig. Ich war Abiturientin und wollte was mit Menschen machen, aber auf keinen Fall Lehrerin werden. Meine Eltern sind Lehrer. Ich bin in dem Studiengang gelandet, Heilpädagogik, weil der einer der wenigen war, der im Sommersemester anfing, und hab anschließend in verschiedenen Integrationsprojekten und in der Jugendhilfe gearbeitet und sehe mich bis heute nicht so richtig als Behinderten-Pädagogin, sondern eher als Sozialarbeiterin, spezialisiert auf Schwerstmehrfachbehinderung und Elternarbeit.

Aktuell ist mein Hauptjob was ganz anderes, ich bin Vertrieblerin seit sieben Jahren. Als ich auf einmal alleinerziehend war, kamen die meisten Jobs in der sozialen Arbeit für mich nicht mehr in Frage, weil entweder Schichtdienst oder eben Reisetätigkeit, und Stunden reduzieren war immer schwierig, weil der Grundverdienst ja nicht hoch ist. Da bekam ich die Möglichkeit, einen Job in der freien Wirtschaft anzunehmen, die Arbeitszeiten waren sehr flexibel, was für mich wichtig war, weil ich war komplett allein, also ohne familiäres Netzwerk drumherum.

Das hab ich dann sechs Jahre so gemacht und bin jetzt seit einem knappen Jahr wieder tätig in der Sozialen Arbeit, im Nebenerwerb.

Ich arbeite ja in einem Job, den ich auch gut mache, aber eigentlich ist das nicht meins. Ich habe ja nie mit der Pädagogik aufgehört, weil ich die Schnauze voll hatte. Und ich vermisse die Soziale Arbeit, außerdem glaube ich tatsächlich, dass ich was beitragen kann. Und ich weiß halt, dass es aktuell massiv Bedarf gibt. Ich habe dann einfach im Netz gekuckt und da gab es eine Anzeige für Einzelfallhilfe, dass die stundenweise suchen, und das krieg ich halt organisiert, das nebenbei machen zu können. Einzelfallhilfe ist nicht meine favorisierte Tätigkeit. Ich arbeite viel lieber mit Erwachsenen oder wirklich im Bereich der Familienhilfe. Kinder mit Behinderung brauche ich nicht unbedingt, aber im Rahmen der Einzelfallhilfe ist es ganz gut, weil da viel Familienarbeit drin ist. In den sechs Jahren Pause hat sich nicht viel getan in dem Bereich. Die Probleme, die es damals gab, gibt es immer noch. Manches hat sich auch noch verschärft. Als ich angefangen habe, vor 15 Jahren, hätte es für mich als Heilpädagogin keine Möglichkeit gegeben, in den RSD (Regionalen Sozialen Dienst) zu kommen. Da hat man noch wahnsinnig auf formale Qualifikationen geachtet. Inzwischen sind diese Stellen so schlecht besetzt, dass die auch Abstriche machen würden. Und gerade zum RSD will keiner, weil keiner Bock hat auf die Verantwortung.

Eigentlich ist das ein richtig, richtig geiler Job für Sozialpädagogen, weil du alles hast, was du brauchst. Wenn du Verwaltung verstehst in ihrer Grundstruktur, kannst du auf einmal Dinge für deine Klienten erreichen, einfach weil du genau die richtige Formulierung gewählt hast, sodass es in den Leistungskatalog passt. Du hast auch viel Klientenkontakt. Du hast viele Familien, die richtig Bock haben zu arbeiten. Und du kannst viel bewegen. Deswegen sattel ich jetzt nochmal einen Master drauf, um das zu machen.

Der Bereich der Einzelfallhilfen ist relativ jung, sehr flexibel, sehr dynamisch. Da geht vieles unter der Hand. Der Träger ist super behäbig. Es weiß kaum jemand, was wir tun. Wenn ich die Newsletter meines Trägers lese: Selbst die Öffentlichkeitsarbeit weiß nicht genau, was wir eigentlich machen. Man muss aber auch sagen, dass das schwer nachzuvollziehen ist.

Zum Beispiel: Ich habe jetzt gerade einen Rentenversicherungsantrag ausgefüllt, weil die Rentenversicherung wissen will, was die Mutter meines Klienten von 2008 bis 2011 an Qualifikationen erlangt hat – dann habe ich der Rentenversicherung gesagt: Ich habe keine Ahnung, was ich da tun soll. Die Frau ist geflüchtete syrische Palästinenserin, vorher war sie mitten im Kriegsgebiet. Was trägt man da ein?

Da muss man schon auch ein bisschen neugierig sein und sich reinarbeiten in die verschiedenen Anforderungen. Ich finde es auch ziemlich cool, weil man viel mitkriegt. Und weil man halt das, woran es gerade oft hapert, erkennt; dass die verschiedenen Stränge noch nicht untereinander vernetzt sind, man kann wirklich daran mitarbeiten, dass das besser funktioniert.

In der Einzelfallhilfe gehst du einmal durch alle sozioökonomischen Schichten durch. Also du hast Kinder mit Down-Syndrom mit Akademiker-Eltern, wo du wirklich jedes Hilfsmittel im Haushalt hast. Du hast aber auch Multiproblemlagen-Familien. Das ist halt auch das Problem bei uns: Für Einzelfallhilfe brauchst du keine formale Qualifikation. Normalerweise bin ich ja als Diplom-Pädagogin komplett überqualifiziert. Also inhaltlich nicht, aber bei der Bezahlung. Als ich angefangen hab, meinte mein Chef: Ich hab da so eine gutsituierte Familie in irgendeinem Reichenviertel, die brauchen mal ein bisschen Begleitung. Aber das interessiert mich nicht. Ich wollte einen richtigen Fall. Da meinte der: Naja, ich hab was. Das ist so ein Fall, da wurden schon reihenweise Einzelfallhilfen verbrannt. Systemsprenger sagt man da, wie scheiße allerdings muss ein System bitte sein, wenn es ein Achtjähriger gesprengt bekommt?

Es ist so, dass bei Kindern mit medizinischen Diagnosen oft alle Probleme auf die Behinderung zurückgeführt werden. Einzelfallhilfen sollen die Familienhilfe quasi nebenbei noch mitmachen. Und das in der Regel ohne Ausbildung. Das führt dazu, dass bei Multiproblemlagen die Einzelfallhilfen reihenweise verbrannt werden.

Da gibts zuerst das Grundproblem: Wir haben eine Welt gebaut, die null inklusiv ist. Dann sollen Leute darum bitten, dass wir ihnen dabei helfen, dass sie damit klarkommen. Also was ist das? Das ist völlig widersinnig. Doch nach dem Prinzip arbeiten wir.

Und dann sind die Einzelfallhilfen natürlich das kleinste Rädchen in der Maschine. Wir werden nicht gesehen. Man kuckt eher nach den Kostensätzen. Die Entscheidungsträger wissen oft gar nicht, wo die Probleme der Klienten liegen, aber auf die Einzelfallhelferin wird nicht gehört. Die kann sich vom fremdaggressiven Klientenkind in den Arm beißen lassen, während die Entscheidungsträger im Homeoffice sitzen.

Was mir wirklich fehlt: dass die Träger regelmäßig zusammenkommen. Gerade in Familien mit Multiproblemlagen. Aber die Träger kochen alle ihr eigenes Süppchen, da kommt irgendwie Hospizdienst für ne Stunde, dann kommt der Pflegedienst, dann kommt die Ergotherapie, dann die Einzelfallhilfe. Und wenn eine der Hilfen sagt: Wir müssen uns mal an einen Tisch setzen, passiert da nix. Es kann sein, dass die Ergotherapie mit dem Kind seit drei Jahren übt, seine Schuhe anzuziehen. Und ich weiß es nicht, und binde sie ihm weiter fleißig. Für mich wäre da ein Austausch verpflichtend.

Wir haben historisch gewachsen diese Unterteilungen, und ich meine nicht nur die einzelnen SGBs, sondern auch Krankenkasse, Pflegekasse und so weiter. Und da bräuchten wir eigentlich eine Art Case Management, der Name klingt furchtbar, aber das Prinzip ist richtig. Ein regelmäßiger Austausch über die Kostenträger hinweg. Ich bin auch ein großer Fan von digitalem Austausch, also einer sicheren Plattform. Es wäre total geil, wenn ich als Einzelfallhilfe digital vermerken könnte, gerade bei Klienten, die verbal nicht gut kommunizieren können: Der war heute nicht gut drauf. Oder dass der Pflegedienst weiß, wann ein Arzt kommt und weswegen. Das finde ich wichtig, gerade bei hochbelasteten Klienten, gerade im Schwerstmehrfachbehindertenbereich, gerade auch für Eltern, die nicht die Ressourcen haben zu kommunizieren oder das Hilfesystem nicht in dem Maß verstehen und nicht wissen, wie sie sich gut vernetzen können. Denn natürlich läuft alles bei den Eltern zusammen. Seien wir mal ehrlich: in der Regel bei der Mutter.

Ein anderes Riesenproblem der mangelnden Verständigung ist immer wieder das alte Thema von Kostenträgern, die sich das hin- und herschieben. Wir kommen da leider teilweise in Bearbeitungszeiten für die Familie, die untragbar sind, weil es keine Zuständigkeit gibt. Es fehlt das Verständnis, dass Entwicklung, Grunderkrankung, Behinderung eigentlich Dinge sind, die man nicht so gegeneinander abgrenzen kann, sondern die sich gegenseitig bedingen. In der Jugendhilfe spielt das Thema Behinderung keine Rolle. Sobald ein Kind als behindert diagnostiziert wird, ist es Eingliederungshilfe. Die Logik ist: Wenn das Kind behindert ist, wird jede Problematik, die in der Familie herrscht, auf die Behinderung des Kindes zurückgeführt. Was halt total irre ist, dennoch wird es so gehandhabt. Da ist die Frage: Sobald das Kind behindert ist, kann die Familie keine Erziehungsprobleme mehr haben? Und kann keinen Anspruch mehr auf Familienhilfe haben? Das ist wahnsinnig frustrierend, weil ich viele Kinder mit Behinderung kenne, bei denen wir ganz spezifische Herausforderungen haben. Wir wissen, dass gerade bei Kindern mit Behinderung Eltern oft zur Überversorgung neigen und nicht konsequent genug erziehen. Sie kümmern sich oft mehr, als dass sie erziehen.

Aber es gibt schon Versuche, die SGB-Fragmentierung aufzubrechen. Sehr schön zum Beispiel ist, dass es in den ersten Städten in Deutschland sogenannte Heilpädagogische Familienhelfer gibt. Das ist eine klassische SGB-VIII-Leistung, aber man sagt: Okay, wir schicken in die Familien eine Hilfe rein, die hat obendrein noch Kompetenz im Bereich Behinderung. Und das ist geil, weil Kinder nicht ohne das System Familie können. Und das zusammenzudenken macht eben Sinn. Das müsste das Dogma sein: Sobald ein Kind unter 18 involviert ist, ist es immer Familienhilfe. Die ist halt doppelt so teuer wie Einzelfallhilfe. Aber solche Projekte wie diese Heilpädagogischen Familienhelfer sind immer nur Leuchttürme, das verstetigt sich nicht. Das Problem ist: Es kann nicht abhängig davon sein, ob ich bei der Caritas oder beim DRK bin, dass ich diese Leistung kriege. Es kann nicht abhängig davon sein, ob der Chef gut mit den Sachbearbeitern im Jugendamt funktioniert. Wir brauchen allgemeine Regelungen und Flexibilität, sonst sind es immer Einzelfall-Entscheidungen, und für die Menschen, die die Unterstützung brauchen, ist es dann Russisch Roulette, ob die gerade engagierte Sachbearbeiter haben oder nicht.

Die Schulen sind für mich das größte schwarze Loch im ganzen System. Ich habe gerade das Gefühl, die Therapeuten und die Hilfen, wir sind alle so gleich geprügelt. Da erwächst ein bisschen Solidarität. Doch bei den Schulen? Das ist Glücksspiel. Haben wir eine motivierte, fitte Lehrkraft, ist es ein Traum. Haben wir eine Lehrkraft, der es am Arsch vorbeigeht, haben wir keine Chance. Und die Kinder sind ja teilweise sechs, sieben, acht, neun Stunden am Tag da. Man kann sich mal den Spaß machen und die Lehrkraft des eigenen Kindes fragen, was drei Aufgabenbereiche des Jugendamtes sind. Die werden es nicht wissen. Das ist richtig übel.

Was ich erlebe, ist Solidarität an Stellen, wo ich sie nicht erwartet hätte. Gerade auf Ämtern, so Rentenversicherung und Pflegeversicherung. Da ruf ich als Betreuerin an, umreiße kurz den Hintergrund der Familie, und die sagen: »Oh Gott, wie können wir helfen?« Die teilweise genau kucken: »Okay, diesen Antrag brauchen wir nicht, das brauchen wir unbedingt. Und das ganz genau durchgeben. Das und das und das brauchen wir dringend. Ich mache mir einen Vermerk, den anderen Kram regeln wir anders.« Das können die schon. Das Blöde ist nur: Die brauchen eine Sozialarbeiterin für die Übersetzung. Gerade bei Rentenversicherungsträgern habe ich gute Erfahrungen gemacht. Das geht gut, das kann ich jedem empfehlen, da anzurufen.

Was man verstehen muss: Die richtige Fachkraft an der richtigen Stelle im richtigen Moment kann die Welt für Klienten verändern. Die kann ganz viel auf einmal: Hoffnung geben, Hilfe geben, Verständnis geben. Andersherum kann die falsche Fachkraft an einer Stelle alles nehmen. Diese Aussage, alle seien nur kleine Rädchen: Das stimmt in fast keinem Bereich der Sozialarbeit. Wir haben alle echt ein Riesenpotenzial, das zu machen und häufig ist es so, dass eine Person quasi eine andere Haltung vorgibt. Schon kommt da ganz viel.

Da sind wir beim Thema Haltung. Ich glaube, dass es auch bei Fachkräften extrem wenig Sensibilität gibt für Erfahrungswelten von Eltern. Dass es teilweise Dynamiken in der Pädagogik gibt, bei denen Eltern irgendwann immer in die »Die wollen nicht«-Ecke kommen. Es gibt immer noch ganz klassische Probleme, dass wir unsere Lebenserfahrung, unsere Lebensrealitäten auf die Familien projizieren, und es eigentlich nicht zulassen, dass es komplett andere Realitäten gibt und dass diese deshalb nicht schlecht sind und vor allem nicht kindeswohlgefährdend sind. Um das auch mal klar zu sagen: Wenn eine Nichtfachkraft denkt »Huch, Kindeswohlgefährdung«, dann sind wir meistens ungefähr noch drei Kilometer von Kindeswohlgefährdung entfernt. Nein, eine Flasche mit Kakao, die abends mit ins Bett gelegt wird, ist keine Kindeswohlgefährdung. Das Kind kann trotzdem geliebt werden und wird in der Regel wahnsinnig geliebt. Ich habe Weiterbildungen gemacht mit Fachkräften, genau zu dem Thema. Die Weiterbildung ging neun Tage und sechs Tage davon waren wir damit beschäftigt, dass die Fachkräfte das mal verstehen, dass ihr moralischer Kompass nicht alles ist und was sie eigentlich alles einen Scheißdreck angeht. Die sind da, um zu helfen, nicht um zu bewerten.

Nächstes Problem: die öffentliche Wahrnehmung. In der Diskussion sind wir beim Thema Kinderschutz ganz schnell bei Randgruppen, Alleinerziehenden und so weiter. Ich habe ja mit vielen sozial benachteiligten Familien, auch mit Gewalt-Familien gearbeitet. Ganz ehrlich, 90 Prozent der Familien wollen, dass das anders läuft. Ich will das nicht romantisieren. Aber so eine Kinderschutz-Ambulanz und so eine Feststellung von »Okay, es gibt hier tatsächlich Gewalt, wir haben das jetzt Schwarz auf Weiß« kann alle Türen in der Familie aufmachen. Das kann der Moment sein, in dem die Familie auf einmal zusammenbricht und sagt: »Ja, wir haben ein Problem.« Die meisten wollen diese Gewalt nicht. Der gewalttätige Vater, zum Beispiel, ist ein Arschloch. Er ist ein Arschloch, weil er sich nicht um die Probleme, die er hat, kümmert. Doch auch der steht nicht morgens auf und denkt sich: »Heute vermöbel ich mein Kind.« Sondern er hat komplett alle Werkzeuge verloren, um ein gutes Verhältnis zum Kind zu haben.

Und da kommt eigentlich das Jugendamt und hilft dem Vater. In der Realität wird das jedoch häufig der Mutter überlassen. Dabei steht sehr eindeutig im SGB VIII: Das ist die Aufgabe des Jugendamtes. Und es wird nirgends umgesetzt. Ganz ehrlich: Wir könnten die Lebenssituation von so vielen Kindern verbessern, dauerhafte Inobhutnahme verhindern, wir könnten Kinder viel effektiver vor Gewalt schützen.

Es ist nicht so, dass soziale Benachteiligung und Kindeswohlgefährdung automatisch zusammenhängen, wie es oft kommuniziert wird. Wir wissen genau, dass wir im Kindeswohl ganz große Probleme bekommen, wenn der ökonomische Status der Familie bedroht ist, etwa wenn ich in die Mittelschicht kucke. Dann hast du dein Loft im Prenzlauer Berg und musst das abzahlen, und plötzlich brechen dir die Einnahmen weg: Das ist eine Krisensituation, natürlich. Diese Eltern haben oft nicht gelernt, sich ihren Problemen zu stellen. Einfach weil die Mittelschichtsfamilie nicht zugeben kann: Ich bin überfordert und schlage vielleicht gleich mein Kind. Die denken alle noch, sowas wie ein Jugendamt hätten die nicht nötig. Stattdessen heißt es: Die Kinder der Assis liegen bald alle tot in der Tiefkühltruhe. Da schlagen zutiefst armutsfeindliche Muster durch. Und danach kommt: Das Modell dieser ganzen Familien basiert oft genug nicht auf Teilung, sondern auf externer Kinderbetreuung. Das ist total konservativ. Und ich muss sagen: Ich erwarte auch ein bisschen mehr von den Frauen. Die Mittelschichtsmütter wären diejenigen, die diese Verhältnisse umdrehen könnten. Die erzählen aber lieber – wie die meisten anderen – wie sehr sie belastet sind, und nicht, was man tun könnte. Was sie selbst tun können.

Ich merk das jetzt auch in der Einzelfallhilfe: Der größte Spießrutenlauf in der Begleitung eines behinderten Kindes ist ein Spielplatz im Prenzlauer Berg. Diese sehr bewusst erziehenden Eltern, da kriegst du ganz viel Gegenwind und man sieht gleichzeitig den Eltern die Überforderung an. Was naheliegend wäre, erstmal abwarten und kucken. Die sind aber sofort in ihrer Überforderung an ihrem Kind dran und erklären dem alles, was sie selbst nicht verstanden haben. Dadurch bringen sie eine ganz schlimme Steifheit in die Situation. Weil die Kinder das selbst können, die sind neugierig und haben da auch so eine grundsätzliche Toleranz dem behinderten Kind gegenüber. Dazu gehört eben, auch mal zu sagen, wenn man was komisch findet. Das kriegen diese Eltern nicht hin, die sind völlig erdrückt von ihrer Vorstellung, was richtig ist und was falsch.

Mein Klient ist da zum Glück total super, dem ist scheißegal, wie der angekuckt wird. Er reagiert eher auf die Leute, die schön mit ihm umgehen. Und das sind immer entweder wohnungslose Menschen oder Menschen, die schon zwei, drei Bier drin haben, die sind immer supernett zu ihm und haben eine total gute Art, mit ihm zu quatschen. »Hallo, und wie geht es?« Auch so diese urberliner Typen, die dann sagen: »Och, was hatter denn? Winkste n büschen? Jo, winken kann man immer! Schönen Tach noch!«

Ich habe das Gefühl, je besser es die Leute machen wollen, desto katastrophaler wird es. Was ich zum Beispiel nicht haben kann, ist so eine pädagogisch-romantisierende Sprache. Ich meine, ich kann auch einfach mal sagen, dass der Kacke isst. Ich finde es nicht schlimm, weil das macht man unter Fachkräften. Ich sage nicht: Das ist so eklig. Aber ich muss jetzt auch nicht die absurdesten Formulierungen bringen, wie: »... geht kreativ mit seinen Exkrementen um.« Nee, der isst Kacke. Das ist nicht kreativ.

Und es hilft auch nicht, das so zu verklausulieren. Die Fragen sind: Was könnte die Ursache sein? Kann man da was machen? Oder wie kriegen wir das gemanagt? Natürlich kann ich nicht mit jemandem in der Bahn sitzen, der anfängt, sich die Windel auszuräumen. Das hat nichts mit Inklusion zu tun, sondern es gibt auch im menschlichen Miteinander Grenzen. Andererseits bin ich schmerzlos, wenn er die ganze Bahn zusammenschreit. Das ist so. Dann muss ich aber auch nicht sagen: »Er unterhält die ganze Bahn.« Nein, der schreit. Und das ist unangenehm, und wir wünschen uns alle, es wäre anders. Ist es aber nicht. Jetzt kucken wir mal, welche Möglichkeiten wir da haben.

Ich habe übrigens das Gefühl, dass die, die am meisten romantisieren, irgendwann eine ganz widerliche, passive Aggressivität entwickeln, weil das Ganze ja nicht aufrecht zu erhalten ist. Auch so zu tun, als ob ich bestimmte Empfindungen bestimmten Dingen gegenüber nicht habe.

Dem muss man sich stellen. Eine der ersten Weiterbildungsmaßnahmen des Trägers war die der Kindeswohlgefährdung. Da wurden wir gefragt, ob wir uns vorstellen können, dass es eine Situation gibt mit unserem Klienten, in der wir gewalttätig werden. Ich fand das sehr, sehr gut. Wir durften das ehrlich beantworten – das sind Diskussionen, die ich haben möchte. Mein Klient kann sehr anstrengend sein. Der ist halt manchmal auch wirklich … Nein, er ist dann nicht wunderbar. Ich habe keinen Bock, diese Situation als inspirierend zu beschreiben. Sie sind für mich belastend, teilweise schmerzhaft, weil ich gekniffen, gebissen, geschlagen werde. Und manchmal hab ich dann auch das Gefühl, dass ich wirklich, Aaaaalter … Ich habe ein Recht auf diese Empfindung und bin einfach nur ein Mensch, der in bestimmten Situationen sagt: »So, jetzt reicht es.« Dann kommt der Punkt, an dem es heißt: Okay, jetzt muss ich für mich Methoden entwickeln, wie ich das bewältige. Das ist mein Arbeitsauftrag. Wie schaffe ich es als Sozialarbeiterin, bei einem Klienten, der mir ins Gesicht schlägt, nicht im ersten Impuls zurückzuschlagen.

Und ja, ich muss ihm eine Grenze setzen, weil es nicht so geil ist, wenn ein sechsjähriges Kind in der Spree schwimmen geht. Weil auch ich manchmal, so freiheitsliebend ich bin, Freiheiten aus Sicherheitsgründen einschränken muss.

Im Endeffekt geht es darum, dass wir Verantwortung übernehmen. Das ist zweischneidig. Es gibt Tage, da kann ich den jungen Mann nicht ohne Sicherung rumspringen lassen, das ist einfach so. Das ist nicht gut, und das sollte nicht die Regel sein, dass du sagst: »Heute bleibst du im Buggy, ich kauf dir ein Eis, Pädagogik gibts das nächste Mal.« Solche Tage gibts, was soll man machen. Es muss eine Ausnahme bleiben, aber da kann leider der Austausch unter Kollegen ganz unterschiedliche Dynamiken annehmen. Wenn sich das aufbauscht. »Es geht gar nicht« oder »Er hat es auch verdient.« Und so weiter.

Es gibt viel Qualitätssicherung in der Sozialen Arbeit, die ich absolut nicht gutheiße, weil man versucht zu messen, weil man versucht, irgendwie Ziele zu vereinbaren. Ich halte das für komplett den falschen Ansatz. Ich habe ein paar Semester BWL studiert, und bei der Qualitätssicherung sieht vieles so aus, als wäre man einmal mit einem Businessmodell über die Soziale Arbeit rüber gegangen, fand das alles ganz schick, danach durften die Sozialpädagogen mit auf die Dachterrasse und Sekt trinken, und alle waren ganz geschmeichelt. Ich halte das für grundlegend falsch. Trotzdem müssen wir schon kucken, wie wir Qualität reinbringen, und zwar trägerunabhängig.

Diese Dynamik ist extrem abhängig davon, wie viel Flexibilität der Träger den einzelnen Leuten gibt und wie die Leute damit umgehen. Ob ich mich vernetze, ist davon abhängig, wie gut ich mit der Sozialarbeiterin in der Schule kann, ob ihr Chef ihr grundlegend vertraut oder ob sie mir unter der Hand sagt: »Ich kann ja überhaupt nix machen. Aus allem, was ich versuche, wird mir ein Strick gedreht.« Wir können schon verdammt coole Sachen machen, wenn man uns lässt.

Das ist allerdings im Rahmen der Corona-Pandemie für mich sehr, sehr deutlich geworden: Es gab zu wenig sinnvolle Vernetzung. Wir hatten Schulen, Förderzentren, die top ausgestattet sind, die quasi leer standen über Wochen, weil einfach kaum jemand sein Kind in die Betreuung schickte, aufgrund von Risiko und Vorerkrankung. Und wir Einzelfallhilfen wussten nicht, wohin wir mit unseren Klienten sollen. Und das ist etwas, was mich echt ärgert.

Worüber wir auch reden müssen, sind die Fachkräfte selbst. Weil, nein, das sind keine Helden. Wir haben zum Beispiel ein Riesenproblem mit sämtlichen Ismen in der sozialen Arbeit. Das ist teilweise erschreckend, wie sehr das Klienten und Klientinnen gerade im Bereich Rassismus betrifft. Ich bin in Familien, die massiv von Rassismus betroffen sind, und das ist noch mal eine ganz andere Nummer. Ich hab

Klienten, die sagen: »Kuck mal, da gibts einen Kinderwagen bei Ebay. Kannst du denen schreiben? Weil wenn wir schreiben, antwortet uns keiner.«

Die versuchen, um den Rassismus drumherum zu leben, soweit es geht. Es gibt Menschen, die Pragmatismus entwickeln als Schutzfunktion. Und dann gibt es Menschen, die sagen, die lassen keinen mehr rein.

Das ist ein Thema in der Sozialen Arbeit, in der wir ständig über Erreichbarkeit reden. Wir müssen grundlegend anerkennen, dass fast alle Klienten, zu denen ich komme, extrem schmerzhafte Erfahrungen mit dem Hilfesystem gemacht haben. Die dürfen mir gegenüber total skeptisch sein. Das ist ein Riesenthema in der Sozialen Arbeit und jeder, der das abstreitet, ist Teil des Problems. Schon allein, dass es so viel schwerer ist für eine Familie mit Rassismuserfahrung, an Leistungen zu kommen. Wie sehr denen auch Erfahrungen abgesprochen werden, das sind ja »die Araber«. Und die Schlimmsten sind die, die es nett meinen. Genau dieser Rassismus ist der giftigste, es ist derjenige, den man am schwersten kritisieren kann, weil er super verbreitet ist. Wenn ich was sage, dann sitzen da immer drei Leute und fragen mich, warum ich eigentlich keinen Spaß verstehe.

Wobei es da in den letzten zehn Jahren tatsächlich eine positive Veränderung gab: Rassismus wird häufiger benannt. Auch in der Supervision. Auch in Gruppen. Bei weitem nicht genug, doch öfter als vor zehn Jahren. Ich habe das Gefühl, gerade die jungen Sozialarbeitenden haben teilweise ein theoretisches Verständnis von Rassismus und auch das Bewusstsein, dass du quasi als *weiße* Person per se Rassismus in dir trägst. Ich habe das Gefühl, dass Netzkultur etwas dazu beigetragen hat. Plakativ gesagt: Wir fassen unseren Klientinnen nicht mehr in die Haare, das haben wir auch gelernt.

Das klingt jetzt vielleicht trivial. Es sind jedoch genau diese Dinge. Die hat jetzt irgendwie eine Sozialarbeiterin bei Twitter gelesen. Und jetzt macht sie es halt einfach nicht mehr und im besten Fall hat sie verstanden, warum sie es nicht mehr macht.

Also ja, es gibt schon gute Entwicklungen, aber das braucht auch alles so viel Zeit. Manchmal denk ich, ich schmeiß alles hin und mach was Eigenes. Aber erstmal muss ich kucken, dass das Kind eigenständig ist, also meins jetzt. Dann sehen wir weiter.

Im Verlauf des Jahres 2020 ist der Klient in eine stationäre Wohnform gewechselt. Irma hat jetzt einen anderen Fall, allerdings sind durch die Pandemie und das dadurch notwendig gewordene Homeschooling weiterführende Pläne zunächst einmal auf Eis gelegt.

DIANA HENNIGES

Diana Henniges ist Gründerin, Vorstand und Geschäftsführerin von Moabit hilft e. V. in Moabit, einem Berliner Stadtteil, befindet sich das Hauptgebäude des damaligen Landesamt für Gesundheit und Soziales (LaGeSo, heute »Landesamt für Flüchtlingsangelegenheiten«, LAF). Es ist eine der zentralen Erstaufnahmestellen in Berlin, ab Sommer 2015 standen dort täglich mehr als tausend Geflüchtete an. Sie zu unterstützen, zu versorgen und zu begleiten, hat sich der Verein bis heute zur Aufgabe gemacht.

Ich bin von Haus aus Historikerin. Ich hab erst eine klassische Ausbildung gemacht, dann mein Abi nachgeholt, und Geschichte und Museumskunde studiert. Ich hab mich mit Themen wie Minderheiten, Sicherheit, Diskriminierung und Flucht befasst. Gleichzeitig hab ich sehr viel politische Arbeit gemacht, vor allem humanistische Geschichten, alles, was in Richtung Obdachlosigkeit geht, aber auch Ungerechtigkeiten in der Welt. Was die Jugend einem so in den Kopf spült, was in der linken Szene Relevanz hat, hab ich irgendwie mitgenommen. Vor einigen Jahren hab ich Sozialpädagogik an der KFH studiert. Ich fühle mich nun als klassische Sozialarbeiterin.

Ich glaube, dass es diese krummen Werdegänge sind. Die Wenigsten, die in verantwortlichen Positionen gelandet sind, haben gerade Berufswege, also Studium und dann hochgearbeitet. Außer sie sind im Management und machen maximal wirtschaftliche Ausschlachtung der Sozialbereiche. Häufig entstehen Engagements ja aus Krisen. Ich bin quasi ins kalte Wasser gefallen. Oder gesprungen, je nachdem.

Ich hab nach dem Bachelor-Abschluss angefangen, intensiv Flüchtlingsarbeit zu machen, weil hier in Berlin mehrere große Flüchtlingsunterkünfte aufgemacht haben, mit einer Belegung von 250 bis 400 Personen. Da war es mein frommer Wunsch, dass die Leute dort nicht nur wohnen, sondern auch leben können. Ich konnte mir einfach nicht vorstellen, dass die Leute irgendwo hinziehen, und damit ist es gegessen. Es ist ja nicht nur eine Unterbringungsleistung, man muss ja auch im Kiez ankommen, wissen, wie kauft man hier ein, wo kauft man ein, wo kriegt man billige Tomaten. Da wollten wir helfen. Also nicht so aus einer paternalistischen Haltung heraus, sondern mit offenen Armen. Das klingt ein bisschen romantisierend. Aber es hat tatsächlich in vielen Bereichen funktioniert.

Zuerst hab ich einen Spendenaufruf gemacht, und war so naiv zu sagen: »Ja, bringt das doch alles zu mir nach Hause.« Und dann hatte ich 150 Kartons in meinem Wohnzimmer stehen. Viele Leute, die kamen und Zeug brachten, hatten auch Lust zu helfen. Daraus ergab sich ein Netzwerk mit Mailadressen und Telefonnummern, wir machten nen runden Tisch, da sind gleich 80 Leute erschienen. »Moabit hilft« als Verein gab es schon 2013, aber das dümpelte so vor sich hin mit Begleitung zu Ämtern und so weiter, sehr niedrigschwellig. Alles ohne dieses richtige Basiswissen, das dafür nötig und elementar ist, das kam nach und nach.

Ich bin der Überzeugung, dass ein Mensch seine Rechte voll ausschöpfen können muss, um in einer Gesellschaft anzukommen. Wir sind jetzt über die Jahre dahingekommen, dass wir vor allem diese Dinge machen, die nötig sind, um den Lebensunterhalt zu sichern. Das fängt bei der Kleiderkammer an und hört bei Leistungen zu Lebensunterhalt nicht auf, ob jetzt Unterlagen und Urkunden beglaubigt werden oder Anerkennungsverfahren begleitet werden müssen. Solche Geschichten, wir sind breit aufgestellt. Wir machen sehr viel Asylverfahrensvorbereitung, -nachbereitung, Familiennachzug.

Der fließende Übergang passierte 2014/15, als die Leute auf dem LaGeSo-Gelände gestrandet sind. Das war ja bei uns vor der Haustür. Ich habe damals noch um die Ecke gewohnt. Wir haben uns über Facebook mit anderen Leuten verbunden, ich hatte geschrieben, dass es wichtig wäre, dass wir die Menschen auf dem Gelände versorgen. Da gab es noch nicht mal einen funktionierenden Wasseranschluss. Einen Wasserhahn gabs, aber es war klar, dass der eigentlich nur zum Bewässern der Grünflächen gedacht ist. Und dann habe ich nochmal einen Aufruf gemacht, halt im kleineren Rahmen. Und das ist dann explodiert. Die Leute haben uns die Bude eingerannt. Wir haben teilweise Sammelstellen auf dem Gelände gehabt, da fuhren LKWs vor, die Wasser verteilt haben. Drei, vier Leute haben die Koordinierung gemacht, wir haben uns zusammengetan und gesagt: »Wir brauchen Morgen-, Mittags- und Nachtschichten.« Daraus entstand eine Versorgungssituation, so dass wir mit Caterern am Tag 500 Essen rausgegeben haben. Dafür haben wir mit dem Lebensmittelgroßhandel zusammengearbeitet, um die Lebensmittelverarbeitung vorzubereiten. Dann hatten wir eine provisorische medizinische Versorgung auf dem Gelände. Das hat die Ärztekammer in einem Schichtsystem übernommen. Wir haben am Anfang Apotheken angeschnorrt, um an Medikamente zu kommen, weil Leute mit Schrapnellteilen im Auge angekommen sind, mit offenem Bauchschuss oder kurz vor der Niederkunft standen, Presswehen auf dem Gelände bekommen haben und sich keiner richtig verantwortlich gefühlt hat. Die Helfer waren auch alles Ehrenamtliche: Wir haben tatsächlich viele Leute gehabt, die ihren Jahresurlaub genommen oder gesagt haben: »Ich nehm mir jetzt ein Sabbatjahr, weil mein Arbeitgeber das zulässt.« Wir mussten einfach Ordnung reinbringen, es fühlte sich keiner verantwortlich, wir hatten ja noch den zauberhaften Czaja zu dem Zeitpunkt. Daraus ergab sich eine gewisse Infrastruktur, die bis heute geblieben ist, jetzt professionalisiert durch unsere Zusatzausbildung und unsere Erfahrung. Und durch Leute, die ihren Beruf aufgegeben haben und den Verein am Laufen halten.

Wir finanzieren uns durch Spenden. Wir nehmen keine staatlichen Subventionen an. Wir sind halt auch sehr, sehr kritisch. Und es gibt bestimmte Sachen, da können wir nicht mitgehen. Wir müssen auch gegenüber Landesregierungen, Bundesregierung oder Europa die Freiheit haben, zu sagen was wir wollen. Ich habe vorher für einen kirchlichen Träger gearbeitet. Ich weiß, wenn man finanziell abhängig ist vom Landesamt für Flüchtlingsangelegenheiten oder abhängig von verschiedenen anderen Einrichtungen, kommt es häufig dazu, dass man so ein bisschen über den Mund gestrichen bekommt. Das wollten wir immer verhindern.

Wir halten uns selbst über Wasser. Ob unsere Kostenstellen, die sich aus zweieinhalb Stellen ergeben oder unsere Autoversicherung, im Grunde alles, das rocken wir selbst. Das ist alles nur durch Spenden und Fördermitglieder möglich.

Dadurch sind wir sehr krisenanfällig. Wie viele dieser kleinen Vereine krächzen wir auch schon mal, also Millionärin werde ich in diesem Leben nicht mehr. Ich hab im Vorjahr einen gut dotierten Job gehabt, jetzt nicht mehr. Wir kommen zurecht, weil wir zurechtkommen müssen. Es gibt Monate, da können wir uns ein höheres Gehalt auszahlen und mal kriegen wir keins. Da muss man sehen. Wir haben alle zwei Jobs. Irgendwie halten wir uns über Wasser.

Wir sind nur noch vor Ort, wir machen keine aufsuchende Arbeit mehr. Das hätte uns belastungsmäßig überfordert. Wir haben 60 bis 80 Leute, die täglich zu uns kommen. Davon haben ein Drittel verwaltungstechnische Problematiken: Übersetzung der Eheurkunde, Leistungsanträge oder Kindergeld wurde nicht ausgezahlt, all solche Dinge. Das begegnet uns mannigfaltig. Und da liegt es daran, dass das System marode ist. Ich bin ein ganz, ganz großer Fan vom Bedingungslosen Grundeinkommen, und zwar nicht nur, weil sich die Bedingungen für die Menschen verändert haben, sondern vor allem, weil wir sehen, wie absurd es ist, dass eine Familie Elterngeld, Kindergeld und was auch immer beantragen muss, damit das später mit dem SGB II verrechnet wird. Solange man nicht all diese Sachen aus dem ganzen Leistungsspektrum beantragt hat, was total intransparent ist, wird halt auch kein SGB II in der Höhe ausgezahlt, damit man seinen Lebensunterhalt sichern kann, wobei der Lebensunterhalt ja auch durch SGB II nicht wirklich gesichert ist. Das ist bigott, wie wir hier mit Menschen umgehen und das als Sozialsystem verkaufen.

Ich finde die Attitüde, die dahinter steckt, grauenhaft. Im Grunde gibt man sich gönnerisch, »bei uns haben die es gut« und so weiter, gleichzeitig lässt man die Leute völlig allein mit der Antragsstellung. Es gibt kein Jobcenter, das dir hilft deinen Wisch auszufüllen, wenn du frisch aus Rumänien kommst und ergänzende Leistungen zu deinem Lebensunterhalt brauchst. Es gibt keinen, der der alten Oma ihren Rentenantrag erklärt, außer die Vereine, die wirklich krächzen und total überlastet sind, die machen das noch mit Terminvergabe. Es gibt sowas wie offene Sprechstunden nur ganz selten. Und wenn, dann sind die total überlaufen und mit Zeitfenstern versehen. Diese ganzen Antragsstellungssituationen sind belastend für Leute, die eh schon am Rande der Gesellschaft leben. Das ist erniedrigend.

Teilweise erwartet man auch, dass die Menschen devot reagieren. Ich seh das oft, dass ältere Leute, die Migrationshintergrund haben und nicht gut Deutsch sprechen, von anderen Beratungsstellen kommen, und erzählen: »Die haben von mir erwartet, dass ich in der Ecke sitze und zu allem Ja und Amen sage. Aber ich bin auch ein Mensch, der als solcher wahrgenommen werden will. Man hört auch öfter Sätze wie: Auch wenn ich vielleicht nicht Millionen Euro von Steuern abgegeben habe, aber zumindest habe ich mich ja immer bemüht, meinen Lebensunterhalt selbst zu bestreiten und krieg jetzt 440 Euro Rente …« Häufig ist das durch die langjährige Papierflut in den Beratungsstellen so eine Art – puh, naja – man könnte das Mittäterschaft nennen. Dass man sich dem ergibt, dass man das Gefühl vermittelt bekommt: »Ja, die haben eh alle kapituliert.« Also finden die Leute dort das selbstverständlich, dass man mit Menschen so umgeht. Wir wollen das nicht, wir wollen keine Mittäter sein. Wir finden dieses System völlig bescheuert, um es mal lapidar auszudrücken. Völlig krank.

Es ist über die letzten Jahrzehnte so oft reformiert und so oft umgewandelt worden, dass es überhaupt keine Schlüssigkeit mehr gibt. Wir sehen das immer wieder im Sozialgericht, wo die Richter vor uns sitzen und sagen: »Klar, natürlich haben Sie Recht.« Aber der Prozess brauchte eben erst mal zwei Jahre.

Die sind auch völlig überlastet. Und vor den Arbeitsgerichten passiert das gleiche. Wir haben viel zu tun mit Forderungen von Leuten, die irgendwo als Subunternehmer beschäftigt waren. Die Menschen kommen aus Osteuropa, kriegen irgendwelche Werkverträge und die Zahlung wird nicht geleistet. Dann haben die Anspruch auf Leistungen, aber das Jobcenter weigert sich, weil der vorige Arbeitgeber keine Arbeitsbescheinigung rausgibt, so beißt sich die Katze in den Schwanz. Und so landen die Leute auf der Straße und drücken noch mehr auf dieses kranke System.

Wir versuchen halt, diese Kette aufzuhalten, indem wir die Arbeitgeber unter Druck setzen. Oder wir versuchen Geflüchtete aus der langjährigen Tatenlosigkeit rauszuholen, weil sie ja nicht wissen, dass sie etwas dagegen unternehmen können, dass das BAMF seit vier Jahren auf ein Ergebnis warten lässt, bis die verwaltungsrechtliche Klage Erfolg hat.

Und das sind so Lücken, das ist so bigott, was wir hier tun, was wir nach außen projizieren, als Deutschland, als humanistisches Land. Was man ganz klar sieht, ist, dass wir die Leute von hinten bis vorne verarschen. Und das ist politisch so gewollt. Da gibt es eine Allianz aus den Leuten, die das wirklich wollen, und den vielen, die dazu schweigen, und dazu kommen die, die das alles umsetzen. Das betrifft kleine NGOs, die über die langjährige Mittäterschaft korrumpiert sind, aber auch Malteser, Rotes Kreuz, Caritas, undsofort, die maximalwirtschaftlich handeln, die in sozialen Bereichen wirklich unglaubliche Zahlen haben. Und die Dividenden haben, bei denen ich sage: Wie kann das denn sein, in diesen Bereichen? Die gründen GmbHs und fahren richtig Geld damit ein. Für mich erklärt sich das nicht, dass es Tagessätze von 60 Euro für Hostels gibt, die nicht mal eine Betriebswirtschaft haben. Und wie kann es sein, dass die mit Menschen zusammenarbeiten, die schon vorher als korrupt galten oder vorbestraft sind? Das geht ja sogar bei Rot-Rot-Grün auf Landesebene, ich sage immer wieder: Das kann nicht euer Ernst sein.

Die Ausbildung zum Sozialarbeiter ist Teil des Problems. Ich nehme wahr, dass die Ausbildung eher in Richtung »Mittäterschaft« geht. Es gibt da so viele Professoren, die lange nicht mehr im Job sind, oder Dozenten, die angeblich aus der aktiven Arbeit berichten können, aus der Praxis, dabei sind das oft Leute, die resigniert haben. Die im Grunde immer so eine Contenance wahren, wenn gegen das Gesetz gehandelt wird. Immer mit der Attitüde: »Ja, das ist nun mal so.« Wie oft ich mit irgendwelchen Dozenten aneinandergeraten bin, weil ich gesagt habe: »Nee, das ist natürlich nicht so, da gibt es die und die Möglichkeit.« Und die meinten: »Ja, aber das ist ja nicht unsere Aufgabe.« Dann denke ich: Was ist denn unsere Aufgabe? Und wessen Aufgabe ist es, jemandem Gerechtigkeit widerfahren zu lassen? Das wäre die Aufgabe des Anwalts, heißt es. Aber der Anwalt kommt ja nicht an diesen Fall ran, weil die Leute, die abgehängt sind, keine Möglichkeit haben, sich an einen Anwalt zu wenden. Wer weiß schon von einer Gerichtskostenbeihilfe, und wie oft wird die abgelehnt? Da haben sich die Leute häufig selbst beschränkt in ihrem Handeln, aus Bequemlichkeit, aus uneingestandener Überforderung. Manche finden das wahrscheinlich sogar richtig. Ob das im humanitären Bereich ist, im marktwirtschaftlichen Bereich, im Verwaltungsbereich, bei den NGOs, es ist immer so, dass man das Gefühl hat, wir sind bei Don Quijote.

Dazu kommt, dass keiner was entscheidet, im Sozialen Bereich. Wenn es ein Problem gibt, heißt es immer: »Dazu müssen wir mal noch ein Briefing machen und dann drüber reden.« Aber gerade bei akuten Problemen sind die Leute dramatisch fremd- und selbstgefährdet. Doch wenn sich keiner zuständig fühlt? Weder die Psychiatrischen Institutsambulanzen in den Kliniken noch sonst wer. Die Clearing-Stelle wurde jetzt hier gerade zugemacht auf dem Gelände. Da sollen neue Strukturen aufgebaut werden. Das scheitert natürlich wieder an Corona. Das ist auch eine schöne Ausrede. Da wurden jetzt wieder Millionen reingepumpt. Wenn es keine Struktur gibt, kann man auf eine Struktur verweisen, die es zukünftig geben wird. Das ist Absicht. Diese Unterversorgung ist Absicht.

Das ist so ein Unsinn, seit Jahren. Immer heißt es: Es gibt eine Infrastruktur, auf die können wir uns verlassen. Aber diese Infrastruktur gibt es nicht, die ist nur geplant. Und die wird es auch zukünftig nicht geben, weil immer wieder was dazwischenkommt. Und niemand will Verantwortung, alle schieben das von A nach B nach C. Ob es das LAF ist oder die Ausländerbehörde oder was auch immer. Irgendwann bist du mit deinem Anliegen bei der Sozialsenatorin, mit der kannst du sprechen, und denkst dir: »Sag mal, hast du nichts anderes zu tun? Du bist doch weisungsbefugt gegenüber dem LAF. Warum machst du nicht deinen fucking Job?«

Das ist völlig unabhängig vom politischen Hintergrund der Regierenden. Ich habe teilweise sehr engagierte grüne und linke Abgeordnete, mit denen ich zusammenarbeite. Was ich auf Landesebene desolat finde, ist die Unterbringung von Flüchtlingen. Die haben Unmenschliches zu verantworten.

Hier auf Bezirksebene ist die Unterbringungssituation besonders problematisch. Bei uns ist der Bezirk im Verhältnis für sehr viele Menschen verantwortlich, die ein abgeschlossenes Asylverfahren haben. Das bedeutet ja nicht, dass man es schlechter machen muss. Wird aber trotzdem schlechter gemacht. Das kannst du dir mal durchlesen, was es da zum Teil für Dialoge gibt in der Bezirksverordnetenversammlung, das ist alles protokolliert. Wir haben Unterkünfte in der ganzen Stadt, die mit Wanzen verseucht sind, mit Kakerlaken, es gibt nicht genug sanitäre Anlagen. Und das große Problem ist: Wir machen da Business mit Leuten, die nicht vertrauenswürdig sind, auch mit mafiösen Organisationen, die Hostels anbieten, oder sehr, sehr viel Geld mit Tagessätzen verdienen. Da werden Kosten übernommen für Unterbringungen in Massenunterkünften, seit 20 Jahren ausgedienten Altenheimen oder Hotels, die seit Jahrzehnten keinen Touristen mehr gesehen haben. Die Leute wohnen dort dann jahrelang. Die sanitären Anlagen sind auf Vollbelegung nicht ausgelegt, sondern nur für einen saisonalen Betrieb, es gibt nicht genügend Stromkapazität, man kann nicht gleichzeitig mehrere Föhns laufen lassen, ohne dass das Netz zusammenbricht.

Gleichzeitig versagen die Klimaanlagen, saniert wird gar nicht mehr, nur noch repariert.

Und die Leute werden komplett allein gelassen, es gibt keine Ansprechpartner, falls die Heizung ausfällt. Niemand reagiert, der Bezirk nicht, der Betreiber nicht, vielleicht weils ihm egal ist, vielleicht, weil er Rassist ist. Und dann wird seit vorletztem Jahr einfach behauptet, es gebe sowas wie eine »freiwillige Obdachlosigkeit« von Geflüchteten. Das sind Leute, die einfach kapituliert und gesagt haben: »Ich kann in der Unterkunft nicht mehr leben, weil mein Kind den ganzen Tag von Wanzen zerstochen wird, und dann kommt einmal im Monat der Kammerjäger und nebelt alles mit Giften voll, mein Kind hat davon schon einen allergischen Schock bekommen, ich muss da raus.« Die Leute ziehen aus, gehen zur sozialen Wohnhilfe und sagen: »Irgendwo muss ich ja wohnen«, und dann antworten die: »Jetzt sind Sie da ausgezogen, jetzt sind Sie freiwillig obdachlos. Wir haben nichts Neues, alles Gute.«

Der alte Träger nimmt die Menschen nicht mehr zurück, einen neuen Träger gibt es nicht. Und solche Fälle haben wir in den letzten zwei Jahren in rauen Mengen gehabt.

Und der Bezirk fühlt sich nicht zuständig. Wir haben öfter mal Anfragen gestellt in der BVV, über linke und grüne Abgeordnete, da wird man immer abgewimmelt. Es wird immer gesagt: Wir kümmern uns darum, wir nehmen es mal mit.

Wir hatten hier mal eine super Infrastruktur vom Evangelischen Jugend- und Fürsorgewerk, die haben Geflüchtete in Wohnungen vermittelt. Das war supergut aufgestellt, einen Monat vor Verlängerung wurde es eingestampft. Dann sollte es wieder eine Infrastruktur geben, bloß wollte das diesmal der Bezirk selbst machen. Für ein paar Monate wurden Leute, Studenten, mit der Akquise von Wohnungen beschäftigt, auf Minijob-Basis saßen die in einem Büro, telefonierten sich die Finger wund und hatten am Ende überhaupt keine Vermittlung. So handhabt man das mittlerweile in vielen Bereichen, auch bei Obdachlosigkeit.

Überall unmenschliche Politik, allein diese sheriffartigen Räumungen von Plätzen, da räumen die mit brachialer Gewalt die Obdachlosencamps, vernichten deren Eigentum. Häufig sind unter den Obdachlosen ja illegalisierte Geflüchtete. Diese rabiate Vorgehensweise ist Staatsraison, die wollen das so.

Für uns hat der Bezirk Mitte überhaupt nichts getan. Vor vier Wochen hat das Gesundheitsamt angefragt, was »Moabit hilft« für den Bezirk tun kann in der Krise. Ich habe sie ausgelacht und aufgelegt.

Da standen wir gerade vor der Frage, wie wir diese Verordnung umsetzen und woher wir die 500 Euro bekommen, die wir für Desinfektionsmittel und all das brauchen, was man eben braucht, Mundschutz, was weiß ich. Da stand nicht zur Debatte, wie wir denen helfen können, sondern wie wir finanziell unterstützt werden können. Die rühmen sich immer damit, dass sie hier in der Turmstraße ein Gesundheitszentrum aufbauen wollen und dass sie uns hier schon platziert hätten. Als ob der Bezirk etwas dazu beigetragen hätte.

Wir werden im Abgeordnetenhaus auch der Zorn Christi genannt. Wir sind nicht besonders beliebt, weil wir ja immer gegenhalten und häufig sehr, sehr deutlich öffentlich sagen, was wir davon halten, wenn nur Lippenbekenntnisse gemacht werden. Und diese ganzen Feigenblätter, die können die sich echt in die Haare schmieren. Das ist alles nur noch ... Mist. Und ich halte mich noch zurück.

Wir haben jetzt tatsächlich den Integrationspreis des Bezirks bekommen. Allerdings nur, weil sich viele Abgeordnete für uns eingesetzt haben. Aber man hat sich in der BVV dagegen ausgesprochen, dass wir den Preis bekommen, weil wir zu widerständig sind. Es war auch nicht unser Ziel, denen zu gefallen. Ich bin da nicht traurig. Wir müssen nicht beliebt sein, um durchzusetzen, was wir wollen. Aber je unbeliebter wir sind, desto schwieriger wird es. Wie gesagt: Mittäterschaft gibts bei uns nicht.

»Die Situation an den Außengrenzen der EU ist nach wie vor katastrophal, und die Berliner Regierung schöpft ihre Möglichkeiten nicht aus, den Menschen in Moria und anderen Lagern zu helfen. Während sich die Zusammenarbeit mit einigen Behörden wie Jobcenter und Ausländerbehörde verbessert hat, ist das LAF nach wie vor bekannt für lange Bearbeitungszeiten, Intransparenz, bürokratische Gängelung, übergriffiges Personal und gilt insgesamt als ein Hort direkten und systemischen Rassismus«, so Henniges.

MAXIMILIAN

Maximilian ist examinierter Krankenpfleger und arbeitet aktuell in einer Seniorenresidenz als Nachtwache. Nebenher betreibt er ein kleines Bestattungsinstitut. Er ist Ende 40.

Ich bin ganz, ganz glücklich und zufrieden. Ich muss so acht, manchmal neun Nächte machen im Monat. Ja, das geht auch in die Knochen. Das war früher einfacher, vor 15 Jahren hab ich 16 Nächte gemacht im Monat und war danach noch so: Hallo! So ganz easy going. Jetzt komme ich nach Hause, bin todmüde und komme nicht in den Schlaf. Da bin ich immer etwas neben der Spur mit dem anderen Kram. Das ist halt so, wenn man 48 ist und ein alter Sack. Ich habs halt in den Knochen, seit dem Unfall 2013 vor allem. Ich meine, wenn das Wetter hier umschwingt, weiß ich nicht, wie ich meine Knochen bewegen soll, ach! Mein Mann sagt immer: »Ich weiß gar nicht, wie du das machst, mit deinem linken Bein und überhaupt.« Ich weiß manchmal überhaupt nicht, wie ich über die Stationen laufen soll. Aber das geht dann irgendwie. Natürlich krieg ich das hin. Was anderes hab ich ja nicht gesundheitlich, Gott sei Dank.

Ich habe ein kleines Bestattungsinstitut. Und ich habe die ganzen Jahre immer wieder nebenbei in der Pflege gearbeitet. Weil die Pflege ist eigentlich so mein Steckenpferd, da bin ich auch ausgebildet. Und ich hab mir immer gedacht: Das Bestatten ist ja alles ganz schön und gut, aber eigentlich bin ich Krankenpfleger. Ich will ja nicht nur die Toten sehen und nicht nur die Angehörigen haben. Ich glaube, dass ich das Bestatten ganz gut kann. Aber die Pflege hat mir immer so gefehlt. Mir haben die Patienten gefehlt in den ganzen Jahren.

Pflege war eigentlich gar nicht mein ursprüngliches Begehr, um Gottes Willen, nein. Nach meiner Realschule, da hab ich mich nicht getraut, noch drei Jahre nachzumachen, zum Abitur auf unserem Gymnasium. Für mich war klar: Du musst entweder sofort eine Ausbildung anfangen, das wäre meinen Eltern sowieso am allerliebsten gewesen, oder du musst kucken, zu der Zeit musste man ja noch Wehrdienst machen. Doch das kam für mich nicht in Frage. Ich war da ein bisschen naiv und dumm. Ich habe einfach gedacht: Waffen, nein, das geht nicht mit meinem Glauben und Jesus Christus. Ich hatte noch keine Vorstellung davon, was es eigentlich heißt, Dienst an der Waffe zu machen. Ich musste noch richtig verweigern. Damals musstest du richtig Geschütze auffahren, damit du nicht verpflichtet wurdest.

Am Ende haben sie meine Verweigerung doch anerkannt, dann war ich im Krankenhaus, als Zivildienstleistender. Da hatte ich schon meinen Nebenjob in einer Buchhandlung und habe eine Ausbildung gemacht als Buchhandlungsgehilfe. Das war mir viel lieber. Und mein Chef, so ein böser Giftzwerg, der hat mir gesagt: »Ah, Sie machen jetzt Zivildienst, na dann können Sie ja am Freitag Nachmittag noch drei Stunden kommen und am Samstag auch.« Dann bin ich da immer hin und hab noch Kalender verkauft. Ich wäre wirklich lieber Buchhändler geworden. Im Nachhinein betrachtet ist es besser, dass ich es nicht geworden bin. Ich habe dann im Krankenhaus meine Ausbildung und meine Zusatzausbildung gemacht und dann noch den Altenpfleger.

Ich mag sehr gern Behandlungspflege, Verbände oder Notfallsituationen. Nachdem ich mich damals entschieden hatte, Bestatter zu werden, hab ich immer wieder gedacht: Jetzt musst du wirklich wieder an die Basis. Und dann bin ich in die Altenpflege. Ich hab immer noch den Krankenpfleger-Blick, ich kuck immer eher auf die Symptome. Was kann man da noch besser machen? Wenn ich in ein Haus komme, das wird für das Haus und die Krankenkassen immer sehr teuer. Weil ich immer denke, man könnte für die Leute noch ein bisschen mehr tun.

Ich habe viele verrückte Geschichten gemacht. Ich bin in Einrichtungen gegangen, wo nur schwerst psychiatrisch gestörte junge Menschen waren. Und dann bin ich wieder zurück ins Hospiz, im Hospiz gearbeitet, im Nachtdienst, immer war es so, dass ich dachte, mir reicht das einfach nicht. Ich hatte immer Pausen zwischen den verschiedenen Engagements. Und als ich meinen Mann kennengelernt habe, der arbeitet auch in einem Heim, sagte der mir: Wir brauchen Nachtwachen. Da habe ich gesagt: Okay, dann mach ich das jetzt wieder. Und jetzt mache ich meine Nächte da.

Und jetzt bin ich in einem ganz kleinen Haus der Diakonie. Ein Altbau und ein Neubau. Sagen wir mal 60 Prozent Alzheimerpatienten, fünf Prozent Palliativpatienten – das ist wie ein Geschenk. Und du hast Schicht, abends um zehn fängt sie an und um viertel nach sieben ist es vorbei. Alzheimer-Patienten haben oft einen verschobenen Tag-Nacht-Rhythmus, die halten mich nachts ganz schön auf Trapp. Die sind ganz bedürftig, wollen alle in den Arm und viel diskutieren. »Warum ist das so? Warum ist das so?« Dann rennen sie rum die ganze Nacht. Kommen aus ihren Zimmern raus, aus ihren Betten, und rennen sie rum, die ganze Nacht. Man muss zusehen, wie man sie einfängt. Ich muss aber sagen, dass ich manche Alzheimerpatienten gesettelter empfinde als viele junge Leute.

Worum geht es in der Pflege? Es geht darum, dass wir die Schwachen und die Schwächeren nicht aus den Augen verlieren. Es heißt jetzt immer wieder: Naja, die Alten. Die können wir so nebenbei. Aber so ist das nicht, die gehören dazu. Auch in einer Pandemie. Ich habe da auch so ein Urvertrauen, dass wir da ganz beruhigt sein können. Gerade bei unserer Kanzlerin, Frau Merkel, die vergisst diese Menschen nicht. Ich glaube, es täte uns allen gut, wenn wir nicht immer so aufgeregt wären.

Angst habe ich nicht. Ich bin schon sehr vorsichtig gerade in diesen Zeiten, mit Corona, ich möchte nicht der Überträger sein. Aber sobald die Kneipen wieder aufmachen, gehe ich da hin. Es muss ja weitergehen, und es geht ja auch um die Kultur. Die wird völlig an die Wand gefahren.

Ich persönlich hab keine Angst. Was soll passieren? Ja, dann bleibt mir halt die Luft weg. Was kommt, das kommt. Für mich ist es so: Ich bin 48 Jahre alt, ich gehe nicht noch einmal auf eine Intensivstation als Patient, das kommt gar nicht in Frage. Ich hatte das schon einmal, nach meinem Autounfall. Da lag ich wochenlang im Krankenhaus. Das war eine Tortur. Ich will nicht noch einmal beatmet werden. In der Hinsicht habe ich die Welt überwunden.

Mein Glaube ist mir sehr wichtig. Ich bin aber nicht missionarisch unterwegs. Als Antrieb, für mich, bin ich da sehr verhaftet, ich bin ein sehr gläubiger Mensch. Da kann man drüber lachen, doch ich vermisse es sehr, dass ich nicht in meine Messe gehen darf, bei den Franziskanern. Ich bin ein sehr sensibler Mensch, ich fühle viel mehr, als manche Leute denken, und ich bin auch ein Mensch, der sagt: Wenn eine Katastrophe da ist, ist sie da. Und dann gehen wir mit der Katastrophe um. Und dann wird abgearbeitet. Es muss ja weitergehen.

Gestern war da eine Bewohnerin, die hat bitterlich geweint und gesagt »Ich zweifel an meinem Herrgott, setz Dich mal her und erklär mir das alles«. Dann geht es nur darum: Wie kann ich diesen Menschen jetzt gerade trösten? Da sage ich: »In der Welt habt ihr Angst, aber seid getrost, ihr habt die Welt überwunden.« Sie hat ihr Leben gelebt, und jetzt ist sie auf einem anderen Weg. Und das ist vollkommen in Ordnung. »Aber das ist nicht mein Weg, sondern das ist dein Weg, und das ist in Ordnung. Gelobt sei Jesus Christus.« Da sagt sie: »Dieses Vertrauen hätte ich gerne.« Und ich habe das einfach, dieses Gefühl von Geborgenheit. Naja. Was mir so fehlt, ist, dass die Menschen zu sich selber stehen.

Ich hatte auch selbst schon eine Beatmung, und man hatte mich auch sediert. Ich hab da nicht viel mitgekriegt. Als ich dann wach wurde und merkte, dass ich da so einen komischen Schlauch im Hals hatte, das war schon ziemlich schlimm. Aber wir haben so viele Medikamente, so viele gute Medikamente, unsere Kapazitäten sind so gut, dass wir keine Angst haben müssen. Angst ist ein schlechter Begleiter, sagt meine alte Mutter, und ich sage: Ja, okay, dann ist es so. Also glauben wir nicht daran, dass es uns trifft, sondern wir kucken einfach mal, dass es weitergeht. Es hilft ja auch nicht zu lamentieren.

Was mich immer so sehr aufregt, ist, dass wir ja schon früher auf die Alten und Sterbenden nicht so recht gekuckt haben. Ich denke, wir sollten unser Haus erstmal selbst im Griff haben, bevor wir uns aus dem Fenster lehnen. Wir haben zum Beispiel immer ein gesellschaftliches Problem im Umgang mit unseren behinderten Mitmenschen gehabt, und das ist jetzt drei Mal so groß. Das ist die Geschichte, die mich ärgert, die mich traurig macht.

Mir geht es gut. Ich habe nur 23 Platten in meinem Körper. Ich kann immer nur laufen, wenn gutes Wetter ist, und wenn es kalt ist, schmerzt mich das, aber es kann doch bitteschön nicht sein, dass wir auf uns nicht kucken. Wir müssen da einfach mehr hinkucken. Das würde ich mir wünschen.

Maximilian geht es auch ein Jahr später noch sehr gut, sagt er.

FRIDA

Frida ist Mitte 30 und angehende Erzieherin in einer Kita in einem wohlhabenden Stadtteil. Sie hat zuvor im Verkauf gearbeitet.

Ich bin gerade ein bisschen gestresst wegen der Schule. Momentan haben wir »Homeschooling«, und ich habe das Gefühl, ich muss mir die komplette Ausbildung selbst beibiegen, das überfordert mich. Die Lehrkräfte sprechen sich nicht ab und klatschen einfach aus ihrem Fach irgendwas raus. Und ich habe das Gefühl, die bedenken dabei nicht, dass ich trotzdem drei Tage die Woche arbeiten gehen muss.

Die Schule selbst steht für Respekt und Inklusion und alle sind gleich, das steht im Leitbild. Naja, die Praxis sieht anders aus. Okay, die Schule ist relativ neu, aber sie haben nichts hinbekommen, nicht mal Sprechzeiten. Wir haben eine eigene WhatsApp-Gruppe. Am Anfang haben immer irgendwelche Idioten irgendeinen Kack reingepostet. Das hat aufgehört, aber wenn jetzt Fragen zur Schule reingeschrieben werden, kommt Ewigkeiten keine Antwort. Wir haben 28 Leute in der Klasse, du stellst eine Frage, 18 sehen das und niemand antwortet. Da frag ich mich: Wo ist das Problem? Es nervt.

Die Leute in der Klasse sind wild durchmischt. Einige sind gerade von der Schule runter, andere über 50. Einige haben schon länger in dem Bereich gearbeitet, haben Kinder, andere sind ganz frisch. Der eine hat vorher im Café gearbeitet, wirklich so von null auf hundert, das gibts auch. Das ist dann besonders schwer, wenn du nichts mit dem Thema zu tun hattest, und jetzt musst du dir die ganze Kacke selbst beibringen. Ich bin einfach permanent unter Stress.

Ich bin seit Februar in der Kita. Ich mache schon seit vier Jahren nebenbei Kinderschminken, auf Festen und Veranstaltungen. Und da bin ich halt mehr so in das Thema »Kind« reingekommen. Ich habe einfach bemerkt, dass es schön ist, mit Kindern zu arbeiten. Viel schöner als mit Erwachsenen.

Und mein alter Job wurde immer schlimmer. Dann hatte ich eine Schulter-OP letztes Jahr und war sechs Monate zu Hause, das war der Moment, in dem ich mir gesagt habe: Du musst da jetzt was ändern. Machen, was du wirklich willst.

Der Bewerbungsablauf war relativ aufwändig. Ich habe mich zuerst bei der Schule beworben, da musste ich tausend Millionen Unterlagen einreichen, daraufhin wurde ich zum Gespräch eingeladen. Dann gabs eine schriftliche Aufgabe, die wollten kucken, ob wir mit unserer Art zu denken zur Schule passen. Dann musste ich hospitieren. Ich war nur anderthalb Stunden da, die haben gleich gesagt: »Ja, ist okay.« Am nächsten Tag haben die angerufen und gesagt: »Wir freuen uns und würden Sie gerne bei uns begrüßen.« Ja, und dann war ich drin.

Im März war ich drei Wochen zu Hause. Jetzt bin ich wieder seit drei oder vier Wochen da, und es geht richtig ab. Man sieht nichts von Notbetreuung. Normalerweise sind in der Krippe 55 Kinder, gerade sind es um die 40. Es ist so ungefähr wie im Winter, wenn ein paar Kinder krank sind.

Die Eltern bei uns, das ist viel medizinisches Personal, viele Ärzte und Krankenschwestern und was noch alles dazugehört. Plus ein paar Schlawiner, die sich was zurechtlegen, damit sie ihre Kinder abgeben können. Zum Beispiel eine Familie, die haben Antrag auf Notbetreuung gestellt, wegen beengtem Wohnraum, weil die nur ein Zimmer hätten. Stimmt auch, ist nur ein Zimmer, halt ein riesiges Loft, also naja.

Den Kindern geht es ziemlich gut. Ich habe das Gefühl, die Zeit zu Hause hat denen richtig gutgetan. Außer ein Kleiner, da haben wir die Eltern auch angerufen und gesagt, sie könnten ihn ruhig in die Kita bringen wegen Verdacht auf Kindeswohlgefährdung. Der hatte ein paar Schwierigkeiten die ersten Tage, jetzt wirkt er glücklich. Die anderen haben super Fortschritte gemacht. Die wirken ein bisschen ausgeglichener. Ich hätte gedacht, die sind völlig gestresst, weil die Eltern so gestresst waren, aber nein. Wir haben auch Eltern, die gesagt haben, sie genießen die Zeit mit ihren Kindern. Finde ich schön, man hört ja so viel, dass alle jammern.

Die Stimmung unter den Kollegen ist nicht so gut. Da herrscht viel Missgunst. Einige sind komplett zu Hause geblieben, andere waren die ganze Zeit da, das ist schon problematisch. Das haben wir nicht gut gelöst. Wäre besser gewesen, wenn jeder mal zwei Wochen da ist oder so. Als ich zum ersten Mal wieder da war, war es so, dass die Zeiten ein bisschen anders eingeteilt waren als sonst. Man ist teilweise später gekommen oder früher gegangen, weil nur drei Kinder da waren – bei zwei Erziehern. Da gab es viele Missverständnisse: Eine Kollegin hätte neulich um halb neun da sein sollen. Sie kam aber erst um zehn, weil wir das in der Woche davor so gemacht haben. Okay, ihr Fehler war: Sie hat nicht nachgefragt. Ich fand es nicht so schlimm, wir hatten zu dem Zeitpunkt zehn Kinder bei sechs oder sieben Erziehern. Das war absolut machbar. Ich habe sie nicht vermisst. Aber zwei Kolleginnen haben sich tierisch aufgeregt, wegen Prinzipien und so.

Die haben ihr geschrieben, sie hat nicht geantwortet, weil sie schon auf dem Weg war, sie kam um halb zehn und dann ging es echt los. Da haben alle rumgezickt. Ich hab nicht richtig verstanden, was das Problem war. Trotzdem wurde auf ihr rumgehackt, was ich richtig uncool fand, gerade vor den Kindern. So lange, bis sie angefangen hat zu weinen.

Sie ist dann weggerannt. Ich hab halt versucht, ein bisschen zu schlichten, und gesagt, dass sie das ja nicht böse meinte. Man hat schon gemerkt, wie die eine Erzieherin mir den Mund verbieten wollte und sich in letzter Sekunde gebremst hat. Es hat sich richtig aufgebauscht. Das ging ab. Und später kam eine andere Erzieherin zu mir und hat die Kollegin schlecht gemacht, die sei halt sehr emotional und weine super schnell. Im Prinzip hat sie gesagt, ich solle mich nicht auf ihre Seite stellen.

Zwei Tage später gabs eine Abteilungsversammlung. Da hat man gemerkt, dass die das alle nicht einsehen wollen. Die betroffene Kollegin meinte, es sei ein Kommunikationsfehler, das tue ihr leid. Sie habe aber das Gefühl, dass es nicht einfach nur ein Kommunikationsfehler war, sondern die anderen wollten das gar nicht verstehen. Das waren die älteren Semester, die teilweise 40 Jahre im Beruf sind, die »Das haben wir schon immer so gemacht«-Fraktion. Und keiner war richtig bereit, auf sie einzugehen, da hat sie wieder angefangen zu weinen. Es war ein ständiges Fingerzeigen auf sie. Dabei kam raus, dass jemand zum Chef gegangen war. Sie musste da antanzen.

Und der hat sie echt gefragt, warum sie nicht arbeiten kommt. Ihm hätte man das so weitergetragen. Schließlich hat noch eine andere Mitarbeiterin angefangen zu weinen, weil ihr das alles zu viel war. Die Stimmung war echt mies. Das kann ich echt nicht gebrauchen. Ich will eigentlich nur Erzieherin sein.

Ich wurde gefragt, wie ich das Ganze finde. Ich bin ja mittendrin. Drei sind so was um die 20, und der Rest ist um die 50, Mitte 50, eine ist schon knapp 60. Und dann hab ich gesagt, dass ich es gut finde, dass wir mal zusammensitzen und reden, ob wir das nicht regelmäßig machen wollen, es hat sich ja offenbar einiges angestaut. Da kam halt: »Ja, haben wir schon mal versucht, aber hat halt nicht geklappt.« Die Bereitschaft muss schon auch da sein.

Die angeschwärzte Kollegin meinte auch, dass es einen Generationenkonflikt gibt. Das hat sie blöderweise laut ausgesprochen. Ich konnte sie verstehen, nur haben die anderen gesagt: »Was hat das denn damit zu tun?« Gleichzeitig hat man gemerkt, wie die älteren Semester zusammenhalten.

Da passieren eben auch Sachen mit den Kindern, die ich überhaupt nicht gut finde. Einmal beim Mittagessen, da gabs Fischstäbchen und Reis. Und die eine Kleine hatte die Fischstäbchen zuerst aufgegessen, und hat gefragt, ob sie mehr haben könne. Ich wollte gerade schon aufstehen und ihr mehr geben, dann meinte die eine Erzieherin: »Nee, iss erst mal das andere.« Ich meinte: »Warum denn, es sind doch genug

Fischstäbchen da.« Und die Kollegin sagte: »Sie kriegt ja ihr Fischstäbchen noch, aber sie soll erstmal das andere aufessen.« Wie aus der Steinzeit, das steht sogar im Berliner Bildungsprogramm, dass man das so nicht mehr machen darf.

Relativ grob sind die auch. In meiner Gruppe die eine, da merkt man schon, die reißt sich zusammen, wenn ich da bin, weil sie weiß, auf welche Schule ich gehe, und, dass da sehr drauf geachtet wird. Klappt aber nicht immer. Da war eine Kleine bei mir in der Gruppe, die hat Mittagsschlaf gemacht. Die lag bei mir, und hat die ganze Zeit immer Faxen gemacht, weil sie halt nicht schlafen konnte. Ich hatte versucht, sie zu beruhigen und meine Hand auf sie draufgelegt, sie hat halt weiter Faxen gemacht, dann ist die eine Erzieherin aufgestanden und hat gesagt: »Nee, so geht das nicht, du legst dich jetzt hin und dann wird geschlafen.«

Dreht sie um auf die andere Seite, von mir weg. Und klatscht die so quasi auf die Matratze. Hat es sich dann nochmal anders überlegt und gesagt: »Weißt du was, du kommst jetzt zu mir.« Hat das Kind dann hochgenommen und zu sich rüber auf ihre Matratze. Ich war echt sprachlos. Das hat man mit uns damals so gemacht, das war damals schon scheiße. So darf das nicht sein. Und ich habe es bis jetzt so gemacht: Wenn ein Kind nicht schlafen wollte, ist es eben davon ausgenommen. Wir haben zwei Stunden Mittagsruhe, dann saß es eben zwei Stunden im anderen Raum und hat irgendwas rumgefummelt. Kinder müssen nicht schlafen, wenn sie nicht wollen.

Solche Sachen passieren nicht die ganze Zeit, aber immer wieder. Die leitende Erzieherin ist eine vom älteren Semester, die macht das seit 40 Jahren, die hat es noch so drin.

Was war noch? Das fand ich auch schräg: Ein Junge ist auf den Küchenwagen geklettert und dabei fast umgekippt. Hätte etwas passieren können, andererseits ist es halt eine Erfahrung, die ein Kind macht: »Wenn ich mich draufstelle, und ich fall um, tut es weh.« Doof, aber ist so. Diese Erzieherin hat sofort geschrien, den jungen Mann genommen, ihn auf diesen Wagen gestellt, hat ihn festgehalten und den Wagen hin- und hergeschüttelt. Das Kind hat angefangen zu weinen. Okay, du wolltest ihm zeigen, was passieren kann, stattdessen hast du das Gegenteil bewirkt, das Kind hat Panik bekommen.

Es ist für mich schwer, weil ich noch nicht lange da bin und mich noch nicht so richtig traue, was zu sagen.

Was richtig, richtig schlimm ist: Bei uns sind auch einige körperlich und geistig Behinderte beschäftigt, die arbeiten in der Küche, dazu haben wir noch bei uns eine Putzkraft. Die hat Trisomie 21, das ist jetzt nicht so stark ausgeprägt. Sie lebt allein. Vorgestellt wurde sie mir mit: »Das ist C., das ist unser Downie.« Das war schon ... naja.

Ich find die voll lieb, ich mag die voll gerne. Die quatscht ein bisschen viel, gut. Aber immer nett und herzlich. Die ist, muss man zugeben, schon faul. Hat jetzt nicht die größte Lust zu arbeiten. Wobei ich mir denke: Meine Güte, arbeite halt nicht mit behinderten Menschen zusammen, wenn du willst, dass das so und so gemacht wird. Wenn sie jemanden einstellen, der Arbeit verrichtet und behindert ist, kann man sich drauf einstellen, dass die die vielleicht nicht so obergut ausübt. Sie macht halt alles ein bisschen langsamer, und hat auch Probleme mit den Beinen und mit dem Rücken. Deswegen sollen wir die Sachen nicht auf den Boden stellen, und weil sie nicht so groß ist, kommen die Sachen auch nicht ganz nach oben auf die Schränke. Bisschen blöd, aber meine Güte. Die anderen Erzieherinnen haben es sich zur Aufgabe gemacht, sie ständig anzuschnauzen. Das ist schon richtig krass. Und es wird über sie geredet. Immer schön laut, dass sie es auch mitbekommt. Zum Beispiel trinkt sie gern Cola. Und sie hat wirklich ziemlich viel Hintern. Jedenfalls hat eine von den Erzieherinnen ihre Cola versteckt. Die Putzkraft hat danach gefragt, und die Erzieherin hat gesagt: »Nee, du kriegst die Cola nicht, du sollst abnehmen.« Sie hat gesagt: »Das ist meine Privatsache.« Und die Erzieherin hat geantwortet: »Nee, wenn dein Arsch zu fett ist und du nicht putzen kannst, ist das nicht deine Sache.« Das erzählt diese Erzieherin uns danach stolz im Erzieherraum. Ich war so fassungslos, dass ich den Raum verlassen musste, sonst wär ich ausgerastet. Später hat sie sich aufgeregt, dass die Putzkraft gesagt hat: »Ich gehe zum Chef und beschwer mich.« Und was ich richtig gut fand, war, dass sie es auch gemacht hat. Der Chef kam hoch und erklärte, dass er den Konflikt vermeiden will. Und hat gesagt: »Naja, die kriegen wir nicht mehr umerzogen.« Der Horror, ehrlich.

Es gibt ja dieses Klischee von Erzieherinnen, dass die untereinander Zicken sind. Das hat sich voll bewahrheitet. Das nimmt kein Ende. Ich muss mal kucken, was ich da mache, ohne am Ende der gehasste Arsch zu sein.

Davor habe ich drei Jahre bei einem Reiseausstatter gearbeitet. Das war der Grund, warum ich nicht mehr in meinem bisherigen Beruf sein wollte. Da war es so dieses Chef- und Untertanending. Meine Abteilungsleiterin damals haben wir immer liebevoll Hitler genannt.

Die war der Grund, warum ich nicht mehr dort sein wollte. Bei meiner Kündigung wollte ich kein Arsch sein und die in die Pfanne hauen und hab meine Schulter-OP als Vorwand genommen. Die letzten drei Tage, die ich gearbeitet habe, hat sie mich nicht mal mit dem Arsch angekuckt. Am letzten Tag, fünf Minuten vor Ladenschluss, kam die Abteilungsleiterin dann. Mitten auf der Verkaufsfläche, ich hatte noch einen Kunden, hat sie mich zur Sau gemacht. Warum sie nichts davon wüsste, dass ich gehe, warum sie das über die Personalabteilung erfährt. Ich hatte Schmerzen, ich hatte anderes im Kopf, als daran zu denken, mit ihr zu streiten. Außerdem hätte ich gern gehabt, dass sie mal nach mir fragt. Naja, mein letzter Tag war echt scheiße, bin nach Hause und hab erstmal geweint.

Das nehme ich jetzt mit aus drei Jahren. Das war der letzte Eindruck. Dann war ich so angepisst, dass ich dachte: drauf geschissen. Jetzt sollen sie wissen, was mit dieser Frau ist, wie die Menschen schikaniert. So hab ich alles erzählt. Zu dem Zeitpunkt hat sie bereits ihre Stelle verloren und war nur noch normale Mitarbeiterin.

Sie hat in der Abteilung allerdings immer erzählt, dass sie runtergegangen ist mit den Stunden und ihr alles zu viel geworden ist. Aber sie hat nicht ganz so freiwillig den Posten geräumt. Die von der Unternehmensleitung haben gesagt: »Warum haben Sie sich nicht früher getraut, was zu sagen?« Ich hatte gedacht, sobald ich den Mund aufmache, bin ich weg vom Fenster. Ein Kollege, dem gings auch richtig schlecht, hatte zum Beispiel keine Kraft sich was Neues zu suchen.

In den drei Jahren hatten wir einen Wechsel an Mitarbeitern der Abteilung, unschlagbar. Und 90 Prozent sind ihretwegen gegangen. Die Schnellste ging nach zwei Tagen. Die Bezahlung war auch unterirdisch.

Ich glaube, im Vergleich, in der Kita, da muss man halt reinkommen. Das braucht noch Zeit bei mir. So ein ganz blödes Beispiel, aber die haben eine WhatsApp-Gruppe, in der war ich nicht drin. Erst als ich das angesprochen hatte, kamen so Sachen: »Da warten wir erst mal ein paar Wochen.« Hä, warum? Da wird jetzt nichts großartig gepostet außer dem Dienstplan und ab und zu ein paar Albernheiten. Gleichzeitig haben die sich beschwert, dass ich immer nur im Büro anrufe, wenn ich mich krankmelde. Naja, dann lasst mich halt in die Gruppe. Andere aus meiner Klasse kriegen Fotos von den Kindern, wie sie sich zu Fasching verkleidet haben. Und die da bei meiner Kita sperren sich bei jedem Scheiß. Ich habe das Gefühl, die sind so festgefahren. Die Selbstreflexion fehlt.

Vielleicht wird man in Kitas schlecht alt, der ständige Lärmpegel, das verträgt man irgendwann einfach schlechter. Dann dieses typische Meckern. Auch bei Neuerungen ist immer gleich meckermotz, keine Offenheit. Wenn etwas Neues ansteht, kommt immer gleich als erstes: »Wann sollen wir das denn alles machen?«

Aber im Vergleich ist es nicht so viel Stress. Eigentlich nicht. Ich finde es super entspannt. Ich fang um acht an, dann kommen die Kinder alle nach und nach in den großen Aktionsraum, um 8.30 Uhr geht dann jeder in seine Gruppe. Danach wird gefrühstückt. Es dauert ungefähr bis um 9 Uhr. Hände waschen, Windeln wechseln und dann ab, spielen. Im Prinzip spiele ich auch mit den Kindern oder lese vor oder wir basteln irgendwas. Mittagessen um 11.15 Uhr, Mittagsschlaf von 12 bis 14 Uhr. In der Zeit kann ich entweder selbst schlafen oder geh halt raus. Ab 14 Uhr wecken, Windeln wechseln. Dann geht man nochmal raus oder spielt was.

Ich hab den Eindruck, dass die Kinder gut auf mich reagieren. Das ging superschnell, ich hatte die ja schon bei mir im Arm, da kannte ich die noch keine zehn Minuten. Der eine Kleine, von dem ich erzählt hab, da hieß es, dass er, seitdem er in der Kita ist, niemanden an sich ranlässt und sehr schüchtern ist. Der kam direkt von Anfang an zu mir und hat sich auf meinen Schoß gesetzt. Den hab ich jetzt zwei Monate nicht gesehen, da dachte ich, der weiß schon gar nicht mehr, wer ich bin. Aber als er letzte Woche kam, hatte er erst einen Riesenanfall und hat viel geweint, dann hat er eben mich gesehen und ist auf mich zu gerannt und wollte erstmal auf den Arm.

Seine Eltern sind getrennt, die Mutter ist Anfang 20, der Vater um die 40. Der Vater erzählt gerne, was sie für Stress haben wegen Sorgerecht, vor dem Kind auch. Man merkt halt im Umgang, der kann nicht gut auf sein Kind eingehen. Die Windeln sind auch immer wahnsinnig voll.

Und was ich ganz komisch finde, als der Kleine Geburtstag hatte, da hat er wahnsinnig geweint. Wir haben den Vater drauf angesprochen, und der meinte: Ja, wir feiern Geburtstage nicht. Der ist noch so klein, das checkt der sowieso nicht. Neulich haben wir den Geburtstag eines anderen Kindes gefeiert, die saß da mit Krone und allem und wir haben gesungen. Und als der Kleine das Wort Geburtstag gehört hat, ist er total panisch geworden, hat geweint und geschrien und sich in eine Ecke verkrochen. Das hat bestimmt eine Viertelstunde gedauert, bis wir ihn beruhigt hatten. Ich kann mir das nicht erklären. Ich will jetzt auch nicht zu viel hineininterpretieren, aber die Aussage vom Vater, dass er das nicht kennt, kann so nicht stimmen, dann reagiert das Kind nicht so. Wirkt eher, als ob es damit irgendwas Böses verbindet; irgendwas, was ihm Angst macht.

Ich finde das eigentlich ein tolles Alter. Man kriegt so viel mit von der Entwicklung. Ich finde das superschön. Es ist auch vieles gut.

Was man wirklich machen sollte, ist, ältere Mitarbeiterinnen häufiger auf Fortbildungen zu schicken, damit man bei denen mal ein paar Sachen auffrischt. Denn ich werde es nicht schaffen, die von irgendwas zu überzeugen. Und der Chef und die stellvertretende Leitung, die sind halt total lieb; deswegen setzen die auch bei den Kollegen nichts durch. Grundsätzlich läuft das toll, doch vielleicht brauchen wir mal eine Supervision oder sowas. Naja, da kommt schon noch ein bisschen was auf mich zu.

Frida hat inzwischen die Gruppe gewechselt, nach einer Auseinandersetzung mit einer Kollegin älteren Semesters. Die Schule, an der sie ihre Ausbildung macht, hat wegen der Pandemie ein Drittel der Dozent*innen verloren.

HANNAH

Hannah, Heilerziehungspflegerin, arbeitet in einer Wohngruppe für Menschen mit sogenannter geistiger Behinderung.

Ich bin im Moment schon sehr erschöpft. Es sind so viele Gedanken, die ich in letzter Zeit habe, und es wird einfach langsam wirr in meinem Kopf. Ganz am Anfang war es für mich so, dass ich mich tatsächlich ein bisschen gefühlt habe wie im Buch 1984 – nur arbeiten, ansonsten sitze ich Zuhause und denke nach, dann wieder arbeiten, wieder Zuhause. Das war einfach das Gefühl dahinter, nicht die Vernunft, sondern einfach das Gefühl. Und dann habe ich neu gestartet: schönes Wetter, ich nehm das Fahrrad und hab davon ja auch was. Manchmal fahre ich mit einer Freundin zusammen Fahrrad und kann so vielleicht besser leben. Und langsam kommt Akzeptanz dazu bei mir. Ich finde einfach, dass es sehr viele Leute gibt, die auf sehr hohem Niveau jammern, wenn sie im Homeoffice sitzen und sich darüber beklagen, dass sie eingesperrt sind. Ich glaube, da wird auch sehr wenig drüber nachgedacht, wie es den Leuten in unseren Berufen geht. Und vor allen Dingen lässt deren Akzeptanz immer weiter nach. Je länger das dauert, desto mutiger werden sie und desto mehr vergessen sie uns, ich finde das sehr unsolidarisch.

Von Freunden und Familie bekomme ich viel Post, ganz viele Briefe. Viel mehr als vorher, muss ich sagen. Das freut mich, aber allgemein stehen wir ganz schön im Abseits. Ich denke, wir standen immer ein bisschen im Abseits und das wird gerade einfach sehr deutlich. Es zeigt sich in den Medien: Haben die überhaupt schon mal von Behinderteneinrichtungen gesprochen?

Ich kann nachvollziehen, dass sich ganz viele danach sehnen, mal ein Bier trinken zu gehen. Aber auf der anderen Seite, wenn ich doch mal auf die Straße muss, muss ich mich die ganze Zeit zusammenreißen, im Hinblick auf meine Bewohner, vor allem, wenn Leute auf einmal keine Maske tragen, die einem zu nahe kommen, weil sie der Überzeugung sind: »Das ist doch alles nicht gefährlich, und ich will meine Freiheit wieder haben«, und nicht über die Konsequenzen nachdenken. Ich musste letztens einmal Bus fahren, was ich eigentlich vermeide. Ich habe mal durchgezählt. Von zwölf Leuten hatten genau zwei eine Maske auf. Und ich hätte am liebsten den Lautsprecher genommen und denen was erzählt.

Das Klatschen von den Balkonen für uns in der Pflege habe ich gar nicht so richtig mitbekommen, ich glaube hier im Kiez hat keiner applaudiert. Ich habe das nur gelesen. Aber es hat mich auch nicht besonders berührt. Was ich schön fand, ist zum Beispiel ein Nachbar von mir, der hat mir Zimtschnecken gebacken, für die Arbeit. Das war einfach eine ganz nette Geste. Aber sich auf den Balkon zu stellen und zu applaudieren? Unterm Strich kommt da nichts raus.

Ich telefoniere definitiv mehr, auch soziale Medien nutze ich viel mehr. Ich finde, das hilft aber wenig gegen die Einsamkeit. Menschlicher Kontakt ist einfach unersetzlich. Ich würde hier in meiner kleinen Wohnung einfach vergammeln. Jetzt geht es ja noch, aber wenn die Wintermonate kommen, werde ich hier in meiner Butze allein sitzen und schon sehr zu hadern haben.

Ich würde sagen, dass die Bewohner unserer Einrichtung eine Art Ersatzfamilie geworden sind. Ich hätte das vorher nie gesagt. Sie sehen ihre Familien ja auch nicht. Und es ist schon ziemlich eng und sehr kommunikativ. Und dadurch, dass sie auch nicht rausgehen, lernt man sich noch einmal anders kennen, vielleicht auch intensiver und in manchen Dingen ist es vielleicht auch ein bisschen nerviger. Ich merke aber auch, dass wenn ich vier, fünf Dienste hintereinander habe, ich schon wirklich am Boden kratze. Das bleibt nicht aus, aber ich bin doch ganz froh, dass es diesen Job gibt, auch für mich selbst.

Ich komm halt auch nicht mehr richtig weg. Früher, wenn ich gemerkt habe, dass ich viel zu viel gearbeitet und meinen Kopf nicht mehr klar bekommen habe, bin ich sonst rausgefahren, hab mir irgendwo ein Hotelzimmer geholt oder was weiß ich. Manchmal mit Freunden. Manchmal hab ich das auch ganz allein gemacht, wenn ich gemerkt hatte, ich brauche gerade keine Menschen um mich rum. Sauna, Sauna ist ein ganz wichtiges Thema. Aber auch Essen gehen und Kneipe. Wie es halt so ist als Single in Berlin. Aber im Moment bleibt tatsächlich nur das Fahrradfahren. Also ich möchte trotzdem nicht jammern, aber …

Ich hatte tatsächlich letztes Jahr einen Urlaub gebucht, im Mai. Fastenwandern auf Sylt, und da kam zuerst eine klare Absage. »Wir werden nicht aufmachen können.« Und dann habe ich eine E-Mail bekommen, dass sie doch wieder aufmachen. Ich sei herzlich eingeladen, wenn ich meinen Platz einnehmen möchte. Ich saß zähneknirschend vor dem PC und hab gedacht: »Hätten sie einfach nicht aufgemacht, dann würde ich jetzt nicht nachdenken müssen.« Ich wusste von vornherein, wie ich mich entscheide. Aber es fiel mir unfassbar schwer, diese E-Mail zu schreiben und abzusagen. Man fühlt sich auch so allein. Sie haben mir einen Platz im August angeboten, und ich habe jetzt erst mal angenommen, es sträubt sich aber alles in mir, dass ich mich darauf freue. Ich glaube nicht, dass ich im August hinfahren kann.

Ich bin gespannt, wie sich das jetzt entwickelt. Aber ich glaube, den Sommer werde ich so schaffen, wenn das Wetter einigermaßen gut ist, immer wieder Ausgleiche, auf dem Fahrrad und so weiter und so fort.

Ich weiß gar nicht, ob ich Risikogruppe bin. Ich glaube, den Gedanken habe ich bisher ganz erfolgreich verdrängt. Das kann man ja nicht absehen. Bisher hat mich noch keine Erkrankung niedergedrückt. Vielleicht kann ichs mir deswegen auch schwer vorstellen. Vielleicht liegt es einfach daran. Ich hatte in meinem ganzen Leben zweimal Fieber.

Am Anfang hab ich mich total viel informiert, von allen Seiten. Ich habe versucht, mir einiges anzuhören, irgendwann dann nicht mehr, weil das tatsächlich … Naja, es geht ja gerade in ganz absurde Richtungen. Und ich versuche tatsächlich … Ich kucke nicht mehr in die Nachrichten, vieles macht mir einfach Angst. Ich möchte jetzt nicht jeden Tag mit Angst auf der Matte stehen. Das geht einfach auch nicht. Ich möchte auf das Gute hoffen und einfach kucken, was auf uns zukommt.

Wir hatten letztens einen Bewohner, dem es überhaupt nicht gut ging, er redet nicht mit uns. Ich habe in dem Moment tatsächlich gedacht, da ist jetzt schon was. Er hat Rückenprobleme, hat kaum noch Bandscheiben und hatte sich ein paar Tage nur noch wenig bewegt. Bin mit ihm zum Arzt und so weiter und so fort. Eventuell wird er operiert und hat eine Halskrause verpasst bekommen. Er kippte mir immer wieder zur Seite weg. Dann habe ich Fieber gemessen. Siebenunddreißigeins. Das ist jetzt noch nicht bedenklich. Aber es geht in eine falsche Richtung, und er hat schwach geatmet. Dann hab ich ihn zur Toilette begleitet. In dem Moment, als er sich hingesetzt hat, hat er einen knallroten Kopf bekommen, blau angelaufen, und ich habe ihm diese Halskrause abgezogen. Er hat sofort tief durchgeatmet und mich aus Dankbarkeit umarmt. So hat sich herausgestellt, dass ihm die Halskrause viel zu eng war. Ich habe gemerkt, dass ich schon fast ein bisschen panisch war und dachte: Jetzt gehts los.

Wenn es in der Einrichtung zum Ausbruch kommt, werden wir eine Quarantäne-Gruppe einrichten, in der dann Mitarbeiter zwei Wochen mit einziehen. Ich habe mich dafür freiwillig gemeldet. Ich werde wahrscheinlich, wenn es los geht, einziehen. Es ist nicht so, dass ich das gerne mache. Ich habe da schon Bauchschmerzen. Aber ich bin in unserem Team die Einzige, die allein wohnt, die keine Kinder hat. Bei mir ist es wahrscheinlich am leichtesten, und ich bin die Jüngste. Alles Argumente, warum ich in den sauren Apfel beiße. Wir haben ja auch zwei, die ihre Eltern pflegen und so weiter. Da ist es einfach komplett unmöglich.

Ich glaube, wir haben unfassbares Glück, dass bisher noch nicht richtig was passiert ist bei uns. Ich sehe ganz häufig andere Mitarbeitende ohne Maske rumlaufen, mit jemandem spazieren gehen. Es wird zu wenig überprüft, ob wir uns wirklich alle an die Regeln halten. Das, was uns vorgegeben worden ist, ist grundsätzlich gut. Ich bin sehr erleichtert, dass wir jetzt hier Gesichtsschutz haben, dass wir auch richtige Masken bekommen haben. Das dauerte lange, vielleicht ein bisschen zu lange. Damit fühle ich mich definitiv sicherer. Aber wie gesagt, ich glaube, wir müssen uns alle gegenseitig manchmal ein bisschen auf die Finger schauen, um diese Hygieneregeln einzuhalten.

Wir haben eine Aushilfe bei uns, die wir unbedingt ansprechen müssen, weil wir beobachtet haben, dass sie eingehakt mit den Leuten geht und sich die Gesichtsmaske unters Kinn zieht. Und das ist, denke ich, gefährlich für uns alle. Ansonsten ist es bei uns jetzt langsam angekommen.

Wir können uns ja auch gegenseitig noch auskotzen, wenn es gerade nicht so läuft innerlich. Im Moment sind noch relativ viele motiviert dabei. Wie lange das so bleibt, weiß ich nicht. Noch bin ich sehr optimistisch: Wir ziehen das jetzt durch, wir machen das Beste draus. Ich finde ganz viele Sachen schön, die auch in der Gruppe passieren, mit basteln und Malereien und Musik machen und Tralala. Mal kucken, wie lange das noch so bleibt.

Ich hoffe, dass dieser Berufszweig jetzt einfach mehr gesehen wird. Auch Pfleger im Altenheim, und Krankenschwestern und so weiter. Dass der Respekt ein bisschen wächst und dass sich daraus auf jeden Fall etwas ergeben kann. Ich habe da Hoffnung.

Bei mir ist das Geld jetzt auch nicht vordergründig, obwohl ich finde, dass wir unterbezahlt sind. Bei mir ist es tatsächlich die Schichtarbeit, die Überstunden. Aber ich bin wirklich froh, dass ich meinen Job habe. Es gibt so viele Leute, die gerade arbeitslos geworden sind und lange um ihre Selbstständigkeit gekämpft haben und das jetzt wahrscheinlich aufgeben können. Ich möchte auch nicht arbeitslos sein. Für Arbeitslosigkeit ist das jetzt gerade mit Sicherheit der beschissenste Moment.

Ich hatte auch zwischenzeitlich schon den Gedanken, dass ich mir dann irgendwann im Norden einen Job suchen werde. Einfach wegen des Gefühls, dass ich meine Familie nicht sehen kann. Das ist noch nicht so lange her, dass ich da war, aber einfach das Gefühl, wenn ich jetzt Bock hätte hinzufahren, es einfach nicht tun zu können. Eine Zeit lang hatte Schleswig-Holstein die Grenzen dicht, da durfte ich nicht rein. Das hat sehr viel mit mir gemacht, vor allen Dingen war in dem Moment nicht klar, wie lange das anhalten wird. Kann ich jetzt vielleicht ein Jahr lang nicht zu meiner Familie fahren? Und dann die Leute, die Verwandte im Ausland haben. Das ist hart.

Das ist das, was ich vorhin meinte. Deswegen bin ich so ambivalent. Ich kann Leute verstehen, die jetzt sagen »Ich möchte mein Leben wiederhaben«. Die kratzen jetzt schon mit den Füßen am Boden. Das wird sich steigern. Die Leute werden die Pandemie immer weniger ernst nehmen. Die würde ich nicht immer in eine Ecke drängen, da gibt es wirklich Leute mit Sorgen und Nöten. Und wenn die nicht wissen, wohin damit, dann wird es aggressiv.

Ich glaube, dass ich den Leuten zumindest zuhören würde. Wenn ich mit der U-Bahn fahre, erkennt mich ein Bettler mittlerweile wieder, der kriegt jedes Mal ein bisschen was von mir. Er hat sich mal kurz mit mir unterhalten. Er erbettelt fast gar nichts mehr. Die Leute geben nichts, sie halten sehr, sehr viel Abstand. Die haben Angst, ihr Portemonnaie rauszuholen und so weiter. Das tut mir total leid.

Ja, es macht mich alles sehr müde. Ich glaube, wir wünschten alle, dass das Virus einfach schnell weggehen würde und wir ganz normal wieder leben können. Ich finde mich immer wieder in einer ambivalenten Haltung. Auf der einen Seite würde ich so gerne mal wieder in einem kleinen Lokal sitzen oder in meiner Sauna halt. Aber auf der anderen Seite denke ich auch: Völlig unvernünftig so zu denken, und egoistisch einfach.

Hannah hat inzwischen die Gruppe gewechselt. In ihrer Einrichtung sind Stand Juli 2021 ein Großteil der Bewohner*innen noch nicht zweitgeimpft.

MIRA

Mira ist Mitte 30 und arbeitet in einer stationären Einrichtung für Eltern mit Behinderung.

Ich wollte eigentlich Musiklehrerin werden und habe in der Schule Leistungskurs Musik belegt und ganz viel dafür geübt. Für das Studium muss man ja eine Aufnahmeprüfung machen. Und nach der Schule habe ich noch ein Jahr einen Intensivkurs an einer Musikschule gemacht, 20 Stunden die Woche. Ich hab wie eine Besessene für diese Aufnahmeprüfung geübt und dann zwei Mal nicht bestanden, wegen Klavier. Danach bin ich in ein tiefes schwarzes Loch gefallen und habe, glaube ich, ein Jahr lang nichts gemacht beziehungsweise Musikwissenschaften studiert, mehr oder weniger intensiv. Dann habe ich mein erstes Kind bekommen, das ist jetzt 15, aus Versehen quasi, und dann noch in der Elternzeit ein bisschen panisch angefangen zu suchen: Was kann ich denn jetzt überhaupt machen? Von irgendwas müssen wir ja leben. Mein Freund hat damals sein Abi nachgemacht und irgendwo bei Dresden als Sozialassistent gearbeitet, in einer Behinderteneinrichtung und hat ein bisschen erzählt, das klang nett. So sind wir auf die Idee gekommen: Ja, Erzieherin wär ja auch was. Und dann hab ich mich an einer Erzieher*innenschule beworben und hab direkt nach der Elternzeit meine Ausbildung angefangen.

Da musste man insgesamt ein Jahr Praktika machen, verteilt auf drei Monate, drei Monate und sechs Monate. Das erste war ein Pflichtpraktikum Kindergarten. Es stellte sich schnell raus: Das ist überhaupt nicht mein Ding. Und im zweiten war ich in einem Mutter-Kind-Projekt. Da hatte ich eine Praxis-Anleiterin, die war ganz toll. Einfach eine ganz tolle Frau, die hat mir ein bisschen den Weg eröffnet in diese Eltern-Kind-Betreuung. Das lange Praktikum danach hab ich in einem Familien-Treff gemacht, wo ich ziemlich schnell festgestellt habe: Oh, mit geistig behinderten Menschen kann ich ganz gut arbeiten. Ich hab mir Projekte mit denen ausgedacht, eine Musikgruppe mit den kleinen Babys und Eltern-Kind-Sport. Und tausend andere Sachen. Das war eine schöne Zeit. Da hab ich weitergearbeitet nach dem Praktikum und irgendwann war ich mit dem zweiten Kind schwanger, dann haben die mich rausgeschmissen. Ich hätte das gern bis zum Ende der Schwangerschaft gemacht und dann halt Elternzeit, ganz normal wie alle anderen Menschen auch. Und ich hatte schon überlegt, ich kann ja mein Kind einfach mitbringen, weil wir machen ja hier Musikgruppen für Kinder. Da kann mein Kind auch partizipieren. Aber die wollten nicht. Dann war ich halt in der Elternzeit, mein Freund war bei so einem Träger und hat gesagt: Bewirb dich doch da mal. Dann bin ich da gelandet, vor zehn Jahren also.

Die Gruppe läuft unter § 19 SGB VIII, ist also für Eltern in schwierigen Lebenslagen, wir bieten eine stationäre Betreuung an. Meine Gruppe ist inzwischen »exklusiv« für Frauen oder Männer mit einer geistigen Behinderung. Ursprünglich gab es ein ziemlich durchmischtes Publikum, aber wir haben halt festgestellt, das geht nicht gut zusammen. Dass das für Menschen mit einer geistigen Behinderung eine große Einschränkung ist, wenn so viel anderes passiert, was gar nicht deren Baustelle ist. Etwa eine psychisch extrem belastete Klientin, die auch noch eine Drogenproblematik hat und ständig austickt und einen Freundeskreis hat, der auch ein bisschen schwieriger ist, zusammen mit einem Menschen mit einer geistigen Behinderung in einer Gruppe, der damit völlig überfordert ist.

Der ganze Komplex liegt in einem Randbezirk, in einem großen Neubau. Die Gruppe besteht aus Einliegerwohnungen mit zwei Zimmern, Bad, Flur und einem schönen großen Balkon. Und es gibt einen Gemeinschaftsbereich mit Spielzimmer, Esszimmer, Wohnzimmer und

Büro. Insgesamt leben fünf Eltern-Kind-Paare bei uns, die 24/7 betreut werden.

Die Eltern sind in der Regel Menschen mit Lernschwierigkeiten. So heißen die Klient*innen bei uns. Ich finde das eine schwierige Bezeichnung, weil es im Leben ja nicht immer nur ums Lernen geht, sondern auch um Bewältigungsstrategien. Ich sage einfach immer Menschen mit geistiger Behinderung. Es ist schwierig, da ein passgenaues Wort zu finden. Ich sag das nie zu den Klient*innen und unter uns Betreuer*innen sagen wir das auch nicht, außer wenn wir feststellen, da kommen wir nicht weiter, dann sagen wir uns gegenseitig: »Naja, die haben ja eine geistige Behinderung, manches können sie vielleicht einfach nicht verstehen.« Ansonsten benennen wir das gar nicht mehr.

Die Frage ist, geht es nur ums Lernen? Bei uns geht es schon ein Stück weit ums Lernen, aber es geht auch darum: Wie gestaltet man sein Leben, wo kommt man her, wo geht man hin? Ich weiß gar nicht, ob das immer was mit Lernen zu tun hat. Es gibt einfach die Frage: Wie schaffe ich es, meine Umgebung zu erfassen und darauf zu reagieren? Und da sind die Menschen, mit denen ich arbeite, eingeschränkt. Vor allem sind sie eingeschränkt, weil sie nicht das erreichen können, was der Paragraf von ihnen will.

Wir legen den Schwerpunkt auf Leben mit einem Kind. Da ist es schon so, dass sie manches nicht abschätzen können. Also wenn ich mein Kind allein auf die Couch lege, könnte es sein, dass es sich dreht und runterplumpst. Das Badewasser darf nicht zu warm sein. Konsequenzen abschätzen zu können fällt allen Klient*innen schwer, auch Maßeinheiten, Zeiten, überhaupt Zahlen. Wie oft muss man eine Windel wechseln? Ist das zu lange, Kinder von 8 bis 18 Uhr in derselben Windel liegen zu lassen? Ist das überhaupt eine lange Zeit, von 8 bis 18 Uhr? Die Anforderungen, die der Säugling oder das Kind an diese Menschen stellt, in der Versorgung und der Erziehung, denen sind die nicht gewachsen. Das müssen wir mit ihnen üben. Klar gehts da ums Lernen, aber auch ums Verstehen, um Empathie. Und das fällt denen schwer: Ich rutsch mal von meinem eigenen Bedürfnis weg. Dass ich ein anderes

Bedürfnis befriedigen kann, bevor ich meins befriedige. »Ach, ich kann jetzt nicht ›Berlin Tag und Nacht‹ kucken, mein Kind hat gerade Hunger.« Das sind die großen Hürden bei uns im Alltag jenseits von Dingen wie Einkaufen gehen. Wie viel Geld kostet was? Was brauche ich? Welche Mengen brauche ich von was? Also Alltagsbewältigung allgemein. Und dann die Herausforderung, ein Kind zu haben.

Aber sie wollen alle Eltern sein, uneingeschränkt. Es ist mir tatsächlich noch nicht ein einziges Mal in meiner zehnjährigen Berufslaufbahn passiert, dass irgendjemand gesagt hat, ich will das nicht haben, ist mir zu anstrengend.

Doch sie können sich da schwer reinversetzen, viel ist schwarz-weiß. Es geht nur um böse oder lieb oder hungrig oder satt oder müde oder nicht müde. Und ich glaube schon, dass Elternsein auch viel mit Empathie zu tun hat, sich in jemanden reinzuspüren und nach Möglichkeiten zu suchen: Wie kann man das zusammen lösen? Das Problem ist ja, dass Säuglinge abhängig von ihrem Elternteil sind. Und es ist natürlich dramatisch, wenn ein Säugling nicht genügend oder zu viel Essen kriegt.

Wir begleiten die Eltern maximal, bis das letztgeborene Kind sechs Jahre alt ist. Leider ist es aber so, dass die meisten diese Zeit nicht schaffen, viereinhalb Jahre ist bisher das Maximum. Und es gibt leider nur ganz, ganz wenige Folgeprojekte. Wir sind jetzt gerade dabei, auch nochmal ein Konzept zu schreiben für ein Folgeprojekt.

Früher war es so, dass die Eltern danach in der Regel das Kind verloren haben, aber wir haben viel umstrukturiert die letzten zehn Jahre. Wir machen auch eine andere Gruppenarbeit. Früher war jede*r für sich verantwortlich, da gabs eine gemeinsame Mahlzeit am Tag und die eher unter Zwang. Jetzt ist es so, dass die Klient*innen eigentlich immer mit uns zusammen sind, ohne dass wir sie dazu zwingen, weil sie es einfach schön finden. Wir machen nicht mehr so viel kompensatorisch.

Am liebsten hätte ich sie so lange hier, wie es geht oder sie Lust darauf haben oder bis sie so fit sind, dass sie es mit weniger Unterstützung hinkriegen. Aber das dauert halt so lange, wie es dauert. Im besten Falle hat sich das Kind so gut entwickelt, dass es die Sachen selbst in die Hand nehmen kann. Mit sechs kann man durchaus mal alleine eine Stulle schmieren.

Spätestens wenn das Kind sechs ist, ziehen die Eltern aus, das geht dann entweder gut oder schlecht. Die Familie geht in einen eigenen Wohnraum und wird unterstützt, wo es halt geht. Das Ding fährt an die Wand oder eben nicht. Wenn es nicht klappt, muss das Kind in eine Einrichtung.

Ich kann nicht genau sagen, wie oft es gut geht. Wir haben eine Klientin, die hat auch eine Dreifach-Diagnose, also geistige Behinderung, Hörbehinderung und psychische Erkrankung. Die ist immer noch mit ihrem Kind zusammen, das geht jetzt in die Schule. Die haben wir an einen ziemlich guten Träger weitergeleitet, sehr engagiert, ein Hörbehinderten-Träger. Die hat sich gut gemacht und bildet mit ihrem Kind ein gutes Team. Daran ist auch die Schule beteiligt und zuvor die Kita.

Es hat durchaus Aussichten auf Erfolg, wenn entsprechend die geeigneten Hilfeleistungen da sind. Wir kümmern uns in der Regel, dass eine gute Folgeeinrichtung da ist.

Es gibt bei uns auf der Gruppe jedoch meistens einen Scheidepunkt, so nach anderthalb, zwei Jahren. Da merkt man: Okay, geht oder geht nicht. Wenn die Kinder sehr viel selbstständiger sind, als sie es mal waren, und dadurch ganz viel Gefährliches passieren kann. Wenn sie schon die Türklinke benutzen und auf den Fahrstuhlknopf drücken können, dann aber auf die Straße laufen, weil sie nicht wissen, dass einen da Autos überfahren können. Sowas in der Art. Das ist der Moment, an dem man merkt: Okay, die Eltern haben ein Gespür für gefährliche Situationen oder nicht.

Wenn nicht, müssen wir sagen: Na gut, das Kind muss in eine Einrichtung. Die Option Pflegefamilien gibt es nicht mehr, sobald der KJPD dran war oder das SPZ. Wenn das in der Akte steht, ist es vorbei mit Pflegefamilie, die haben ganz große Ängste, das nicht bewältigen zu können.

Die Menschen bei uns verbindet eigentlich nur der Paragraf. Also wir haben zum Beispiel eine Frau, die ist unheimlich freundlich und lieb. Die ist ganz harmoniebedürftig und versucht, alles immer richtig zu machen. Und rückversichert sich oft, ist also unsicher in ihrem Wesen. Sie hat offenbar schon häufig gehört, dass sie Sachen nicht richtig macht. Braucht viel Bestätigung und lässt sich viel erklären. Fragt auch nochmal nach. Es ist so eine Mischung aus »Ich will dir gefallen« und »Ich will es auch wissen«. Und es hat sich rausgestellt, dass sie Multiple Sklerose hat. Sie hat gesagt, sie hat ein Gerstenkorn und sieht nicht mehr so gut. Okay, haben wir gesagt, naja, bis die Hebamme meinte: »Ehrlich, die sieht echt nichts mehr.« Das ist in der Gruppe halt nicht aufgefallen, da kannte sie sich ja aus. Dann war sie im Krankenhaus und hat ne massive Cortison-Behandlung bekommen und die haben eben MS diagnostiziert, die vorher mindestens in zwei Schüben aufgetreten sein muss.

Sie nimmt jetzt ein Medikament. Ich weiß schon, dass bei MS viel unklar ist und der Forschungsstand sich oft ändert, aber Details weiß ich nicht. Bei sowas komme ich an meine Grenzen. Ich kann nur zu einem Arzt gehen und sagen: »Die hat was, was machen wir da.« Am Ende hat sie sich für die Behandlung entschieden, nicht ich. Das ist etwas, was mich in meinem Berufsfeld überfordert, es muss ja immer alles schnell gehen. Wir müssen schnell zu einer Lösung kommen und der Schock war auch bei ihr groß. Sie hatte Angst, deswegen hat sie das Medikament sofort angenommen, nach dem Motto »Ich habe Medizin. Jetzt kann nichts mehr passieren.« Den Zahn hab ich ihr gezogen und der Neurologe auch. Es kann jederzeit wieder zu einem Schub kommen. Man geht ein bisschen davon aus, dass die Schwangerschaft den Schub ausgelöst hat, das ganze hormonelle Durcheinander, die Stillerei auch. Aber sie verträgt dieses Medikament sehr gut. Also das hat wohl Nebenwirkungen, hat sie aber nicht. Sie ist halt auch jung und sportlich.

Unsere Eltern sind, wie gesagt, sehr verschieden, sowas wie einen Prototypen »geistige Behinderung« gibt es nicht. Es gibt schon Parallelen im Lebenslauf, aber nicht im Wesen. Auch Diagnosen sagen nix über die Leute aus. Eine meiner Klientinnen hat das fragile X-Syndrom.

Sie hat es an eine ihrer Töchter weitervererbt oder eigentlich an zwei ihrer Töchter, eine davon lebt nicht bei ihr. Und die andere lebt bei uns mit im Projekt, ist aber völlig diagnoseatypisch. Also wenn man liest: was haben alle Menschen mit fragilem X-Syndrom, die sind immer sehr freundlich und immer sehr fröhlich und relativ einfach gestrickt, haben Freude an einfachen Dingen. So ist die überhaupt nicht. Sie ist sehr impulsiv und sehr schnell am Rand oder darüber hinaus. Sie dekompensiert regelmäßig, liegt auf dem Boden und schreit und weint und ist wie ein Kleinkind, stampft mit ihren Füßchen und Ärmchen, fühlt sich unheimlich schlecht behandelt, ist oft wütend oder traurig und relativ selten fröhlich und glücklich und sonnig.

Und dann haben wir noch eine Mutter, die Verdacht auf Borderline hat, was so eine Diagnose ist, die schwierig ist bei unseren Leuten, eine Sammeldiagnose für alle, die irgendwie nicht ins Raster passen. Das wurde nie richtig diagnostiziert, sondern an ihr haben sich so einige Psychotherapeut*innen mal abgearbeitet und gesagt: Ja, die hat wahrscheinlich Borderline.

Aber ich kann damit nicht arbeiten. Ich kuck mir dann eher die Biografie an. Aus meiner Sicht hat sie sehr wenig Aufmerksamkeit in ihrem Leben bekommen und versucht durch alle möglichen Strippen, die sie so hin- und herzieht, diese einzufordern. Und ist total zufrieden, wenn sie diese Aufmerksamkeit kriegt.

Hätte ich die Klient*innen nicht auf Arbeit kennengelernt, hm. So im Privaten begegnet wären wir uns vielleicht in der Kita oder auf dem Spielplatz, wenn wir zufällig zur selben Zeit Kinder gekriegt hätten. Es ist schon so, dass Elternschaft verbindet. Egal welche Schicht oder welches Milieu. Beide Kinder meiner Cousine sind untergebracht in einem Heim, weil der Partner die grün und blau geschlagen hat. Also ganz weit weg ist das Thema von mir jetzt auch nicht.

Sicher kann ich sagen, das wären keine Freunde von mir. Wobei einer der Väter, der ist schon witzig. Der ist so ne Party-Maus. Also hätte ich den in irgendeiner Disco mal kennengelernt, hätte man zumindest ein Bierchen lang geplaudert oder so. Wahrscheinlich hätte ich trotzdem schnell gemerkt: Okay, nicht ganz dieselbe Wellenlänge. Letztendlich sucht man sich Freunde ja doch aus.

Ich kann nicht sagen, die sind jetzt so und so, weil der Paragraf das jetzt zusammenfasst. Die sind ganz verschieden und das hängt viel mit dem Leben zusammen, das die mal geführt haben und jetzt führen und was sich dabei manifestiert hat, Bewältigungsstrategien für bestimmte Lebenssituationen. Was funktioniert im Umgang, das kriegen wir raus, und was nicht gut funktioniert, mach ich halt nicht mehr so. Trotzdem gibt es schon biografische Marker, zuerst natürlich die Diagnose, und dass alle in ihrer Kindheit große Schwierigkeiten hatten. Es gibt niemanden, der nicht schon in einem Kinderheim war oder einem Jugendheim. Sie haben alle ihre großen Kriege mit ihren Eltern geführt. Sie sind in der Schule nicht gut aufgefangen worden. Ihnen wurde hauptsächlich beigebracht, dass sie dumm sind und sowieso nichts werden können. Deswegen ist der Begriff »Lernbehinderung« auch schwierig. Man merkt das, wenn man zum Beispiel eine Gruppenarbeit macht, die so ein bisschen Inhalt vermitteln soll. Ich hatte eine Gruppenarbeit gemacht zu Bedürfnissen eines Kindes. Und dann hatten sie alle totale Angst davor, dass das nun wie in der Schule ist, dass man sich melden muss, dass man sich was aufschreiben muss, dass man irgendwie den Inhalt behalten soll. Und dann hab ich gesagt: »Wir machen das ganz anders. Ihr könnt euch alle entspannen und das wird nicht schlimm. Nee, wir sprechen einfach.« Das hat gut funktioniert. Aber die haben alle ganz große Hürden nehmen müssen. Und jetzt können sie sich schlecht auf neue Situationen einlassen oder auf Situationen, die ihnen vermeintlich schon bekannt sind. Und dann reagieren sie halt mit totaler Ablehnung. Vor allem, was neu ist, haben sie Angst, selbst wenn wir mit ihnen in Urlaub fahren, ist eine Woche davor völliger Stress. »Ich fahre nicht mit. Könnt ihr knicken. Auf gar keinen Fall teile ich mir mit X, Y und Z das Zimmer.«

Sie haben alle schon viele schlechte Erfahrungen gemacht, auch mit Betreuungspersonen. Eine Klientin wurde im Kinderheim sexuell misshandelt. Eine andere wurde von einem Mitschüler vergewaltigt und es wurde auf Handy gefilmt und es ging einmal durch die Schule. Also so, sie haben alle Missbrauchserfahrungen in verschiedenen Formen.

Zusätzlich zu der Behinderung, die sie haben, ist das natürlich auch ein Klopper, den du irgendwie bewältigen musst. Wenn du überhaupt keine kognitiven Möglichkeiten hast, wie kommst du denn aus so einer Schleife? Und wenn du eine Kindheit hattest, die beschissen war, wie sollst du dann mit eingeschränkten kognitiven Möglichkeiten einem anderen Menschen eine Kindheit ermöglichen, die schön ist? Wenn du keinen Erfahrungsschatz hast, auf den du zurückgreifen kannst oder keine Gefühle, an die du anknüpfen kannst. Mein Ansatz dazu ist, dass wir als eine Art Familie leben, dass bei uns positive Erfahrungen gemacht werden und keine Abwertung vermittelt wird. Dass sie einen sicheren Raum haben, in dem erst mal alles passieren darf. Also die dürfen auch ausrasten, die Kleine darf sich auf den Flur schmeißen und mit ihren Armen und Beinen stampfen. Da spielen dann die Kinder auch mal kurz keine Rolle. Die werden einfach von der Situation ferngehalten. Die Klient*innen mussten halt immer auch funktionieren, und das müssen die bei uns nicht ständig, wie auch jeder andere Mensch nicht immer funktionieren kann.

Gleichzeitig werden sie nicht immer nur gepampert, wir fahren mit denen nach Dänemark und die müssen da durch. Aber sie bekommen die Möglichkeit, das anders zu verarbeiten und ein anderes Gefühl mit Urlaub zu verknüpfen als: Das kann nur scheiße werden.

Oder bei Ämtern und Ärzt*innen. Wir haben auch viele, die sagen: »Kannst du da anrufen? Ich trau mich das nicht.« Da sag ich: Nee, aber wir können vorher einmal das Telefonat durchspielen, und ich setz mich auch daneben, aber ich werde nicht für dich anrufen. Ich bin nicht deine Sekretärin." Denn eigentlich sind sie fähig, selbstständig den Alltag zu bewältigen. Manche können nicht lesen, manche können nicht rechnen. Aber dann haben wir Strategien entwickelt, wie man es auch ohne diese ganzen Fähigkeiten schafft, einkaufen zu gehen.

Ich hab angefangen zu studieren, ich muss mal sehen, dass ich das fertig kriege. Das ist schwierig, wir haben zwei Kinder und ich arbeite

40 Stunden. Ich sag mir immer, ich muss da weg, muss was anderes machen nach zehn Jahren. Das hab ich aber schon öfter gesagt, und dann ergibt sich was Neues für mich in der Einrichtung, Interessantes oder Spannendes, ne Veränderung. Wir sind zweimal umgezogen zum Beispiel, also mit der Gruppe. Dann gabs personelle Veränderungen, die für mich spannend waren, weil sich das Team anders zusammengesetzt hat und man nun dieselbe Haltung vertritt. Aktuell hab ich mir selber die Stelle als Auszubildenden-Beauftragte geschaffen und kümmer mich jetzt um drei auszubildende Erzieherinnen in den Gruppen. Die sind halt mehr oder weniger empfänglich für die Haltung, die wir auf Arbeit brauchen. Aber das macht mir einfach Spaß. Und dann gibt es das Folgeprojekt nach unserem Konzept, wofür ich jetzt drei Jahre lang eine Fortbildung machen werde. Wobei ich damit ein bisschen Schwierigkeiten habe, wenn man Sachen Namen gibt und sagt, wir arbeiten so und so! Das funktioniert meistens nicht, steht drauf, ist aber nicht drin. Also ich werde diese drei Jahre auf jeden Fall noch dort verbringen und diese Weiterbildung genießen, die mir bezahlt wird, dafür kriege ich ja auch eine Freistellung.

Ich denke, was man in dem Job braucht ist eine Haltung Menschen gegenüber, die impliziert, dass die nicht mehr oder weniger wert sind als man selbst. Die Betonung liegt auf beidem, nicht mehr und nicht weniger, weil mehr wäre dieses Bemitleiden und diese Fürsorge. Man hat auch eine Machtposition, die darf man nicht ausnutzen. Bei uns muss man sich schon für alles, was mit Kinderkriegen und Kinderhaben zu tun hat, interessieren. Man hat es trotzdem mit Menschen zu tun, die jenseits des Elternseins Menschen sind. Aufs Elternsein sollte niemand reduziert werden. Aber man sollte dem Bereich ein gewisses Interesse entgegenbringen. Wir haben oft Auszubildende, die keine Eltern sind. Wir haben einen Mann da, der hat sich noch nie mit dem Thema Schwangerschaft und Geburt beschäftigt. Das ist schwierig, wenn der nicht weiß, was Menstruationsbeschwerden sind oder das eklig findet. Du musst den Klient*innen gegenüber auch empathisch sein. Schwangere Menschen sind halt einfach besondere Menschen, die sind in einer besonderen Lebenslage und da sollte man sich ein Stück weit einfühlen können. Wenn man Misanthrop*in ist, ist das eher schwierig.

Es ist schon ein Anforderungspaket. Doch es bietet einem die Möglichkeit, dass man dort genauso Mensch sein kann. Wenn ich einen schlechten Tag habe, kann ich sagen: »Ich hab einen schlechten Tag.« Daran stirbt keiner. Aber das gilt dann bitte auch für die Klient*innen. Dafür braucht man, aus meiner Sicht, keine spezielle Ausbildung.

Sondern eine Haltung, und die fehlt bei manchen. Bei meiner einen Auszubildenden, die sagt: »Ich bin ja vierzig. Ich hab schon sehr viel Lebenserfahrung. Ich kann mit meiner Lebenserfahrung sehr viel gestalten.« Und dann hat eine Klientin eine Frage, und die kommt mit einem medizinischen Fachbuch und sagt: »Hier lies das mal.« Sagt die zu jemandem, der Facebook nicht versteht. Und als ich nachhake, sagt sie: »Naja, wieso? Ich habe die Hoffnung in die Menschen noch nie aufgegeben. Das ist meine Lebenserfahrung.« Mit der Klientin das Problem durchsprechen würde ja viel Zeit in Anspruch nehmen. »Ich hab die Hoffnung nicht aufgegeben«, da hoffst du einfach in die falsche Richtung, gute Frau.

Was es braucht, ist eine gewisse Bereitschaft, sich selbst zu reflektieren. Kann ich mich so verändern, dass der Klient oder die Klientin davon profitiert?

Ich glaube, die Klient*innen brauchen einfach einen gewissen Rahmen, in dem sie sich erst einmal bewegen können, dieses Ankommen ist so wichtig. Auch mal ein harmonisches Miteinander zu erleben. Und dass man jetzt Weihnachten feiert und Geburtstag feiert, und dass man so angenommen wird, wie man ist. Das ist denen abhandengekommen im Laufe ihres Lebens. Und das zu verstehen. Die haben einfach eine richtig beschissene Zeit bisher gehabt und es ist nun das erste Mal, dass sie am Tisch sitzen, ohne beschimpft zu werden. Manche haben krasse Probleme vor anderen zu essen und können das gar nicht, sind da völlig gehemmt. Es geht darum, dass die Leute durchatmen, diese ganzen Macken Macken sein lassen.

Diese Akzeptanz als Grundhaltung haben wir durchgesetzt. Die Kolleg*innen rufen mich auch teilweise in der Freizeit an: »Ich habe hier gerade eine Situation, da kann ich gerade nicht mit umgehen. Kannst du mir mal was dazu sagen.« Über die Jahre sind viele gegangen und nur die geblieben sind, die mit dieser Grundhaltung gut mitgehen können. Die eine Auszubildende werden wir auch nicht übernehmen, die ist ungeeignet für den Job. Ich bin auch absolut ungeeignet für den Job als Marathon-Läuferin. Das kriegt man bei mir nur schneller raus. Am Ende kriegt sie wahrscheinlich woanders was, es wird ja so viel gesucht. Der soziale Bereich ist ja ein anspruchsloser Arbeitgeber, da wird erst mal eingestellt, was kommt und was bereit ist, sich in diese widrigen Umstände zu begeben. Also Schichtdienst und relativ schlechte Bezahlung und auch nicht so geile Urlaubszeiten, soziale Absicherung, Rente. Was da so alles mit reinspielt. Wer dazu bereit ist, der wird erstmal genommen.

Für mich passt das ganz gut von meiner Persönlichkeitsstruktur, ich bin jetzt eh nicht der Mensch, der 7 Tage 24 Stunden mit der Familie verbringen möchte, sondern bin ganz glücklich über Spätdienste. Die Kinder kennen das, dass die Mutter oft nicht da ist und es trotzdem läuft. Die sind super selbstständig dadurch geworden. Und dadurch, dass wir zu zweit sind und zu zweit wirtschaften, haben wir ein gutes Auskommen. Wir können keine riesengroßen Sprünge machen, aber wir können uns leisten, was wir uns leisten wollen, und den Kindern finanzieren, was sie haben wollen, und wir haben bis auf die Anfangsjahre, in denen wir von Hartz IV oder Bafög oder irgendwas gelebt haben, keine finanziellen Probleme oder Sorgen. Also ich fühle mich nicht im Prekariat, aber wäre ich alleinerziehend, wäre das komplett anders. Eine Kollegin ist alleinerziehend, auch zwei Kinder, und die kommt hinten und vorne nicht zurecht mit dem Geld. Die arbeitet 48 Stunden, also bei uns 40 Stunden und hat zusätzlich einen 450 Euro Job als Einzelfallhelferin. Das ist erstens absolute Plackerei, zweitens sind die Kinder ständig allein und drittens reicht das Geld trotzdem nicht. Und das ist der Punkt, an dem ich frage: Wie frustrierend ist das?

Das zwingt Frauen natürlich auch in Partnerschaften. Ich sag jetzt nicht, dass es bei mir so ist. Aber man wird ein bisschen dazu gezwungen, zu zweit zu haushalten, weil man es ansonsten nicht schaffen kann.

Ich würde nicht von mir sagen, dass ich die Weisheit mit Löffeln gefressen hab und die Arbeit erfunden habe. Wir bewegen uns halt in einem Rahmen, der so vorgeschrieben ist. Man versucht es irgendwie. Ich finde, soziale Arbeit ist auch immer ein bisschen: Ja, machen wir mal das Beste draus.

YOLÁ

Yolá, Anfang 40, hat ursprünglich eine Ausbildung in der Kreativ- und Handwerksbranche gemacht. Danach hat sie sich zum Coach für Soziales und Gesundheit weitergebildet und betreut bei einem Träger für Erwachsenenbildung Gruppen von Langzeitarbeitslosen.

Ich bin seit circa fünf Jahren als Job-Coach und sozialpädagogische Mitarbeiterin beschäftigt, zunächst freiberuflich und seit Juli letzten Jahres in Festanstellung. Ich bin froh, dass ich den Schritt gemacht habe. Ich arbeite jetzt für einen Träger, für den ich vorher freiberuflich tätig war, und bin hauptsächlich in einem Projekt eingesetzt, das allerdings jetzt gerade ausläuft. Das ist ein Projekt für Leute im Hartz-IV-Bezug mit schweren Krankheiten, die seit Jahren nicht arbeiten können aufgrund ihrer gesundheitlichen Situation, psychisch wie physisch. Die Maßnahme geht mindestens drei Monate für die Teilnehmer, für die meisten sechs, teilweise bis zu neun Monate. Wir sollen in Zusammenarbeit mit Arbeitsmedizinern und Psychologen die Erwerbsfähigkeit einschätzen lassen. Das heißt, wir schicken die Leute regelmäßig zu Psychologen und Arbeitsmedizinern, natürlich auch zu diversen anderen Ärzten, bei denen dann erst mal die Diagnostik abgeklärt werden muss.

Wir hier vor Ort machen Seminare zu verschiedensten Themen, aber auch Sportübungen, Gesundheitsmanagement, gesunde Ernährung, Kochen. Wir machen Spaziergänge und bieten Yoga- und Entspannungsübungen an. Wir haben eine Kreativwerkstatt, eine Holzwerkstatt, da kann man sich auch fein- und grobmotorisch erproben, damit wir einfach ein umfassendes Bild über die Kompetenzen kriegen und die Leistungsfähigkeit einschätzen können: noch arbeitsfähig in beschränktem Maße, so und so viele Stunden, oder in dem und dem Bereich. Und dann können wir durchaus auch helfen, Bewerbungen zu schreiben oder betriebliche Erprobungen zu machen, sogar Arbeit vermitteln. Oder es stellt sich heraus, dass die Leute nicht mehr arbeitsfähig sind, dann unterstützen wir bei den ganzen Anträgen: Erwerbsminderungsrente, Grad der Behinderung und dergleichen. Das ist meine Hauptarbeit.

Wer arbeitsfähig ist, entscheiden unser Psychologe oder unsere Psychologin, und der Arbeitsmediziner. Wir haben auch Teilnehmer, da sagt der Arzt: Geht gar nicht. Sie wollen aber unbedingt. Da kucken wir dann, vielleicht wenigstens ein Ehrenamt oder im Bereich der Behindertenwerkstätten oder so was zu finden. Diejenigen, die tendenziell noch arbeitsfähig wären, aber partout nicht wollen, aus persönlichen Gründen, das beschränkt sich auf zwei, drei Teilnehmer – die drängt man nicht. Da haben wir Gott sei Dank Freiheiten. Das heißt, die werden dann schon bei ihren eigenen Zielen wie Rentenantrag oder Reha-Antrag oder dergleichen unterstützt. Es wird aber auch ganz klar kommuniziert, dass sie aus gesundheitlicher Sicht eigentlich arbeitsfähig wären.

Seit dem 18. März 2020 dürfen nun die Maßnahmen nicht mehr mit Anwesenheit betrieben werden. Das heißt, Teilnehmer dürfen sich seitdem nicht mehr bei den Trägern vor Ort aufhalten; sie sind alle nach Hause geschickt worden. Wir waren zunächst trotzdem noch am Standort und hatten die Vorgabe seitens der Firma, dass wir die Teilnehmer weiterhin telefonisch oder per E-Mail betreuen sollen. Und gleichzeitig sollten wir neue Konzepte entwickeln, wie alternative Lern- oder Betreuungsformen ermöglicht werden können. Das ganze übliche Tralala, Telefon, E-Mail, und so weiter und so fort. Also hab ich erstmal eine Einverständniserklärung rausgeschickt an die Teilnehmer, die müssen dem zustimmen, das haben tatsächlich viele genutzt. Und dann saß ich zunächst erst mal einen ganzen Tag im Büro, als ich noch Vollzeit arbeiten war, und habe den lieben langen Tag mit Teilnehmern telefoniert,

Mails geschrieben, irgendwelche Dinge für sie geregelt, irgendwelche Schreiben formuliert, irgendwelche Sachen ans Amt weitergeleitet, weil neben unserem Standort hier ist gleich das Jobcenter. Das heißt, ich brauche ja nur mal kurz rüber, wenn ich rauchen gehe unten und kann den Scheiß in den Briefkasten stecken. Und nebenher Berichte und Verwaltung und immer warten, was es von Tag zu Tag an neuen Vorgaben oder Informationen gibt.

Es wurde gesagt, wir sollen unbedingt alternative Formen entwickeln. Wir sollen die Teilnehmer weiter betreuen. Aber seit dem 1. April zahlen die Jobcenter die Maßnahmen nicht mehr. Das heißt, wir sollen arbeiten – wir hätten auch genug Arbeit, weil der Bedarf bei den Teilnehmern ist da –, aber die Arbeitsagentur sagt: Alle Zahlungen für Bildungsträger sind gestrichen. Da ist eine riesengroße Lücke, die einfach gesetzlich nicht geregelt wurde. Im Rahmen dieser ganzen Hilfspakete und dies und jenes. Das führte dazu, dass unsere Firma Kurzarbeit anmelden musste. Wir sind jetzt auf 25 Prozent Arbeitszeit, haben aber die gleiche Arbeit, sogar noch mehr, weil wir ja neue Konzepte entwickeln sollen.

Jetzt gibt es eine neue Regelung. Seit kurzem ist der Betrieb grundsätzlich wieder gestattet unter bestimmten Auflagen. Das heißt: mit Sicherheitsabstand und Hygiene und Blablabla. Die meisten Konzepte lassen das auch zu, weil bei vielen die Anwesenheitszeit flexibel ist, meistens so zwischen 8 und 16 oder sogar 17 Uhr, sodass man die Teilnehmer verteilen kann und nicht viele auf einmal da sind. Aber die Jobcenter schicken die Teilnehmer trotzdem nicht hierher, sagen aber im gleichen Atemzug: Wir zahlen nur, wenn wirklich Teilnehmer da sind. Das heißt, es ist eine völlig unklare Situation, zumal noch jedes Jobcenter aus jedem Bezirk sein eigenes Süppchen kocht. In manchen Bezirken läuft es wohl ganz gut, da sind auch wieder Teilnehmer. Aber bei uns kannste knicken. Es werden keine Teilnehmer geschickt. Dementsprechend wird nicht bezahlt, und wir hängen in der Kurzarbeit fest.

Es gibt nichts, was man tun kann. Die Perspektive ist, dass hoffentlich irgendwann ein Plan verabschiedet wird, der ganz klar regelt, wie die

Anwesenheit der Teilnehmer möglich ist, und zwar wirklich verbindlich für alle Arbeitsagenturen.

Es fühlt sich so an, als hielte man uns für verzichtbar. Ich hadere sehr damit, ich sehe ja den Bedarf meiner Teilnehmer, die rufen noch an, schreiben mir Mails. Wir haben so viele Teilnehmer, die in sozialer Isolation waren, die hier durch die Maßnahme zum einen wieder Struktur bekommen, und zum zweiten oft eine Aufgabe, in der Holzwerkstatt oder ähnlichem. Und zum dritten: die Sozialkontakte sind völlig abgebrochen. Das ist für ein paar wirklich, wirklich schwierig. Die rufen täglich an, die rufen an einem Tag mehrere Mitarbeiter aus unserem Projekt an. Einfach um quatschen zu können. Der eine geht sogar so weit und fragt: »Kriegen wir das nicht hin? Ich weiß, ich darf Ihre Räumlichkeiten nicht betreten, weil Strafen drohen und so weiter,« es drohen richtig hohe Strafen übrigens, »aber Sie haben einen großen Parkplatz, und dann könnte ich doch, wenn Sie auf dem Parkplatz rauchen, mal dazukommen mit viel Abstand.« Da ist ein irrer Bedarf.

Obendrein fällt eigentlich alles weg, was wir bisher mit ihnen erarbeitet haben. Gerade die, die sich in der gesundheitlichen Abklärung befunden hatten. Pustekuchen. Sie gehen jetzt natürlich zu keinem Arzt mehr, haben monatelang auf dem Termin beim Lungenfacharzt, beim Neurologen gewartet. Die trauen sich da jetzt nicht hin wegen der Corona-Scheiße. Eine hatten wir in stationärer Therapie, die Ende März abgebrochen wurde. Vonseiten der Klinik aus. Interessanterweise sind die Leute entlassen worden auf der Station, was ich überhaupt nicht verstehe. Medizinisches Fachpersonal wird in der Krise entlassen.

Natürlich, alle unsere Teilnehmer sind Risikopatienten, sowohl vom Alter her als auch von den Erkrankungen. Wir haben viele mit COPD. Die gehen jetzt nicht zu den Ärzten. Das war ein halbes Jahr Arbeit umsonst, völlig umsonst.

Wir hatten zunächst zehn, später acht Teilnehmer, die bis zum Ende da waren. Wenn ich alle zusammenrechne, die im Laufe der Zeit bei uns waren, dürfte man locker auf 40, 50 kommen. Wir haben tatsächlich nur vier Vermittlungen in Arbeit gehabt, wovon eine auch nicht dauerhaft war, weil dem Teilnehmer durch Corona wieder gekündigt wurde. Er hatte Mitte Januar einen Job gefunden, als Sicherheitskraft, in einem Krankenhaus auch noch. Aber jetzt Corona, Probezeit, Entlassung, Scheiße. Und eine Teilnehmerin haben wir an die Tafel vermittelt. Die ist auch immer noch da. Die ist auch sehr happy damit, auch wenn sich da einiges verändert hat, weil die Tafel so an sich nicht stattfindet. Aber die sortieren trotzdem, fahren aus und bringen es den Leuten nach Hause.

Bei den Rentenanträgen erfahren wir meist nicht, ob die erfolgreich waren, weil die Bearbeitungszeit so lange dauert. Auf den Rentenbescheid kannste Minimum drei Monate warten, eher länger. Bei den Reha-Anträgen sind wir erfolgreicher, weil wir da tatsächlich oft ein Begleitschreiben mit Firmenlogo beilegen und um eine zügige Bearbeitung bitten. Da sind sämtliche Anträge auf medizinische Reha und auch auf Mutter-Kind-Kuren genehmigt worden. Wobei manche tatsächlich davon zurücktreten.

Wir haben zum Beispiel eine COPD-Patientin. Die sollte eine Pneumonie-Reha in Heiligendamm machen, ich hab mehrfach dort mit der Klinik telefoniert. Die nehmen aktuell fast ausschließlich Covid-Patienten auf, also welche, die schon wieder gesundet sind und dann die Anschlussbehandlung machen. Die haben kein Sicherheitssystem, um zu prüfen: Ist noch jemand infiziert oder nicht infiziert? Da wird nicht getestet, oder irgendwas. Die haben keine Beatmungsgeräte vor Ort. Es ist eine Klinik, eine Lungenklinik – kein Beatmungsgerät und keine Sicherheit.

Da sagt die Teilnehmerin zu Recht: »Das ist mir zu gefährlich. Die könnten mir im Zweifel nicht anständig helfen, und ich bin den ganzen Tag nur von Covid-19-Leuten umgeben. Ich will das nicht. Ich will mich nicht in meiner Reha, wo es um meine Gesundheit geht, permanent nur mit den Leidensgeschichten der Leute mit einem schweren Verlauf auseinandersetzen, die jetzt in der Behandlung sind.« Ich kann das nachvollziehen, ich meine, man weiß nicht, inwiefern das bei wem wieder ausbricht. Und dann sitzt du in der Scheiße, ich meine, dann sitzt du ja quasi im Epizentrum eines Ausbruchs, wenn es losgeht. Wir haben noch versucht es zu verschieben, was genehmigt wurde von der Rentenversicherung. Letztlich hat sie es dann doch ganz abgesagt.

Und dann der ganze Ämterkram. Viele kommen allein mit ihren Anträgen nicht klar, gerade Nicht-Muttersprachler. Oft sind auch noch irgendwelche anderen Sachen im Hintergrund, Schuldenproblematik oder sowas. Darum haben wir uns auch gekümmert. Der eine war nicht krankenversichert und das über 13 Jahre. Da haben wir seit letztem Jahr September oder August wie blöde darum gekämpft, dass er wieder eine Krankenversicherung kriegt, und haben das Gott sei Dank zu Ende Dezember geschafft. Pünktlich zu Weihnachten bekam der seine Karte. Und dann musste er tatsächlich ins Krankenhaus wegen einer schweren Lungenentzündung. Kein Covid, das muss man ja dazusagen inzwischen. So, jetzt hat er zwar die Versicherung wieder, aber Schulden sind trotzdem da, weil die ganzen Beiträge rückwirkend eingefordert werden. Das muss alles geklärt werden. Wir haben uns einen Anwalt für Sozialrecht mit ins Boot geholt, der sich der Sache annimmt. Aber auch das schleppt sich vor sich hin. Es heißt, der Teilnehmer hätte den Bedarf zu klären. Aber die Umsetzung ist total blockiert.

Wir haben einen anderen Teilnehmer, der hat das Guillain-Barré-Syndrom, das wird durch einen Zeckenbiss ausgelöst. Man infiziert sich, und dann bricht das erst nach Jahren aus. Der ist einfach zusammengeklappt auf seiner damaligen Arbeit, weil er kein Gespür mehr in Armen und Beinen hatte. Es ist eine neurologische Erkrankung mit Ausfallerscheinungen meistens in den Beinen, kann aber auch den ganzen Körper betreffen. Der saß ziemlich lange Zeit im Rollstuhl und hat sich wirklich hochgekämpft. Er kann wieder laufen, hat aber nach wie vor an guten Tagen unterhalb des Knies kein Gespür in den Beinen. An schlechten Tagen bis in die Oberschenkel, und auch die Hände sind betroffen. Er kann dann nicht laufen, hat wahnsinnige Schmerzen. Der wollte aber unbedingt arbeiten, auch als alle gesagt haben: »Es geht nicht mehr. Wir können kucken, vielleicht eine Werkstatt. Aber ganz ehrlich: Erster Arbeitsmarkt, das kriegen Sie nicht hin. Was hat Ihnen da vorgeschwebt?« Er war Kommissionierer, er wollte auch gerne wieder in dem Bereich arbeiten. Wir haben sogar betriebliche Erprobungen bei ihm gemacht, weil er unbedingt wollte. Die musste er abbrechen. Den hatte ich jetzt so weit, dass er eine Reha macht. Die ist jetzt auch hinfällig. Lässt er jetzt schleifen, kümmert er sich nicht weiter drum. Ich habe dem einen Facharzttermin bei einem Spezialisten besorgt. Der ist jetzt ebenfalls hinfällig. Allein geht er das nicht an. Da hängt er einfach zu sehr an seinem Leiden fest. Da braucht es jemanden, der ihn an die Hand nimmt und sagt: »Wir machen das jetzt gemeinsam«, und das liegt auf Eis. Schön.

Wir haben einen Teilnehmer, der zu uns kam, der war auch lange bei uns, neun Monate. Der hat an sich selbst mehr oder weniger eine soziale Phobie diagnostiziert, die tatsächlich medizinisch bestätigt wurde, nach einem Fünfminutengespräch mit dem Arzt. Der Teilnehmer kann hier extrem gut mit den anderen Leuten, auch wenn mal länger Action ist in Gruppen, wird ihm das nicht zu viel. Er muss sich nicht rausziehen. Der war derjenige, der angerufen hat und gesagt: »Ist doch alles wie vorher. Ist doch alles gut. Jetzt kann ich wieder den ganzen Tag an meinem Computer sitzen, muss nicht rausgehen. Meine Mama geht für mich einkaufen. Wo ist eigentlich das Problem?« So ungefähr. Er selbst ruft nicht mehr an. Aber wenn man ihn anruft, beendet er nicht nach fünf oder zehn Minuten das Gespräch, sondern hat wahnsinnig viel Mitteilungsbedarf. Kürzlich hab ich eine halbe Stunde mit ihm telefoniert, der erzählt und erzählt und erzählt. Das zeigt mir, dem fehlt doch so einiges. Der Kontakt und alles. So ganz gut geht es dem mit Sicherheit nicht.

Und ein anderer, der schwer depressiv ist, der hat sich komplett isoliert. Jetzt, nachdem die Maßnahmen hier für den Teilnehmerbetrieb geschlossen wurden.

Der hat keinen Fernseher, verfolgt keine Nachrichten, auch nicht übers Internet, spricht mit niemandem, geht nicht raus. Nur das Allernötigste, nur noch Computer, Computer, Computerspiele. Er geht immerhin ans Telefon. Er flüchtet sich regelrecht in Parallelwelten. Der hat auch keinen Schimmer von den ganzen Feiertagen. Jetzt muss ich immer telefonisch sagen: »Denken Sie daran, wenn Sie nicht so viele Menschen treffen wollen, gehen Sie heute einkaufen, morgen sind die Läden voll, weil danach ist Feiertag.« – »Ach okay.«

Und die Bedarfe steigen. Ich meine, es gibt so viele Leute, die jetzt einen Hartz IV-Antrag stellen mussten, weil sie entweder gekündigt wurden oder in Kurzarbeit sind und aufstocken müssen. Der Unterstützungsbedarf in allen Bereichen ist irre groß geworden. Aber er kann nicht bedient werden, wird auch nicht bedient momentan. Die Jobcenter sind telefonisch schlecht zu erreichen, wenn dann nur über die Hotline. Und da werden aktuell auch keine Unterstützungsangebote gemacht. Coaching wird auch nicht bezahlt. Gerade über dieses Coaching kannst du wahnsinnig viel abfangen.

Doch die Leute sind mal scheißegal, wenn sie sich aktuell einfach selbst nicht helfen können. Und in den Jobcentern wartet jeder, dass von oben irgendwann eine ganz klare Ansage kommt, die kommt aber einfach nicht. Das müsste vom Gesetzgeber kommen. Wenn die Auflagen erfüllt sind, dürfen die Kindergärten, die Schulen, die Geschäfte wieder öffnen. So etwas passiert aber nicht bei Bildungsträgern. Beziehungsweise nicht in der Form. Klar ist, dass jetzt seit diesem Montag wieder geöffnet werden darf. Aber ohne die Anweisung schicken die die Leute nicht in die Maßnahmen. Dieses Süppchen kocht jedes Jobcenter selbst.

Und die sagen halt: Jetzt ist gerade erstmal Bearbeitung der Neuanträge. Das geht auch, wie ich bei allen Dingen mitbekommen habe, sehr, sehr unkompliziert. Das finde ich positiv. Aber der andere Unterstützungsbedarf fällt weg. Und da wird es immer Leute geben – vor allen Dingen welche, die schon lange im Leistungsbezug sind und jetzt aktuell in Ruhe gelassen werden, vom Jobcenter nicht in Maßnahmen geschickt werden – also Teilnehmer, die sagen: »Hey, ist doch cool, werde ich in Ruhe gelassen und kann so mein Leben genießen. Hab mich hier schon mit dem Hartz-IV-Satz arrangiert. Ich komme damit hin. Jetzt muss ich hier nicht ständig zu irgendwelchen Terminen.«

Wie gesagt, das ist nur ein kleiner Teil. Ich hab, bei allen Projekten, in denen ich war, zusammengerechnet mindestens 500 Teilnehmer gehabt, und von denen, würde ich sagen, haben zehn Prozent keinen Bock und sind froh, wenn sie in Ruhe gelassen werden. Das höre ich auch von Kollegen an anderen Standorten. Viele rufen an, fragen nach: »Wann kann ich wiederkommen?« Oder: »Mein Mini-Job, den ich eigentlich ausbauen wollte, ist mir jetzt gekündigt worden. Ich brauche eine Arbeit, ich brauche eine Aufgabe, mir fällt die Decke auf den Kopf.«

Aber es ist einfach nichts machbar, solange der Gesetzgeber sich nicht rührt, solange nicht die Finanzierung der Bildungsträger geklärt ist und jedes Jobcenter entscheiden kann, für diese Maßnahme bezahlen wir, für diese Maßnahme bezahlen wir nicht. Und bei den meisten wird nichts bezahlt.

Ich erwarte, dass viele Bildungsträger insolvent gehen, weil sie das nicht stemmen können. Und dann sind die Träger weg und die Angebote nicht da. Es wird ein richtig geiles Chaos werden. Und dann kommt vielleicht noch die Rezession, das heißt dann die Vermittlung in Arbeit wird sehr schwer. Wenn du Jobcenter-Neukunden hast, bist du auf topfitte Mitarbeiter angewiesen, die alles tun, um die Leute schnellstmöglich wieder aus dem Leistungsbezug zu kriegen, damit die sich darin nicht einrichten. Das heißt, diejenigen brauchen eine Struktur. Das ist das erste, dass die Tagesstruktur nicht beibehalten wird. Es wird länger geschlafen, die Zeiten verschieben sich, man geht kaum noch raus, Sozialkontakte verringern sich und so weiter und so fort.

Genau das passiert dann als erstes, und es gibt ja Untersuchungen, dass bei Leistungsbeziehern psychische Erkrankungen überdimensional vertreten sind. Und das gilt es zu vermeiden. Das heißt, es werden Maßnahmen gebraucht, die einfach nur zur Betreuung da sind, um ihnen eine Struktur zu geben. Dann hängt es daran, wann neue Träger kommen, die sich komplett neu aufbauen und ob es manche Träger geschafft haben, neue Konzepte zu entwickeln, sprich Kleingruppenkonzepte.

Das wird bei manchen Sachen gut funktionieren, Beispiel Akademiker-Training. Die haben sowohl die Technik zur Verfügung als auch die

Kompetenzen damit umzugehen. Für sie ist Online-Unterricht kein Ding. Unser Träger hat auch schon Modelle eingerichtet. Ein System, mit Gruppenkonferenzen und diversen Schulungen, das funktioniert für solche Zielgruppen perfekt.

Aber in einer Bewerbungsmaßnahme für Minijobber, in der Hemmnisse abgebaut werden sollen, um in eine sozialversicherungspflichtige Beschäftigung zu kommen, da funktioniert das so nicht. Anteil der Muttersprachler: 25 Prozent. Soziale Schicht: ganz niedrig, oft nur Helferjobs, oft eine große Familie, die versorgt werden muss, dementsprechend auch deutlich weniger Kohle zur Verfügung. Technische Ausstattung: null. Bildungsniveau: niedrig. Computererfahrung: gering bis gar nicht. Bei solchen Leuten brauche ich nicht mit Online-Angeboten kommen. Das sind die Leute, die jetzt anrufen und sagen: »Nicht nur für mich brauch ich einen Computer, damit ich Bewerbungen schreiben kann, sondern auch für meine Kinder.« Die müssen jetzt zuhause alles online machen. »Wir haben keinen Computer. Wie soll ich das machen?« Sämtliche Anträge sind ja zunächst abgelehnt worden. Es ist unfassbar.

Und das Jobcenter hier im Bezirk ist eines der härtesten. Hier, kleine Anekdote: Wir haben eine, die immer mit dem Auto gekommen ist, und ein Auto wird anders vergütet als öffentliche Verkehrsmittel. Da muss wirklich kilometergenau abgerechnet werden. Es gibt eine offizielle Weisung seitens der Bundesagentur für Arbeit, die für alle Jobcenter in Deutschland verbindlich ist, dass die Fahrtkosten mit einer Pauschale von 20 Cent pro Kilometer zu vergüten sind. Unser Jobcenter sagt: Wir haben also den durchschnittlichen Verbrauch von so einem Wagen genommen und uns die Preise hier angeschaut. Wir zahlen 13 Cent. Ich habe einen Widerspruch formuliert für die Abrechnung mit dem Hinweis, dass sie 20 Cent zahlen müssen. Widerspruch abgewiesen. Wir hätten tatsächlich vors Sozialgericht gemusst, um das einzuklagen. Das kann doch nicht sein. Scheiß drauf! So sind die drauf.

Also die machen, was sie wollen, und dementsprechend werden Anträge für PC oder Drucker oder was auch immer abgelehnt. Und dann heißt es noch, dann müssen die Träger den Teilnehmern Laptops zur

Verfügung stellen. Von welchem Geld soll das bezahlt werden? Und überhaupt. Selbst wenn du einen Laptop zur Verfügung stellst, haben noch lange nicht alle Internet zuhause.

Ja, es ist irre schwer. Es wird ein bisschen was online kommen, aber sehr ausgewählt. Ich kann es mir nicht vorstellen. Bei den allermeisten Maßnahmen muss es Präsenz sein, und das ist nur die Frage: Wie setzt man das um mit Kleingruppen?

Ich habe tatsächlich Existenzängste wegen des Kurzarbeitergeldes. Wenn ich Glück habe, ich sehe es ja erst Ende des Monats auf dem Konto, vielleicht komme ich netto auf Einsvier statt Einsneun wie sonst. Eins Vier plus Kindergeld reicht vorn bis hinten nicht für mich und meine Tochter. Finanziell wirds richtig kacke, das macht mir schon Angst. Andererseits bin ich auch keine Freiberuflerin mehr. Freiberufler sind in dem Moment, in dem die Maßnahmen beschlossen wurden, sofort entlassen worden. Alle in der gleichen Woche. Wir hatten zwar nicht mehr viele im Unternehmen, vielleicht eine Handvoll, die sind alle entlassen worden.

Langfristig, beruflich mache ich mir tatsächlich keine Sorgen. Ich mache mir auch keine Sorgen, dass ich gekündigt werde, weil der Bedarf da ist. Ich habe ein gutes Alter, ich habe eine breite Kompetenzpalette, und mein Arbeitgeber weiß das sehr genau. Und selbst wenn da eine Kündigung kommen sollte oder eine Insolvenz oder irgendwas: Es wird andere Träger geben. Wie gesagt, ich kann viel abdecken.

Was mir extrem zusetzt, ist die fehlende Arbeit mit den Teilnehmern. Das kann ich psychisch auch nicht auf Dauer verkraften. Hintergrund bei mir ist: Ich habe schon immer so ein Helfersyndrom gehabt, habe es aber oft im privaten Bereich ausgelebt und bin dann vor etlichen Jahren in eine schwere Depression. Und da hatte ich wirklich so ein Aha-Erlebnis. Ich war in Therapie. Die Therapeutin stellte mir einen Krug mit Wasser auf den Tisch, mehrere Plastikbecher. Und ich sollte die Becher beschriften mit all den Aufgaben und Menschen, die meine Energie benötigen. Und dann sollte ich die Energie, das Wasser aus dem Krug entsprechend verteilen und die Becher füllen. Ich habe das ganz gewissenhaft gemacht. Als ich fertig war, kuckte mich die Therapeutin nur an und fragte: »Wo ist der Becher mit Ihrem Namen?« Und ich: »Hä? Das verstehe ich nicht. Was meinen Sie?« »Sie kümmern sich hier um die Tochter, um die Schwiegermutter, aber wann kümmern Sie sich um sich? Woher beziehen Sie Energie?« Heraus kam, dass ich mehr auf mich achten muss. Ich bin dann raus, war ja damals in einer Tagesklinik, bin aufs Klinikgelände und eine rauchen und war so voll neuen Mutes.

Und sehe beim Rauchen aus dem Augenwinkel eine Patientin im Rollstuhl sitzen, schwer behangen mit lauter Beuteln, nasse Hose, Riesenpfütze unterm Rollstuhl. Sie ist da völlig alleine. Kein Pfleger, nix. Irgendwie. Und ich denke: »Das ist jetzt nicht euer Ernst.« Ich kucke rüber, und dann sag ich: »Nein, du hast jetzt gerade beschlossen, du kümmerst dich nicht permanent um andere, du kümmerst dich um dich.« Aber ich konnte nicht anders. Ich kuckte in den Himmel und sagte »fuck you« zum Universum, bin zu der Frau und hab ihr natürlich geholfen, sie ins Haus zurückgeschoben, die Pfleger rausgeklingelt und blablabla.

In dem Moment habe ich verstanden: Ich brauche das tatsächlich auch für mich. Ich muss anderen helfen für meine psychische Gesundheit. Ich kann gar nicht anders. Ich darf es nur nicht mehr im privaten Umfeld ausleben, es muss auch honoriert werden. Sonst mache ich mich kaputt. Und das ist das, was jetzt wegfällt. Seit zwei Monaten habe ich das nicht, und es ist, wie gesagt, für mich psychisch essenziell. Gebraucht zu werden, dieses Helfenkönnen, Unterstützenkönnen. Ja, durchaus auch die Dankbarkeit, die von den Teilnehmern kommt. Und wenn das noch länger anhält, wenn es nochmal zwei oder sogar drei Monate so weiter geht, dass ich das nicht habe: Das macht mir richtig Angst.

Nach Beendigung des Projektes wechselte Yolá im Frühsommer 2020 innerhalb des Trägers ins Einzelcoaching.

PAUL

Paul arbeitet auf einer intensivpädagogischen Wohngruppe für Kinder und Jugendliche im sächsischen Hinterland.

Ich mache meine Ausbildung in einer intensivpädagogischen Wohngruppe. Drei Tage die Woche arbeite ich da. Stationäre Hilfe zur Erziehung nennt man das. Früher sagte man schwererziehbare Kinder, zum Glück macht man das nicht mehr. Unser Angebot gilt für Kinder und Jugendliche von sechs bis vierzehn Jahren, bei uns sind sie zwischen neun und elf Jahre alt. Häufig haben die Eltern sich Hilfe geholt, weil sie das Zuhause nicht mehr schaffen konnten. Teilweise gibts auch Inobhutnahmen. Wir haben fünf Bewohner.

Ich bin Ende 20, und nachdem ich mich in verschiedenen handwerklichen und industriellen Ausbildungen versucht habe, musste ich feststellen, das ist es irgendwie doch nicht und über Ferienfreizeiten bin ich in die soziale Schiene gerutscht, hab ein FSJ gemacht und dachte: »Ja, genau, Heilerziehungspfleger, das machste.«

Jetzt bin ich ein Dreivierteljahr hier. In der Ausbildung bin ich seit 2017, aufgrund meines Kindes habe ich ein Jahr wiederholt. Ich wohne in der Stadt, aber der Einsatzort ist sehr ländlich.

Die Kinder hier kompensieren ihre Probleme meistens mit Gewalt, machen Sachen kaputt, sind laut. Es geht sehr, sehr viel kaputt. Die ersten vier, fünf Wochen sind richtig schlimm. Türen werden kaputtgetreten. Gerade überlegen wir, ob Holz das richtige Material für uns ist oder ob wir auf Metalltüren umsteigen sollten. Teilweise sind da Löcher, da kannste durchsteigen oder die Türklinke von außen aufmachen.

Früher ist gern mal Schule geschwänzt worden. Man hat sich krank gestellt oder was auch immer. So was ist heute nicht mehr. Die wollen alle in die Schule. Allein schon, weil sie andere Menschen sehen wollen. Klar. Die sind hier nur zu fünft, neben uns als Team.

Bei den Kindern gibt es ganz unterschiedliche Zielsetzungen. Bei manchen ist klar: Eine Rückkehr in die Familie wird nicht passieren. Bei anderen ist das noch nicht vom Tisch. Halb und halb. Naja, zuletzt kamen viele Anfragen. Ich weiß nicht, ob das mit Corona zu tun hat oder ob die Behörden sich darum bemühen, die Heime voll zu machen. Wir hatten lange Zeit nur vier Kinder und sind ausgelegt für sechs.

Die Kinder verstehen sich ganz gut. Es gibt schon Situationen, in denen sie sich gegenseitig verdreschen. Ich habe manchmal das Gefühl, das muss so sein. Weiß ich nicht. Meine Kinder sind noch nicht so alt, da kann ich noch nichts sagen. Die Gruppe an sich ist aber meistens cool miteinander.

Neulich gabs einen Fluchtversuch. Die haben das echt nicht schlecht geplant und gemacht. Die wussten, wann wir im Büro Übergabe machen, und haben da die Fluchttüren aufgemacht, die Fahrräder bereitgestellt. Dann sind sie los, die Schwester von einem besuchen. Es sind fast 30 Kilometer bis in die Stadt, das haben die mit dem Fahrrad gemacht. Einfach abhauen und durchstarten, das war so um Ostern. Am Abend wollten sie wieder zurück sein. Dann hatten sie nen Platten an jedem Rad und wollten die Bahn zurücknehmen, das fiel schließlich jemandem auf. So wurden sie wieder eingefangen mit staatlicher Hilfe. Ich fands witzig. Wir haben dann halt Methoden wie eine Woche lang kein Fahrradfahren, Entschuldigungsbrief schreiben, sowas.

Ein Kind wurde nicht beschult, das ist eins vom Jugendamt gewesen. Der ist schon ganz lange bei uns. Naja, dann gibt es halt Dinge, die wir tun müssen. Anträge schreiben hier und da und dort. Aber in der Schule, die für uns zuständig ist, war er schon mit Gewalt aufgefallen und ist rausgeflogen, weil er in der zweiten Klasse einen anderen Mitschüler verprügelt hat. Zu häufig. Nun hieß es vor einem halben Jahr: »Gut, dann muss er jetzt kommen. Aber nur mit Schulbegleitung«.

Vor einem halben Jahr wurden auch die Schulbegleiterverträge verändert, auf einmal mussten wir selbst einen Schulbegleiter stellen. Vorher wurden die von der Stadt gestellt. Bewerbungsphase, jemanden finden, jemanden einstellen. Dann war es halt Anfang März tatsächlich. Es war ein Mittwoch. Das Kind ging den ersten Tag zur Schule, Donnerstag noch, und dann kam der Freitag, an dem es hieß: »Ab Montag ist zu.« Corona. Tragisch. Mittlerweile geht er wieder, ein Glück.

Jetzt zu Corona haben auch viele Kollegen aus anderen Bereichen ausgeholfen. Die ganzen neuen Gesichter, das war nicht leicht für die Kinder. Natürlich haben alle andere Konzepte gefahren. Arbeit im Jugendclub hat nichts mit Intensivpädagogik gemein. Die Grundprinzipien, okay. Aber das kann man nicht miteinander vergleichen. Die sind viel lockerer und hoffen auf Selbstständigkeit. Mit Sanktionen haben die nicht so viel am Hut. Bis die verstanden haben, wie wir Konsequenzen aufbauen, was sanktioniert wird, das hat gedauert. Ja, da hatten die Kinder ein bisschen Glück.

Die lockere Herangehensweise hat mehr Chaos verursacht. Die Kinder sind ein bisschen lauter geworden. Es wurde noch mehr durch die Gegend geworfen. Ursprünglich hatten die Kollegen viel Lust sich einzubringen und haben Sachen mitgebracht, irgendwelche Spielzeuge und Spiele. Es gab eine Woche, da haben alle mit Diabolos im Garten gespielt. Da haben die völlig neuen Input mit reingebracht. Das ist schon faszinierend, wie betriebsblind man selbst wird. Aber man muss sagen, dass dort zu arbeiten schon echt an die Nerven geht. Und manchmal fehlt der Blick für Neues, Cooles. Und dafür müsste auch Geld da sein.

Nach zwei Wochen, als die Kollegen ein bisschen drin waren, haben sie die Dinge anders gesehen oder anders gemacht als am Anfang. Ganz klar. Wir haben die Regel, wenn ein Kind gewalttätig wird oder jemanden beleidigt, gehts eine halbe Stunde ins Zimmer. Ja, das muss man halt viel härter, viel härter machen, einfach viel härter. Jetzt muss jemand von uns auf dem Gang sitzen, weil die sonst wieder aus den Zimmern kommen. Eigentlich ist das nur eine Provokationsspirale. Aber ob wir das gut so machen, wie wir das machen, das weiß ich noch nicht.

Kurz nach mir wurde noch jemand eingestellt, in unsere Konzeption gehört noch eine Psychologin, die kam jetzt. Man muss suchen, bis man jemanden findet, sächsisches Hinterland. Sie hat gut Wind reingebracht. Das Team verändert sich sowieso ständig, trotz Supervisionen. Wir geben uns schon Mühe, ein Team zu sein. Das ist gut und wichtig. Und dann fluktuieren die Kinder ja auch.

Seitdem ich da bin, ist noch keines der Kinder gegangen. Doch es ist eigentlich keiner länger als zweieinhalb Jahre da. Die Wohngruppe gibt es seit vier Jahren, zwischendrin hat das komplette Team gewechselt, weil keiner mehr Bock hatte. Das versucht man natürlich zu umgehen, durch Supervision und dadurch, dass wir alle an einem Strang ziehen. Seitdem die Psychologin da ist, läuft es tatsächlich besser.

Ich fühle mich, was meinen Beruf anbelangt, um ehrlich zu sein, gesellschaftlich gar nicht wahrgenommen. Ich habe noch nie das Gefühl gehabt, dass darüber groß Worte verloren wurden. Auch im Freundeskreis, wenn ich davon erzähle, was ich arbeite, gerade in der Krise und mit Kindern. Das ist etwas, woran noch keiner gedacht hat. Ein Kinderheim gibt es für die Leute nicht. Klingt ja auch fies und bescheuert. Die Leute haben so ein 70er-Jahre-Bild vor Augen. Wenn ich das im Freundeskreis erzähle, sind die Reaktionen eher so: »Ja, krass. Könnte ich nicht.« Nach der Auseinandersetzung mit Kindern komme ich mit Kratzern an der Hand nach Hause, oder nach einer psychischen Ausnahmesituation, in der man das Kind erst mal einfangen muss im körperlichen Sinne, also in beruhigendem Sinne. Das ist einfach auch anstrengend. Ich bin Ende 20, im Team ist keiner älter als 40.

Manche Schüler haben einen Schulbegleiter. Die gehen hier auf Regelschulen und andere werden auf Schulen in der Großstadt verteilt. Einer wird zwei Stunden vor Unterrichtsbeginn mit dem Bus abgeholt. Nach der Schule nochmal zwei Stunden zurück. Aktuell sitzt der vier Stunden im Bus, um vier Stunden in der Schule zu sitzen. Der ist elf Jahre alt, fünfte Klasse.

Die Kinder kommen zum Großteil aus dem Umland. Wir haben jemanden dabei, der mit seiner Familie geflüchtet ist, 2015. Ansonsten gibt es noch jemanden, der in einem Nachbarland ein paar Jahre gewohnt hat. Was Rassismus anbelangt, naja … Es kommt schon vor, dass »ehemalige Führungspersonen« gegrüßt werden. Provokation, Provokation. Man will einfach auffallen. Die Band Zugezogen Maskulin hat das schön besungen: »Fenster, die mal Hakenkreuze warn.« Davon haben wir auch einige an der Wand, mit Filzstiften. Hitler ist scheiße, das wissen die. Meine persönliche Interpretation ist so: Es gibt Phasen, da sind Hitlergrüße lustig, so. Das muss man schnell einfangen. Ein Rassismusproblem als solches? Nee. Ich glaube, viele kriegen das in der Schule mit. Da macht man das schon eher mal.

THOMAS DE VACHROI

Thomas de Vachroi ist Einrichtungsleiter und politisch in der Armutsbekämpfung aktiv.

Ich bin Einrichtungsleiter des Diakonie-Hauses Britz. Das ist ein Haus mit besonderen Wohnformen in der Behindertenarbeit. Ein Mehrgenerationenhaus, in dem Behinderte und Menschen ohne Behinderungen zusammen wohnen.

Seit 2017 bin ich außerdem offizieller Armutsbeauftragter des Diakonischen Werks Simeon. Das heißt, ich bin der erste berufene Armutsbeauftragte in Deutschland. Das Diakoniewerk Simeon hat diese Funktion 2017 geschaffen, da die Armut immer sichtbarer wird oder beziehungsweise nicht mehr die Lobby hat, die sie eigentlich haben sollte. Der Staat hat seine Aufgaben und die Gesellschaft hat ihre Aufgaben, aber das Zusammenspiel funktioniert nicht. Wir haben das in der sogenannten Flüchtlingskrise gemerkt. Das gab es schon im Kosovo-Krieg, da ist es aber nicht so aufgefallen. Aufgefallen ist es 2015 als Frau Merkel am 4. September – ich kann mich noch genau erinnern, dass sie gesagt hat »Wir schaffen das« und ich am 5. September das ehemalige Rathaus Wilmersdorf übernommen habe, damals die größte Flüchtlingseinrichtung in Berlin. Die Notunterkunft habe ich mit vielen ehrenamtlichen und hauptamtlichen Mitarbeitern aufgebaut. Da waren 1150 Flüchtlinge, und wir haben die Arbeit gemacht, die notwendig war und ich habe meinen Senf dazu gegeben. Das war sehr anstrengend, das muss ich gestehen. Die sechs Monate waren extrem anstrengend, für alle Beteiligten, ein Kraftakt. Es gab kaum einen freien Tag, Tag und Nacht waren wir vor Ort, um den Flüchtlingen die Möglichkeit zu geben, dass sie hier ankommen. Das bedarf einer hohen gesellschaftlichen Akzeptanz. Die war auch da. Die Solidarität war relativ groß. Das war der Startschuss für das Diakoniewerk Simeon: Moment mal, wir müssen was anders machen. Ich bin ja von Haus aus Krankenpfleger. Erst später wurde ich Kaufmann im Gesundheitswesen und Heimleiter. Zudem war ich noch Dozent für Ethik an der Berufsschule. Das ist meine Arbeit. Und jetzt eben auch Armutsbeauftragter des Diakoniewerks Simeon, was ja eine große Aufgabe ist, sich um die Belange der Menschen zu kümmern, sprich Obdachlose und Wohnungslose. Es geht um Altersarmut, es geht um Menschen mit Behinderung, und es geht um Alleinerziehende, um Kinder, die in schwierigen wirtschaftlichen Verhältnissen aufwachsen, aber auch um soziale und emotionale Armut. Und wir setzen praktisch immer Prioritäten, wo wir die Hilfe ansetzen müssen, wo Lobbyarbeit notwendig ist.

Ich bin dazu erzogen worden, für Menschen da zu sein. Ein einschneidendes Erlebnis war der Kriseneinsatz im Kosovo, Armut und Not zu erleben. Von diesem Tag an kann ich sagen: Darum habe ich mich um diese Leute gekümmert. Der Glaube spielt da absolut eine Rolle. Ich bin Martin-Luther-Fan, bin gern in meiner Kirche, auch wenn ich nicht alles toll finde. Aber wir sind nicht im Paradies. Im Kosovo war ich erst im Sanitätsbereich und habe mich später um Blutrache-Kinder gekümmert. Ich habe viel Kinderarbeit gemacht, sechs Jahre lang. Das ist kein Beruf, in dem man Geld verdient und dann nach Hause geht. So war ich nie.

Eigentlich bin ich schon politisch sehr gut vernetzt, ich bin auch Sozialbeauftragter der CDU in Neukölln. Gewählt, also nicht benannt. CDU heißt für mich Christlich Demokratische Union, das Christliche ist zuerst. Ich will einfach mein soziales Gewissen reinbringen und kann meine Fraktionskollegen durchaus mitnehmen und vielleicht auch für Themen sensibilisieren, dass sie sich mehr mit der Thematik beschäftigen. Das finde ich gut. Das ist notwendig, weil man auf der politischen Schiene arbeiten kann. Für die Lobbyarbeit, die notwendig ist, um das

Thema Obdachlosigkeit und Wohnungslosigkeit in die Gesellschaft zu tragen. Das Thema ist zwar da, aber so richtig sichtbar eben nicht. Ich verlange ja viel von der Regierung, das ist ein ganz langer und schwerer Weg.

Durch die Corona-Krise ist das noch einmal aufgebrochen, als ob ein Turbo eingeschaltet worden ist. Als es hieß: Die Einrichtungen müssen geschlossen werden. Wir, das Diakoniewerk Simeon also, betreibt ja diese Tee- und Wärmestube in Neukölln, die Obdachlosenarbeit gemacht hat in der Tagesstruktur, in der die Menschen eben die Möglichkeit haben, sich sozialpädagogisch beraten zu lassen oder in der sie Kleidung bekommen, sich duschen können, aber auch Essen bekommen. Dadurch, dass die Einrichtung geschlossen wurde, und alle Ehrenamtlichen in dem Moment die Einrichtung verlassen mussten aus Sicherheitsgründen, gesundheitlichen Gründen, standen wir vor einer riesigen Herausforderung: Was machen wir jetzt mit den Leuten auf der Straße? Die sind total vergessen worden. Und das Diakoniehaus Britz, meine andere Einrichtung, wir haben uns entschlossen, als Team von vier Leuten, dass wir viermal in der Woche Lunchpakete machen. Aber nicht nur Brot und Wasser, sondern da wird gekocht. Wir haben mit 60 Lunchpaketen gestartet, jetzt sind wir bei hundert Versorgungen. Viermal in der Woche. Das heißt, wir haben eine Siebentagewoche. Von Montag bis Sonntag, jeden Montag, Mittwoch, Freitag, Sonntag sind die Ausgaben dieser Pakete. Da muss vorbereitet werden, eingekauft werden und so weiter und so fort.

Das Problem ist einfach, dass ich Sorge habe, wenn die Normalität in Deutschland wieder Einzug hält, dass man diese Menschen wieder vergisst. Das Spendenaufkommen ist momentan relativ gut. Zumal du ja drei Euro pro Lunchpaket brauchst. Das funktioniert alles ganz gut. Die Solidarität ist da. Die Menschen reagieren auch.

Interessant war eigentlich die Situation mit der Schließung der Restaurants und Kneipen am 14. März. Wenn du durch die Stadt gelaufen bist, hast du das Gefühl gehabt, du bist auf einer leeren Straße, plötzlich hast du die Obdachlosen gesehen, und zwar sehr viele. Du hast

Menschen gesehen, die sonst auch in der Öffentlichkeit waren, aber kaum sichtbar. Jetzt sind sie alle sichtbar. Jetzt fällt natürlich auf: Mein lieber Gott im Himmel! Was ist denn da los? Warum sind denn so viele Menschen auf der Straße? Das ist ins Bewusstsein der Leute geraten: Uiuiui, die gehören ja auch zu uns.

Sie haben natürlich ihre eigenen Probleme, die Obdachlosen. Die Einnahmequellen sind ja auch weggebrochen, ob sie jetzt um Geld betteln oder Flaschen sammeln oder Supermarktspenden bekommen. Das ist natürlich ein Riesendilemma, in dem die stecken. Wenn du 90 Prozent deiner Einnahmen verlierst, dann hast du gar nichts mehr.

Die haben schon nix, und jetzt ist gar nichts mehr da. Dann führen die Hamsterkäufe dazu, dass die Versorgung der Einrichtungen zusammengebrochen ist. Naja, normalerweise spenden die Supermärkte relativ großzügig, Kneipen und Restaurants auch. Das ist alles weggebrochen, mit einem Schlag. Die Kneipiers sind selbst am Existenzminimum und kurz vorm Sprung. Entweder ich kann wieder aufmachen und verdiene Geld oder muss die Bude zulassen und bin dann insolvent.

Das ist für die Gesellschaft ein wahnsinniger Einschnitt gewesen: Wie kann es sein, dass Deutschland so reich ist, und bereits nach einer Woche oder zwei Wochen Schließung ganzer Branchen, der Zuwachs von Hartz IV und allem Möglichen wächst. Man hatte immer das Gefühl, das Geld wächst mit. Das ist aber nicht wahr, das hat man jetzt gemerkt, dass das überhaupt nicht stimmt. Ein Großteil der Menschen lebt von der Hand in den Mund, nicht nur die Obdachlosen, auch die sogenannte Mitte der Gesellschaft, die konnte plötzlich die Rechnungen nicht mehr bezahlen und dies und jenes nicht mehr und rutschte an der Insolvenz vorbei. Das ist erstaunlich. Das habe ich so nicht vermutet. Das ist einmalig, und es gibt keinen Vergleichsfall in der Historie, wo ein Lockdown in einem ganzen Land passiert ist. Dieser Sturm wird uns noch lange beschäftigen. Allerdings bin ich der Meinung, dass die sozialen Probleme sich nicht ändern werden. Das wird nicht passieren. Im Gegenteil. Dadurch, dass jetzt so viele Gelder freigeschaufelt worden, muss es ja irgendwann auch bezahlt werden, in den nächsten Generationen.

Ich denke mal, dass wir jetzt in der Situation sind, wenn wir mal in Rente gehen, uns das schwer treffen wird mit der Altersarmut und so weiter. Die Obdachlosigkeit wird noch größer werden. Wir liegen jetzt bei 860.000 Wohnungslosen in Deutschland. Ich geh mal davon aus, dass wir Ende des Jahres eine Million erreicht haben, weil Mieten nicht mehr bezahlt werden können. Es gibt viele Umstände für Obdachlosigkeit oder Wohnungslosigkeit. Das ist nicht immer selbstverschuldet. Das wird uns noch schwer treffen, sozial.

Ich selbst war sechs Jahre im Kriegseinsatz. Ich habe schon viele Krisen erlebt, war auch sechs Jahre im Zuchthaus, in der DDR. Ich kenne des Lebens Spiel. Für mich war das jetzt nicht eine Krise, die mich runtergezogen hat, sondern man musste jetzt einfach überlegen, wie man am besten helfen und trotzdem die ganzen Kanäle aufrechterhalten kann, sei es in der Bezirkspolitik oder Landespolitik.

Ich glaube schon, dass das Bewusstsein für soziale Probleme in der Politik da ist. Aber auch die politischen Gremien sind koalitionsgebunden. Wenn ein Abgeordneter oder ein Bezirksverordneter der Meinung ist, da muss er jetzt unbedingt helfen, dann braucht jeder erstmal selbst ein Umfeld, und Gleichgesinnte, die mitziehen. Wir haben das große Dilemma, dass sehr viele von der AfD in Berlin Politik blockieren.

Aber was ich immer sage, ich habe schon Jahre vorher, habe ich immer darauf hingewiesen »Leute, wir müssen uns umstellen«. Wir müssen eine andere Obdachlosenarbeit auf den Weg bringen. Wir haben circa 60 Prozent osteuropäische Obdachlose. Das ist in Ordnung, wir müssen sie versorgen. Und da kann die Politik sich nicht stur stellen. Dieses Bewusstsein muss eintreten. Das muss einfach da sein, und das ist leider noch nicht so. Deswegen hat das Diakoniewerk Simeon damals diesen Entschluss gefasst, einen Armutsbeauftragten zu ernennen, da noch einmal anders zu agieren.

Wir brauchen eine andere soziale Politik, eine andere gesellschaftliche Einstellung. Wir brauchen wieder eine Gesellschaft, die das Soziale in den Vordergrund stellt. Wir sind ein Sozialstaat, so nennen wir uns. Da gehören Menschen dazu, die die Obdachlosen zurückholen in die zivile Gesellschaft. Also zurück in das Arbeitsleben und zurück an Orte, an denen sie teilhaben können. Die Gruppe der Hartz-IV-Empfänger oder der Behinderten, die dürfen wir nicht vergessen. Wir müssen sie teilnehmen lassen am Leben, sonst funktioniert das nicht. Ich kann doch keine Zwei-, Dreiklassengesellschaft aufbauen, bewusst oder unbewusst. Im Sozialstaat ist ja nicht der Staat allein verantwortlich dafür, wie wir leben. Jeder lebt für sich. Jeder hat die Verantwortung für sich selbst. Der Staat hat nur die Aufgabe, eine Sicherheit herzustellen und das soziale Gefüge einigermaßen im Griff zu halten, im Kontext der Gesetze. Es sind immer beide Seiten, die da mitziehen müssen.

Ich war kurz vor der Krise in Holland. Drei Tage. Ich war eingeladen, in Amsterdam, in Utrecht, mir Obdachlosen- und Wohnungsloseneinrichtung anzuschauen. Wie die damit umgehen, das ist sensationell. Ich war hellauf begeistert. Der holländische Staat finanziert diese Einrichtungen zu hundert Prozent. Dementsprechend sind Sozialpädagogen und Sozialarbeiter vor Ort, die die Menschen an die Hand nehmen, wenn sie selbst nicht mehr in der Lage sind. Das kann psychologisch bedingt sein. Ich helfe dir jetzt, aber du musst mitziehen, und dann machen wir es zusammen. Wenn du in eine Einrichtung in Holland gehst, hast du das Gefühl: »Wow, Mensch, das sieht ja richtig toll aus, gepflegt, sauber, würdevoll.«

Wenn ich mir hier in Deutschland eine Obdachloseneinrichtung anschaue, dann habe ich das Gefühl, es ist Ramsch. Warum müssen das immer zerrissene Möbel sein? Sicher, weil die Leute das spenden. Weil die Einrichtungen einfach nicht in der Lage sind das zu finanzieren. Der Staat gibt zwar was, aber wo der Rest herkommt, das interessiert den Staat nicht. Dann wettert man immer gegen die Kirchen, was ich nicht in Ordnung finde. Ach ja, die Kirchen haben Geld, die können das selbst zahlen. Nee, nee, das sind staatliche Aufgaben. Es ist nicht Aufgabe der Kirche oder sonstiger Träger, die Arbeit zu finanzieren. Sie können mit dem Staat einen Deal machen. Sie übernehmen die Arbeit von euch, aber ihr bezahlt auch dementsprechend. Genau das ist das Dilemma, in dem wir stecken. Wenn du Einrichtungsleiter bist oder wenn du irgendwo Verantwortung hast für so eine Einrichtung, bist du ständig unterwegs, um Spenden zu sammeln. Du kannst deine eigentliche Aufgabe, nämlich die Arbeit mit den Obdachlosen und Wohnungslosen, nicht mehr wahrnehmen, weil du nur damit beschäftigt bist, draußen herumzuflitzen und irgendwo Geld zu sammeln, damit die Arbeit weiterlaufen kann.

Es gibt keinen typischen Arbeitstag. Ich bin natürlich im Dienstverhältnis, aber meine Arbeitszeit bestimme ich selbst. Ich arbeite anders als etwa in der Pflege, wo du acht Stunden hast. Abends sind Gremiensitzungen, abends sind die ganzen politischen Veranstaltungen. Du musst ja irgendwie sichtbar werden, um dich wieder auf den Plan zu schmeißen. Deswegen arbeite ich 50 bis 80 Stunden die Woche. Das ist die Arbeitszeit. Aber das ist jetzt nicht so, dass du permanent zehn Stunden am Stück Arbeit hast, du hast zwischendrin auch mal Ruhe, wo du mal was schreiben kannst, du musst ja deine E-Mails noch erledigen. Das Einzige, was in dieser Zeit wirklich gut ist, dass du eben nicht mehr zu Veranstaltungen rennen musst, sondern dass es übers Telefon geht. Du musst trotzdem immer dabeibleiben und kucken, wie du zu deinem Geld kommen kannst, bis September oder bis Oktober bin ich abgesichert. Ich muss immer wöchentlich denken.

Natürlich leidet die Freizeit drunter. Familie hab ich keine. Das könnte ich mir auch nicht erlauben, eine Familie zu haben. Dann wäre das gar nicht möglich. Ich bin gerne in dieser Arbeit, ich bin auch in der Synode im Kirchenkreis Neukölln. Es sind schon viele Aufgaben. Das ist echt viel, aber es macht irgendwie auch Freude. Und mein Hobby sind Gedichte, das kann ich immer noch machen. Das mache ich dann nachts.

Ich habe schon mal mit Jens Spahn eine Diskussion gehabt, aber keine böse, bei der ich gesagt habe: »Mensch, Leute, wir haben zehn Millionen im Land, die in prekären Verhältnissen leben. Wir müssen was ändern.« Das hat er verstanden. Ich hatte auch zwei Gespräche mit der Kanzlerin. Das war hochinteressant, muss ich ehrlich gestehen.

Sie hat das Problem auch erkannt. Sie hat sich sofort bedankt, aber da muss man unterscheiden: Sie ist Kanzlerin. Sie kann jetzt nicht einfach ein Machtwort sprechen und sagen, so und so, sie ist keine Diktatorin und auch keine Königin, sondern es ist alles länderspezifisch. Der eine ist mehr aufs Soziale aus, der andere mehr auf die Wirtschaft. So wird die Kugel immer hin und hergeschoben. Grundsätzlich ist es so, dass wir einen nationalen Rat brauchen, und den brauchen wir dringend, in dem Experten aus der Armutsarbeit die Bundesregierung beraten. Ich würde mir wünschen, dass jedes Land einen Armutsbeauftragten benennt. Wir haben so viele Beauftrage, Tierschutzbeauftragte, Frauenbeauftragte. Aber bei Armut haben wir nix komischerweise.

Ein Armutsbeauftragter sollte das Land im Blick haben, die Zahlen kennen, kennt die Verbindung zwischen Jobcenter und Arbeitsamt, auch zu den Trägern, egal ob öffentlich oder nicht-öffentlich. Der dann seine Berichte formuliert, diese dem Land vorlegt und zur Abstimmung gibt. Punkte herauszieht, sagt: »Das müssen wir ändern, das müsste Gesetzeslage sein.« Und dann sollen sie sich darum kümmern, dass eine Gesetzesvorlage entsteht. Das wäre mein Wunsch und mein Traum. Ich habe das Gefühl, das kommt irgendwann. So geht es ja nicht weiter.

Und ganz wichtig ist: Ein Armutsbeauftragter darf nicht parteilich gebunden sein. Er muss eine relative Neutralität wahren, um mit allen Gruppierungen klarzukommen. Wir haben demokratische Parteien, und mit allen Parteien muss ich reden können. Und da gilt natürlich auch: Wer töpfern will, darf sich im Ton nicht vergreifen. Es muss eine ganz klare Linie geben: der Armutsbeauftragte bleibt neutral und gibt dem Land Hinweise, was notwendig ist.

Ich habe letztes Jahr ein Obdachlosenzentrum für Berlin gefordert, und zwar eines, das wirklich Arbeit mit Obdachlosen macht. Wo du sofort mit den Menschen arbeiten kannst, wo sie die Möglichkeit haben, zwischen einem halben und einem Jahr zu bleiben, wo auch die Nahrungsmittelversorgung stattfindet. Eine Kleiderkammer sollte da sein, ein Restaurant, wo sie mitarbeiten können, damit sie zurück in den Alltag finden. Und dann sind da Sozialarbeiter, die sich kümmern, dass alles ordnungsgemäß läuft und Leute eine Wohnung bekommen. Und auch eine Betreuungseinheit ist notwendig. Das wäre der richtige Weg, um diese Menschen herauszuholen. Ob das jetzt Polen sind oder Bulgaren, das interessiert mich eigentlich gar nicht, weil wir sind die EU. Wir sind verpflichtet, die Würde der Menschen zu achten.

Nach der Krise müssen wir das Thema dorthin bringen, wo es hingehört, nämlich nach Brüssel. Da muss es hin, und da muss auch vorgegangen werden. Nicht radikal, aber hartnäckig bleiben, das Gewissen herauskitzeln.

Ich glaube, es ist personenabhängig. Das ist immer so: In die Schublade schieben bringt nix. Obdachlose gehören zur Gesellschaft, ganz klar. Und dann muss man sagen: Liebe Leute, ich weiß, wie ihr denkt. Wenn jetzt in der U-Bahn ein Obdachloser ist, der jetzt nicht angenehm riecht, dann rennt ihr alle weg. Aber sich mal die Frage zu stellen, warum riecht der so. Das ist euch noch nicht eingefallen? Der riecht so, weil er sich nirgendwo waschen, nirgendwo auf Toilette kann.

Ich war im Bundesvorstand der LSU, Lesben und Schwule in der Union, bin aber ausgetreten aus dem Bundesvorstand, weil die sozialen Themen in der LSU schwierig zu händeln sind. Ich hatte immer gehofft, dass es eine Möglichkeit gibt, Obdachlose in der queeren Gesellschaft mitzunehmen. Das Problem, das ich bei einigen Schwulen sehe, ist, dass sie mit sichtbarer Not nicht umgehen können. Es gibt ein schwules Klientel, das sagt: »Ich steh gut da in der Gesellschaft, mir gehts gut. Und die anderen, die interessieren mich nicht.«

Es ist total schwierig, ein queeres Obdachlosenheim aufzubauen. Wer soll das finanzieren? Wo finde ich queere Obdachlose? Ich kenn so ein, zwei, drei, die queer sind. Das gleiche Dilemma wie mit den Flüchtlingen. Das konnte man letztendlich umsetzen, da haben wir eine Einrichtung aufgebaut. Man hat ja eine Antenne dafür, und die Leute haben sich mir gegenüber auch geoutet. In der richtigen Annahme, sie sind in Sicherheit. Dann verteilen wir sie nämlich in Einrichtungen, in denen sie queer sein und queer leben können. Aber bei Obdachlosen ist das eine ganz andere Schiene. Wenn du ein Obdachlosenzentrum, und ein Einzelzimmer hast, dann sind schon mal 50 Prozent des Problems gelöst. Wenn du als Sozialpädagoge, Sozialarbeiter in so einer Einrichtung arbeitest, erwarte ich, dass du mit diesem Thema umgehen und diejenigen schützen kannst.

Wir brauchen die Wirtschaft, um sozial tätig zu werden. Wenn ich keine Wirtschaft habe, kann ich auch die sozialen Belange nicht mehr leisten. Da kann ich machen, was ich will. Die Verschärfung der sozialen Problematik wird kommen, da sind wir uns sicher. Auf der anderen Seite sollten wir als Gesellschaft zur Normalität zurückkommen, Demut und Bescheidenheit haben. Jetzt, wo die Leute gemerkt haben, dass es richtig an den Geldbeutel geht, sehen sie plötzlich, dass sie genauso gefährdet sind wie die Obdachlosen, die draußen sind.

Ich kann nur hoffen und wünschen, dass die Gesellschaft zurückkommt zur Solidarität untereinander. Wenn sie das nicht macht und weitermacht wie bisher, wird es ewige Kämpfe geben zwischen Arm und Reich.

Ich habe viele Leute gesehen, denen das Haus weggebombt wurde. Ich sehe die Krise da schon anders. Trotzdem: die Altersarmut wird uns überrollen. Da werden wir noch richtig Probleme bekommen, wenn die ganzen Jahrgänge 60 bis 64 in Rente gehen, weil das Rentenniveau abgesenkt wird auf 44 Prozent. Na dann, prost Mahlzeit, das ist vorprogrammiert. Das kann ich mir ausrechnen, da brauche ich kein BWL-Studium. Der Staat muss sich was einfallen lassen. Ob Grundrente oder was weiß ich.

Wir arbeiten viel mit Ehrenamtlichen. Das Ehrenamt ist total wichtig. In Deutschland sind knapp elf Millionen Ehrenamtliche. Gäbe es die nicht, würde das soziale Gefüge zusammenbrechen. Der Staat verlässt sich auf dieses Ehrenamt, nach dem Motto: Die wollen alle was Gutes tun. Dann lasst sie es tun. Aber das ist zu wenig, Ehrenamt sollte abgesichert werden, zumindest versicherungstechnisch oder durch freien Nahverkehr.

Aber das ist auch wichtig: Ein Ehrenamt darf keine anderen Tätigkeiten ersetzen. Momentan werden oft Mitarbeiterlöcher mit Ehrenamt gestopft. Dann wird es schwierig. Das darf nicht passieren. Wir brauchen schon die Hilfe, weil der Staat nicht bereit ist, ordentliche Löhne zu bezahlen, dass die Einrichtungen ordnungsgemäß arbeiten und ihren Beitrag zur Gesellschaft leisten. Stattdessen beuten sich diese Menschen dann selbst aus.

Sie haben natürlich teils auch ein Eigeninteresse, dass sie ihrem Haushalt entfliehen wollen, ich muss jetzt etwas tun, weil ich es zu Hause nicht mehr aushalte. Das kann auch egozentrische Züge haben. Ungefähr nach dem Motto: »Die Hauptamtlichen sind alle scheiße, nur wir Ehrenamtler retten das System.« Diese Denke ist falsch, das hat man leider Gottes sehr oft. Da muss ich sagen: »Ich brauche kein Ehrenamt mehr, wenn der Betriebsfrieden nicht gewahrt bleibt.«

Ich mag meine Ehrenamtlichen wahnsinnig gerne. Das funktioniert, aber Ehrenamtliche können keine Struktur aufbauen. Was wichtig ist, dass man das Ehrenamt eingrenzt. Dass man ganz klar sagt: Ehrenamt zwischen ein und vier Stunden Maximum. Mittlerweile ist es so, dass Ehrenamtliche manchmal den ganzen Tag irgendwo rumspringen. Dann weißt du gar nicht, wer Mitarbeiter ist und wer nicht.

Insgesamt muss man sagen: Was wirklich gut läuft in Deutschland, ist das Bewusstsein dafür, dass den Menschen geholfen werden muss, das freut mich. Aber es gibt noch sehr viel zu tun. Armut kommt bei Parlamentariern nicht oft vor, die kennen das nicht. Das ist nicht mal boshaft, sie sehen das Thema einfach nicht. Deswegen sage ich auch immer: »Ihr habt alle Abgeordnete, Bezirk oder Kreis, schreibt die an.«

Aber wenn sich vorm KaDeWe 100.000 Touristen tummeln, sieht man den einen Obdachlosen nicht mehr. Genauso ist es mit unserer Arbeit. Wir müssen agieren, wir müssen laut sein. Wir müssen jeden Tag posten auf unserer Facebook-Seite »Tee- und Wärmestube in Neukölln«. Das funktioniert, das Thema Armut in die Gesellschaft zu tragen, und zwar nicht mit wirtschaftlichen Ausführungen, wo ich erst einmal fünf Seiten lesen muss, um eine Seite zu verstehen. Die Menschen müssen normal angesprochen werden mit einer normalen Sprache, nicht mit einer Abgeordneten-Sprache mit irgendwelchen Paragrafen. Mit den Menschen muss gearbeitet werden und nicht mit Büchern.

Seit Januar 2021 ist Thomas de Vachroi Armutsbeauftragter des evangelischen Kirchenkreises Neukölln.

TILL UND SOFIE

Till und Sofie, beide Ende 30, waren wegen mangelnder Jobperspektiven aus Serbien nach Deutschland gekommen. Sie verbrachten ein Jahr in Berlin, um Deutsch zu lernen und vielleicht einen Job zu finden - Sofie suchte im sozialen Bereich, Till wollte Koch werden. Nachdem das Visum auslief, kehrten sie zurück nach Serbien, um ein Jahr darauf wieder nach Berlin zu kommen. Till macht inzwischen eine Ausbildung zum Altenpfleger, Sofie wartet zum Zeitpunkt des Interviews auf ihre Zulassung zum Studium. Es hat sich als schwierig erwiesen, Gesprächspartner*innen aus osteuropäischen Ländern zu finden, da bei vielen großes Misstrauen herrscht. Valerie, Ende 40, ist Übersetzerin. Till und Sofie haben auf Deutsch mit mir gesprochen.

VALERIE: Für einen hab ich mal übersetzt, der kam aus einem Wohnheim in Spandau, wo ich dann erfuhr – das ist aber auch durch die Presse gegangen, nichts, was ich dir exklusiv verraten würde – dass die den Leuten die Pässe, die Zeugnisse und alles abgenommen und 800 Euro für einen Doppelstockbettplatz im Wohnheim abgeknöpft haben. Real hätte das ein Drittel davon gekostet. Die haben ihnen das direkt vom Gehalt abgezogen, und sie gehalten wie Sklaven. Die haben 1100 Euro ausgezahlt und wahrscheinlich die ganzen Zulagen und so weiter auch behalten. Der Chef dieser Bande, dieser Rekrutierungsorganisation, war eine Bosnierin. Ich habe dann von vereinzelten Leuten gehört, dass sie nicht wussten, dass sich in Deutschland jeder Mensch seine Krankenversicherung selbst aussuchen darf und dass jeder sein eigenes Girokonto eröffnen darf, und nicht das Gehalt vom Chef ausgezahlt kriegt mit einer Lohntüte. Die haben sich halt einfach aus der Not heraus beworben, weil sie dachten, tausend Euro im Monat ist ja eine Menge Geld. Dass sie Zweiacht verdient hätten, wenn sie das regulär gemacht hätten, das haben sie erst viel später erfahren. Da hatte ich mal einen Knaben, der mir gesagt hat: »Ja, ja, das war echt krass. Wir sind da abgehauen und sind dann selbst auf Jobsuche gegangen, nachdem wir da gekündigt hatten.« Das ist bestimmt schon fünf Jahre her, das war so eine Art Mafia, die Lkw-weise Pfleger aus Bosnien und Serbien rangekarrt hat.

Und diese Leute verstehen die Missstände schon, vor allem die Leute aus meiner Generation. Die haben noch in Jugoslawien gelernt, das heißt die haben eine Ausbildung mit Abitur und du bist voll ausgebildeter Mediziner, intravenös Blut abnehmen kannst du, im OP arbeiten, alles. Und die Leute werden dann hier zum Arschabwischen rangenommen, werden als Hilfspflegehelfer verheizt, mit allen Schikanen. Sobald auffällt, dass sie eine Infusion anhängen können, werden ihnen diese Tätigkeiten sehr schnell übergeholfen. Aber die Bezahlung bleibt gleich. Dass diese Geschichten stattfinden, das höre ich permanent. Das ist kein Geheimnis. Dass hier haufenweise Arbeitsmigranten importiert werden, das steht ja bei Jens Spahn auf der Webseite.

Die werden schamlos ausgenutzt, auch die Hochqualifizierten, und dann gibts noch den Mittelbau, diese Chef*innen, die da Profit riechen und sagen: »Ok, ich kann die Sprache, ich pfeif die Leute so zusammen, dass sie parieren.«

SOFIE: Ja danke, wir sind endlich wieder hier. Es war schwierig. Wir haben ein Jahr gebraucht, um zurückzukommen, wegen der Bürokratie und Visum und Botschaft. Am Ende wir sind hier, und wir sind glücklich. Ich war in Brandenburg vier Monate und als mein Freund in Deutschland ankam, bin ich auch hierher gezogen. Jetzt brauchen wir nur zehn Minuten mit dem Fahrrad zur Arbeit, das ist perfekt.

Ich arbeite in einem Altenheim als Reinigungskraft, und als Studenten-Job. Ich arbeite da 20 Stunden pro Woche. Und Till macht da seine

Ausbildung zum Altenpfleger. Wir sind beide ziemlich zufrieden, weil wir das immer vergleichen mit der Situation in Serbien. Es kann besser sein, aber weil wir aus diesem nicht so entwickelten Staat kommen, können wir uns nicht so beschweren. Vielleicht sehen wir das in Zukunft anders, momentan sind wir zufrieden.

In Serbien habe ich einen Abschluss in Erwachsenenbildung gemacht. Jetzt warte ich auf das Wintersemester. Ab Wintersemester will ich studieren. Aber ich bin nicht sicher, was: entweder soziale Arbeit oder ein Programm zur Beratung, also Pflegemanagement.

Ich hab in dem Bereich nicht gearbeitet leider. Ich habe keinen Job gefunden in Serbien. Ich hatte nur Praktika und ich war ehrenamtlich engagiert. Aber ich habe keine echte Berufserfahrung. Ich habe in einer NGO gearbeitet, mit Roma-Kindern, die auf der Straße wohnen. Wir haben Betreuung gemacht, Hilfe bei den Hausaufgaben, wir haben verschiedene soziale Institutionen besucht, auch Arztbesuche. Ambulante Hilfe sagt man hier glaube ich.

Ich habe mich immer für Psychologie und Soziale Arbeit interessiert. Deswegen habe ich auch Pädagogik studiert. Mein Lieblingsthema, war Soziale Andragogik. Deswegen habe ich versucht, auch praktische Erfahrungen zu machen. In Serbien an der Uni haben wir keine Praktika, wir haben nur theoretische Kurse. Deswegen habe ich mich entschieden, mich freiwillig zu engagieren.

Es gab aber keine Möglichkeiten, einen Job zu finden. Das Land ist sehr arm, und alle diese Projekte im sozialen Bereich sind meistens NGOs. Und es gibt zu wenige. Am Ende musste ich einen richtigen Job finden und war dann im Bereich Administration und Verwaltung. Natürlich war ich nicht zufrieden, weil ich mit Menschen arbeiten möchte.

Deswegen habe ich mich entschieden, hierher zu kommen und es zu probieren. Mein Uni-Diplom ist zwar anerkannt, aber nur teilweise. Ich muss einen Antrag losschicken, und dann dauert es zwischen drei und sechs Monaten. Aber wegen der Pandemie weiß ich jetzt nicht, wie lang das dauert.

In Serbien ist die Situation sehr schwierig, gerade am Anfang. Es gab diese Ausgangssperre. Man konnte nicht rausgehen. In Serbien gibt es nominell eine Demokratie, ich denke, dass sie alles machen für politische Promotion, als Werbung. Nach zwei Monaten gibt es keine Ausgangssperre mehr, gibt es keine strenge Regelungen. In Serbien sind im Juni Wahlen, deswegen hat unser Premier zum Beispiel jedem Bürger 100 Euro versprochen, wie ein Geschenk.

Momentan ist diese Regierung ein bisschen diktatorisch. Und alle unsere Medien können nicht richtig berichten. Zum Beispiel waren während der Corona-Situation mehrere Journalisten im Gefängnis, weil sie objektiv berichtet haben, wie die Situation in Krankenhäusern ist.

Unsere Ärzte und die medizinischen Kräfte hatten keine Ausstattung, keine Masken, und deswegen waren zum Beispiel am Anfang 50 Prozent der Infizierten medizinische Fachkräfte. Das war ein großes Problem. Und alle Journalisten, die darüber berichten wollten, kamen für zwei Wochen ins Gefängnis. Sie hatten keine Möglichkeit, das in der Öffentlichkeit zu sagen.

Es war auch eine Regel, dass man nur eine Stunde am Tag einkaufen gehen konnte, alle gleichzeitig. Und innerhalb dieser Stunde waren dann so viele Menschen in einem Markt, ohne Masken, ohne Abstand: es ergab überhaupt keinen Sinn, das so zu machen.

Das Problem ist, dass unsere Ärzte und unsere Fachleute so großen Druck von Seiten der Regierung hatten, sie konnten nicht ihre eigene Meinung sagen. Sie haben das gesagt, was die Regierung wollte.

In der Einrichtung bin ich nicht zu hundert Prozent mit den Maßnahmen zufrieden, zum Beispiel sind die Schutzmasken am Arbeitsplatz nicht obligatorisch. Sie haben uns erklärt: Das macht den Bewohnern Panik, wenn sie uns mit Masken sehen. Aber für mich klingt das komisch. Gleichzeitig gibt es ein Besuchsverbot und wenn Bewohner aus dem Krankenhaus kommen, werden sie isoliert. Den Leuten geht es so ziemlich okay, aber so zehn Prozent hatten Angst.

Wir haben in Serbien eine allgemeine medizinische Schule, die dauert vier Jahre. Danach kann man als Krankenschwester arbeiten. Pflege ist bei uns nur ein Kurs, das kann man in einem Jahr machen. Hier gibt es viel Bürokratie, das verlängert den ganzen Prozess. Aber hier ist die Ausbildung oft praktisch und nicht nur ausschließlich theoretisch, das ist gut. Bei uns ist es oft so, dass wenn man mit der Ausbildung fertig ist, weiß man nicht genau, was man machen soll.

TILL: Ich betreue jetzt am Anfang zwischen fünf und acht Bewohner, und nach der Ausbildung sind es dann acht bis zehn. Am Anfang ist es ein bisschen schwer, weil ich nicht genau weiß, was ich tun soll. Jeder Mensch hat seine eigenen Bedürfnisse. Am Anfang ist es ein bisschen schwer, aber wenn du diese Menschen kennengelernt hast, wird es viel einfacher. Du musst wissen genau, was sie brauchen. Und dann ist es Routine jeden Morgen.

Ich war Grafiker vom Beruf, und jetzt bin ich Pfleger. Es ist etwas total anderes, ich habe mit Maschinen gearbeitet, jetzt arbeite ich mich Menschen.

Der Einstieg war okay. Ich habe gedacht, es würde viel schwerer sein und ein bisschen eklig, Windeln wechseln zum Beispiel. Aber es ist okay, und die Menschen sind sehr nett, die Bewohner. Und ich habe okaye Mitarbeiter und Chef und Chefin auch, man kann sich nicht mehr wünschen. Wenn ich ein Problem habe, gehe ich zu ihr und sie erklärt mir dann alles.

Ich habe gelernt, dass man nicht so eine starke Verbindung eingehen sollte mit den Bewohnern. Später ist es sehr schwer. Ich war zwei Wochen da, dann ein Monat Schule, und jetzt wieder einen Monat und in dieser Zeit sind vier Leute gestorben. Es war schwer für mich, denn diese Leute sind sehr, sehr nett. Und immer, wenn sie mich gesehen haben, haben sie gefragt: Wollen Sie etwas haben, Schokolade. Und als sie gestorben sind, das war traurig. Normal, du bist ein Mensch und hast Empathie. Aber du darfst dich nicht so stark verbinden, sonst wird es schnell schwer.

Ich habe viele Kollegen aus Osteuropa, ja, aus Kroatien, aus Serbien, aus Bosnien oder aus Bulgarien, Polen. Ich denke Deutsche und Ausländer sind je 50 Prozent.

Ich muss sagen, bei den Deutschen, sie kucken wie jede Person auf der Arbeit. Bei den Ausländern ist das ein bisschen verschieden, weil sie immer versuchen, mit Bewohnern zu sprechen, ein bisschen Spaß zu machen – Deutsche nicht. Das ist Arbeit: Pflege, tschüß. Und ich habe auch bemerkt – es ist ein bisschen dumm und gemein, das zu sagen, aber diese Deutschen, die da arbeiten, sind ein bisschen white trash. Sie sind ein bisschen ungebildet. Manche sind auch nicht so nett und freundlich. Sie lästern auch immer hinter deinem Rücken. Ein bisschen. Aber was soll ich machen?

Die Stimmung ist schlechter, wenn Deutsche arbeiten. Vielleicht ist es besser, wenn Deutsche im Dienst sind, weil sie alles verstehen können und alles machen und blablabla. Aber ich denke, Ausländer haben mehr Empathie, und sie sind besser zu den Bewohnern. Ich weiß nicht.

Was die Bezahlung anbelangt, ist es okay. Ich denke, dass es viele gut ausgebildete Mitarbeiter aus Osteuropa gibt, aber sie können natürlich nicht so gut Deutsch. Das gleicht sich aus.

Die Chefs sind Deutsche, sie sind sehr nette Leute. Ich habe auch schon in Deutschland bei sehr schlechten Chefs gearbeitet, aber jetzt habe ich gute Leute gefunden.

Der Job gefällt mir gut. Es ist nett, mit Menschen zu arbeiten, besonders wenn die Menschen super sind. Und es ist ein sicherer Job in der Zukunft. Und es ist viel Spaß.

In Serbien läuft nichts. Unser Gesundheitssystem ist so schlecht, ich kann es nicht einmal erklären. Wir haben nichts, keine Ärzte, keine medizinischen Apparate, keine Medikamente. Es gibt nichts. Und es gibt diese privaten Krankenhäuser und die normalen Krankenhäuser, und da kannst du ein Jahr warten für ein MRT. Und du kannst zehn Mal sterben, bis sie Zeit für dich haben.

Ich habe nicht so viel Familie in Serbien, aber mit den Freunden und Familie, wir sehen uns über Zoom. Es ist okay, es ist nicht so schlimm. Aber ich habe meine Freunde beruhigen können. Und wenn diese Scheiße vorbei ist, kommen sie alle vorbei. Für mich ist es so: Du bekommst Instruktionen, für die Sicherheit, dann machst du das. Wenn alles vorbei ist, kannst du gehen und deine Familie sehen. Es ist für jeden Menschen schwer.

Ich war überrascht in meiner Schule. Es gibt so viele Deutsche. 16, 17 Jahre alt. Sie wollen Pfleger sein? Ich wusste nicht, dass es populär ist. Es war populär wegen der Kinder. Es gibt mehr Frauen. 70 Prozent und 30 Prozent Männer, ungefähr.

Ja, es gibt ältere Leute wie ich, 37 Jahre alt. Es gibt aber nicht so viele in meinem Alter, vielleicht 30 Prozent oder etwas.

Ich habe Menschen mit Demenz gesehen, mit Parkinson, mit Multipler Sklerose und anderen Krankheiten. Es ist schwer. Ich habe manchmal Panik, ich kann mich nicht so gut ausdrücken, und kann sie nicht verstehen. Und dann muss ich sie bitten, sich zu wiederholen. Ich kann es nicht verstehen, und wenn sie etwas das fünfte Mal sagen, sage ich nur Ja oder nein. Menschen mit Parkinson zittern und können nicht so gut sprechen. Und dann habe ich Angst. Das ist etwas, das ich nicht machen kann. Mit Demenz ist es auch schwer, weil du kommst rein und gehst wieder und kommst noch einmal ins Zimmer. Sie fragen, wer du bist. Jeden Tag, immer wieder. Und ich habe eine Bewohnerin. Sie fragt jeden Morgen, sie weiß nicht, wer sie ist, wer ich bin. Es ist schwer, mit ihr zu kommunizieren.

Kommunikation ist super wichtig, und ich habe es gelernt mit dieser Frau. Aber du musst dir viel Zeit nehmen. Und dann, ja, dann geht es. Dann ist es auch schön

Geduld ist das Wichtigste. Du solltest niemals etwas schnell machen oder schnell wieder weg sein wollen. Man muss immer langsam machen und wenn du viel Zeit brauchst, brauchst du viel Zeit. Das ist einfach so. Ich hoffe mehr Menschen machen die Ausbildung, es gibt zu wenige Leute in unserem Bereich.

Und es gibt so viele alte Menschen die Hilfe brauchen. Ich habe das bemerkt, in Deutschland gehen viele alte Menschen freiwillig in die Altenheime. In Serbien ist es nicht so. Die wollen nicht in die Heime. Was ist besser? Ich weiß es nicht.

KLAUS

Klaus ist Ende 20 und gelernter Intensivkrankenpfleger in einer Kreisstadt in Baden-Württemberg. Inzwischen arbeitet er in einem Hospiz.

Ich bin jetzt Ende Zwanzig, das ist schon mein zweiter Beruf. Ich hab mal Koch gelernt, hab dann aber geschmissen und arbeite seit 2012 in der Krankenpflege. Ich hab jahrelang Intensivmedizin hinter mir und hatte keinen Bock mehr. Und jetzt bin ich in einem Hospiz.

In die Pflege bin ich durch Zufall reingerutscht. Nach der Ausbildung hab ich noch eine Saison gearbeitet, war dann ein bisschen reisen, bin zurückgekommen, hatte keinen Bock mehr auf Gastronomie und wollte eigentlich in so einer Reha-Einrichtung nur Patienten durch die Gegend schieben. Von Zimmer zu Therapie. »Holer-und-Bringer« nannte sich das. Die hatten aber keine Stelle und haben mir gesagt, ich könne doch ein Pflege-Praktikum machen. Dann habe ich das gemacht und nach einem halben Jahr gedacht: Das passt. Dieser Umgang mit neurologisch schwer kranken Patienten hat mir sehr, sehr gut gefallen.

Deswegen habe ich mich für die Ausbildung entschieden, und das war ein Erwachen. Weil ich kam aus einer privaten Reha-Klinik, da wurde sehr viel Geld in die Hand genommen, was Personalschlüssel und Material und so anging. Und für die Ausbildung bin ich in ein städtisches Klinikum gekommen und habe dann drei Jahre lang Menschen gewaschen und bin im Kreis gerannt. Das war meine Ausbildung.

Im Anschluss, weil mich der medizinische Teil doch sehr interessiert hat, habe ich mich auf einer Intensivstation beworben. Die haben mich direkt genommen. Ich habe mein Examen gemacht und konnte anschließend auch direkt dort anfangen. Wir hatten zehn Beatmungsplätze, sechs Betten für die Stroke Unit und dann nochmal sechs oder sieben Betten, wo wir so MIST-Patienten betreuen konnten, also COPDler zum Beispiel. Da konnten Beatmungsgeräte stehen, doch wir haben da nicht invasiv beatmet. Und halt unser Notfallzimmer, in das die ganzen Reanimationen und sowas reinkamen.

Das war dann schon ziemlich geil, was medizinisches Fachwissen angeht. Auch in der Anwendung am Patienten, weil du nicht der klassische Pfleger bist, der 36 Patienten betreuen muss pro Schicht und nie weißt, wo oben und unten ist, sondern, weil du einen viel kleineren Anteil an Patienten zur Versorgung hast. Das Maximum war bei uns vier voll Beatmete. Das klingt erst mal wenig, doch wenn die beatmet sind und noch eine Dialyse läuft oder sogar eine ECMO, dann hat man da auch gut zu tun. Es ist allerdings nicht vergleichbar mit einem normalen stationären Betrieb.

Ich war Anfang zwanzig, als das alles angefangen hat. Wenn man ein bisschen älter ist, lebt man dieses System lange mit und erlebt halt so ein paar Geschichten, die ich echt asozial fand und die mich immer noch beschäftigen.

Zum Beispiel hatten wir einen Patienten, der lag im Sterben. Der war an einer NIV-Maske, das ist die nicht invasive Ventilation, also der war bei Bewusstsein. Da kriegt man eine Maske aufs Gesicht und wird durch eine Maschine beatmet, weil sonst nix geht. Naja, und eigentlich war klar auf den Monitoren, dass der Patient schon dem Tode sehr nahe ist und aus ethischer und moralischer Sicht nimmt man die Maske weg und stellt die kreislaufunterstützenden Medikamente ab, schaut, dass der Patient nur noch Morphin kriegt, dass er halt keinen Stress empfindet, keine Schmerzen hat, aber den Sterbeprozess auch wirklich antreten kann. Diesen Menschen haben wir noch weitere sechs Tage an der NIV-Maske gehabt, denn wenn man die Beatmungsbrücke dementsprechend einstellt, schafft man es, einen Blutdruck aufrechtzuerhalten. Wenn du mit genügend Bar die Lunge auslöst, wird dein Herz trotzdem komprimiert. Und wenn du dann noch eine entsprechende Frequenz einstellst, bleibt der Mensch auf dem Monitor erst einmal am Leben.

Am letzten Tag, so um 23.15 Uhr, war eigentlich klar, der Patient ist jetzt verstorben. Wir durften die Beatmung aber erst um 00.10 Uhr ausschalten, weil der Folgetag damit angebrochen war, somit konnte man den auch noch abrechnen. Das war das Krasseste, was ich in meinem Pflegerdasein auf der Intensivstation erlebt habe.

Sowas häuft sich. Und ich glaube nicht, dass das ein Einzelfall ist, weil man in der Intensivmedizin mit Beatmung wahnsinnig viel Geld verdienen kann. Wenn du einen nicht so netten Chefarzt hast, der das auch durchzieht, weil er die Abrechnung im Vordergrund sieht und nicht das Wohl der Leute, passiert so eine Scheiße halt.

Das ist unser Alltag, gerade wenn es um Abrechnungen geht. Auf der einen Seite hast du eine Stroke Unit, in die die Leute kommen und eigentlich drei Tage liegen sollten. Die werden aber regelmäßig wieder weggeschoben, damit man einen neuen Stroke aufnehmen kann. Da ist das Geld der Faktor, nicht das Medizinische. Für mich hat dieses Abrechnungssystem nie richtig Sinn gemacht.

Das, was wir zumeist gesehen haben, waren über 90-jährige Leute, denen man noch eine Hüfte aufgeredet hat. Da kommen Leute, die liegen seit neun Jahren im Bett und fallen einmal raus. Mit 95 macht man denen noch eine Hüfte, weil die sich super abrechnen lässt. Ja und dann kriegen die eine Sepsis und verrecken. Aber man konnte die Hüfte abrechnen. Und das ist halt schon ... da kriegst du das Kotzen. Aber so läuft es. Das ist Realität. Das ist traurige Realität.

Das Einzige, das bei uns ankam, war: Es werden immer weniger Kollegen, es müssen immer mehr Pfleger gehen. Der Arbeitsaufwand wird immer größer und von oben kommt nur: Bisher hat es ja auch funktioniert. Wird schon. Flächendeckend fallen Kollegen aus aufgrund von Burnout oder schweren depressiven Episoden. Das ist leider kein Einzelfall. Und naja, wenn du dich beschwerst, sagt man dir, du könntest dich ja woanders bewerben. »Du musst da ja nicht arbeiten, wenn das zu viel für dich ist.« Du gibst alles und kriegst noch sowas hinterhergeschmissen. Das fühlt sich richtig toll an.

Und du hast keine Chance. Wir hatten ein Beschwerdemanagement und haben den Fall direkt an unsere Ethikkommission weitergegeben. Aber der Chefarzt, der die Beatmungsaktion angeordnet hat, sitzt in dieser Ethikkommission. Damit bist du leider trotzdem am kürzeren Hebel, wenn der Typ, der ethisch verwerfliche Sachen anordnet, in diesem Ethikrat drinsitzt, dann, ja, kämpfst du gegen Windmühlen.

Solche Themen sind auch im Betriebsrat vorgekommen. Das weiß ich, weil ich da eine Zeit lang mit drinsaß. Wenn unsere Klinikleitung bei den Sitzungen dabei war, war das für einen Betriebsrat nicht so relevant, der hat dann was von Einnahmen und Ausgaben erzählt. Und alles andere hatte der nicht so auf dem Schirm. Für den ist nicht wirklich wichtig, was da passiert. Die Zahlen müssen stimmen.

Es wurde relativ wenig kontrolliert, was die Arbeit von uns oder meinen Kollegen anging. Aber sobald du deine Daten nicht fachgerecht eingetragen hast in das System, hat es genau eine Stunde gedauert, bis jemand aus dem Service anrief und gesagt hat: »Bitte tragen Sie die Beatmung noch ein, damit wir es abrechnen können, weil jede Stunde zählt.«

Ich hab das Gefühl, es wird immer schlimmer. Während ich da war, wurde im Klinikum eine neue Pflegedirektion eingestellt, die an den Zahlen feilen sollte. Die hat erstmal 56 Pflegekräfte im ganzen Krankenhaus entlassen und dann waren die Zahlen besser, aber die Krankenhausarbeit viel schlechter. Schließlich kam eine große Kündigungswelle, die Leute sind alle gegangen, da war das Geheule wieder groß. Sie haben versucht, das mit Leuten aus dem Ausland zu regeln, indem sie Italiener und Spanier holen. Die wurden allerdings behandelt wie Scheiße. Jeder von denen hatte einen anderen Arbeitsvertrag. Jeder hat unterschiedlich verdient. Man hat ausgenutzt, dass sie nicht zu hundert Prozent Deutsch sprechen konnten. Die sind mittlerweile auch alle wieder weg.

Das hatte auch mit den Tätigkeiten zu tun, die man denen übergeholfen hat. Bei den Italienern weiß ich es nicht, aber bei den Spaniern schaut Pflege anders aus. In Spanien hast du einen geringeren Anteil an so Sachen wie Körperpflege, aber deine Kompetenz am Patienten ist viel höher. Du musst nicht wegen jedem Medikament, das du geben willst, beim Arzt darum betteln und dem stundenlang hinterher telefonieren. Die dürfen Venenverweilkanülen legen und lauter solche Sachen.

Das war für die schon ein Downgrade an Kompetenz und eine Zunahme an Arbeitsstress, weil sie es nicht gewohnt sind, im Frühdienst 30 ältere Menschen zu waschen und jedes Essen einzugeben, dafür haben die Pflegehelfer.

Also klar, die Arbeitssicherheit ist hier mit einem deutschen Vertrag schon besser als in Spanien, weil in Spanien stellen sie dich ein, und sobald keine Arbeit mehr da ist, entlassen sie dich auch wieder. Das ist bei uns anders. Du hast hier einen gewissen Schutz, wenn du einen Arbeitsvertrag hast. Aber Spanier sind es nicht gewohnt, der Waschheini zu sein.

Es geht nicht darum, dass niemand die Leute waschen will und den Arsch abwischen. Das stört mich nicht. Für mich ist das schon immer Realität. Wenn dir jedoch was anderes versprochen wurde und du auch was anderes gelernt hast, dann sinkt die Zufriedenheit.

In der Privatklinik war das anders. Die haben als Klinik geschaut, dass die Station, was Pflege angeht, so ausgestattet ist, dass jeder Pfleger im Frühdienst zwei Patienten versorgt und nicht mehr. Aber das war eine Reha-Klinik, das ist null vergleichbar mit einem Akut-Haus.

Du bist in den Frühdienst gekommen und hattest drei Stunden Zeit, zwei Leute für den Tag zu richten, dass die zur Therapie können. Da ist der Pflegeaufwand schon höher, grade wenn sie schwer neurologisch belastet sind, weil es viel länger dauert, die Leute aus einem Rollstuhl zu hieven. Das ist nicht vergleichbar mit einem, der eine Radius-Fraktur hat. Aber dir wurden die Zeit und das Material zur Verfügung gestellt. Du konntest wirklich, ja, den Menschen würdevoll in den Tag schicken und die Resonanz war auch genial. Es war ein sehr, sehr schöner Umgang mit den Leuten und wir haben viel zurückgekriegt, auch von den

Angehörigen, denn du hattest viel mehr Zeit. Das ist das große Thema, wenn es um Pflege geht.

Das ist im Hospiz jetzt ähnlich. Ich habe viel weniger Patienten und dadurch viel mehr Zeit. Ich kann mich mit jemandem mittags zwei Stunden in die Sonne hocken und mir Geschichten aus seinem Leben erzählen lassen. Auch das ist Teil meiner beruflichen Auffassung. Dann kommen nicht Kollegen und sagen: »Boah, warum bist du so lang weg mit dem?« Sondern jedem ist klar: Auch das ist wichtig für unseren Gast. Wir nennen unsere Patienten Gäste. Und da steht dieser würdevolle Umgang an allererster Stelle, weil die Leute alle im Sterben liegen.

Diese Beatmungsmaßnahme damals war der erste Auslöser, dass ich das wirklich kritisch hinterfragt habe. Bis zu dem Zeitpunkt stand mein Interesse an der Medizin im Vordergrund und es gibt wahnsinnig viel, was man lernen sollte, wenn man auf einer Intensivstation arbeitet. Ich fand es bis dahin immer schön. Also es war nicht schön, wenn eine Reanimation reinkam, aber du konntest Leuten das Leben retten und das hat die Arbeit sehr wertvoll für mich gemacht. Da war ich noch sehr grün hinter den Ohren. Wenn du länger da bist, kriegst du auch andere Patienten, die du betreuen sollst und dann fällt dir sowas auf. Und diese eine Aktion mit der Zwangsbeatmung war für mich die erste, bei der ich gesagt hab: Okay, irgendwas läuft echt extrem schief. Dann kamen noch zwei, drei Sachen dazu.

Zum Beispiel hatten wir bei uns eine ausgelagerte Dialyse-Abteilung. Das heißt, wir haben die Dialysemaschinen hingestellt, aufgebaut, eingespannt, an den Patienten angeschlossen. Bei uns war das jedoch so, dass extern eine Dialyse-Schwester kommen sollte, um da gewisse Änderungen vorzunehmen. Das sollten nicht wir machen, sondern unsere Fachabteilung. Die war aber von 7 Uhr morgens bis 8 Uhr abends erreichbar, dann nicht mehr. Die hatten auch keine Bereitschaften. Und jetzt ist bei einem Patienten von uns der Shaldon zugegangen. Und das ist mega das Geficke, das zu legen, wenn dein Patient einen schlechten Gefäßstatus hat. Im Endeffekt ist es so gewesen, dass der Shaldon zugegangen ist, die Patientin war voll antikoaguliert, es hat sich ein Thrombus gelöst und sie hatte einen Schlaganfall. Und aus meiner medizinischen Sicht hätte sich das verhindern lassen können, wenn jemand gekommen wäre oder wir die Kompetenz gehabt hätten, selber daran rumzuspielen. Das wollte man aber nicht, somit hat man das in Kauf genommen. War aber gut fürs Krankenhaus, weil man den Stroke am nächsten Tag zusätzlich abrechnen konnte und die Patientin tatsächlich noch länger bei uns war, abgerechnet wurde halt unter einem anderen Krankheitsbild.

Wenn du in so einer Situation dabei bist, denke mir ich halt, wenn da meine Mutter liegen würde und man würde so mit ihr umgehen, ich würde rasend werden. Schwierig, ganz, ganz schwierig.

Dann habe ich gesagt: »Okay, wisst ihr was? Ciao.« Ja, und drei Monate später war ich in Nepal. Ich bin zurückgekommen, hab in einer Herzklinik noch ein Jahr auf der Intensiv gearbeitet, hab dort so hart das Kotzen gekriegt, dass ich gesagt hab: »Fickt euch alle.« Verzeih meine Wortwahl, genau so war es.

So habe ich den ganzen Winter quasi mehr oder weniger nicht gearbeitet. Ich hab mich ein bisschen um meinen Großvater gekümmert, er ist schwer dement und da muss das Haus verkauft werden, blablabla. Der ist letztendlich in einem Pflegeheim untergekommen. Und ich hab gedacht: Was mache ich? Hab drüber nachgedacht, komplett aus der Pflege rauszugehen. Hab dann durch Zufall meine alte Stationsleitung aus der Intensivstation im Klinikum getroffen, die ist jetzt Pflegedienstleitung in dem Hospiz und hat gesagt, ich solle mir das mal anschauen, ich würde da menschlich gut reinpassen.

Also ich bin sehr zufrieden. Es ist was ganz anderes. Wir haben mit den Krankheitsbildern zu tun. Das stimmt. Es steht aber nicht im Vordergrund. Im Vordergrund steht einfach das Wohl der Patienten. Ärztliche Versorgung läuft anders, es sind Hausärzte, die das machen. Die schreiben bei jeder Aufnahme Morphin in den Bedarf, wir dürfen das aus eigener Kompetenz spritzen, wenn es den Leuten schlecht geht, weil die bei uns nicht leiden sollen.

Wir haben insgesamt neun Betten, also maximal neun Patienten werden bei uns betreut, und wir sind in jeder Schicht zu zweit, das ist megagut machbar. Wir haben viele Ehrenamtliche. Und ja, mir gefällt es wahnsinnig gut, weil die ganze Kritik, die ich hatte am System, nichts zur Sache tut, einfach, weil der Gast zu 100 Prozent im Mittelpunkt steht. Und wenn mein Gast in der Früh um sieben nicht aufstehen will, wasche ich den halt erst nachmittags um fünf. Da wird nicht diskutiert, die geben uns den Tagesablauf vor. Wir haben einen riesengroßen Aufenthaltsbereich mit schöner Küche und können mit denen kochen. Wir können auf individuelle Bedürfnisse eingehen.

Mit den Familien haben wir viel zu tun. Es ist eine andere Art von Stress, weil es psychisch viel mehr belastet, finde ich. Aber der Umgang mit dem Tod ist für mich seit Jahren durch meine Intensiv-Arbeit Teil meiner Realität. Und deswegen kann ich das ganz gut. Wir dürfen die Leute würdevoll im Sterbeprozess begleiten. Wenn bei uns jemand Luftnot hat, darf ich ihm so viel Morphin spritzen, dass er keine Luftnot mehr hat. Das klingt jetzt ein bisschen krass, aber es ist so, weil die Leute nicht leiden sollen. Und das gefällt mir sehr gut.

Die Leute kommen zu sehr unterschiedlichen Zeitpunkten an. Wir haben Leute, die kommen zu uns und sind einen Tag später verstorben, weil es wirklich schon final war. Wir hatten auch eine Patientin, die war vier Monate da. Und wir haben momentan einen Gast mit frühkindlichem Hirnschaden, mega der süße Dude, und der ist halt komplett verklebt und hat auch Metastasen überall. Der wird sterben, aber der könnte es durchaus noch ein halbes Jahr machen. Da ist echt alles dabei. Ich habe von meinen Kolleginnen gehört, wir hatten eine Phase letztes Jahr im Dezember, da sind die meisten Leute am gleichen Tag verstorben. Andere halten einfach durch. Das ist echt unterschiedlich. Die Leute müssen einen gewissen Katalog erfüllen, bevor sie überhaupt ins Hospiz dürfen. Bei uns kommt niemand, der Nierensteine hat, sag ich mal.

Leute, die länger da sind, die lernst du sauintensiv kennen. Bei der einen Dame, da kennst du die ganze Familie und weißt, was die ihr Leben lang getan hat. Und das ist nicht immer einfach. Weil jeder so seinen Anspruch an uns mitbringt. Nichtsdestotrotz ist es wahnsinnig bewegend, Teil von so einem einzigartigen Moment zu sein. Und auch mit der Familie dazustehen und zusammen zu weinen hat was Erlösendes. Ich find eh, dass der Tod an sich was sehr Friedliches hat. Also wenn die Leute nicht zu Tode beatmet werden.

Ich verfolge natürlich die Diskussion über die Sterbehilfe und finde es gut, dass wir jetzt endlich diesen Schritt gehen und darüber diskutieren. Ich hoffe, dass wir das mit rechtlicher Umklammerung hinkriegen. Dass die Leute, die eine tödliche Krankheit haben, für sich entscheiden dürfen, und zwar eben nicht nur 95-jährige, sondern auch 18-jährige mit Hirntumor. Ich finde das sehr gut, weil das ein hoher Grad an Selbstbestimmung ist.

Ängste, dass dann Kinder ihre Eltern in den Tod zwingen, teile ich nicht, weil ich nicht glaube, dass das passiert. Und wenn wir in die Schweiz kucken, sehen wir, dass das wirklich schön sein kann. So weird, wie das klingt. Aber viele wollen nicht in diesen Kreislauf des Gesundheitssystems rein, wo man mit ihrem Leid jahrelang oder jahrzehntelang noch Geld macht, sondern halt sagen: »Hey, ich habe diese Krankheit jetzt und ich möchte nicht in dieses Stadium kommen, wo ich einfach zum Prellball für Mediziner werde, sondern ich möchte es davor beenden. Und zwar nicht, indem ich mich von einem Haus schmeiße, sondern in einem Setting, in dem es mir möglich wird, das auch im Beisein meiner Familie würdevoll zu tun.«

Also ich habe eine Kollegin, die ist erst seit zwei Jahren bei uns, aber die ist seit 30 Jahren im Hospiz. Und sie möchte auch nichts anderes tun. Was ich sehr erstaunlich fand: Ich hab einen sehr hohen Prozentsatz an Kolleginnen und Kollegen, die aus der Intensivmedizin kommen, die einige Jahre Intensivmedizin machen, dann sagen: »Okay, das will ich so nicht mehr.« Und dann ins Hospiz gehen. Ich glaube, dass es was sehr Individuelles ist, weil jeder für sich feststellen muss, mit wie viel Tod man auch umgehen kann. Kann ich das 40 Jahre lang? Wir haben Kollegen, die das echt jedes Mal brutal mitnimmt, wenn jemand verstirbt. Das ist ihr Umgang mit dem Thema. Eine gute Psychohygiene braucht jeder für sich auch. Aber ich glaube, man kann das länger machen als in einem Akut-Haus, trotz der Belastung.

Es ist ein katholisches Haus, also der Träger ist katholisch, aber bei uns liegen alle Glaubensrichtungen. Ich habe jüdische Menschen dort gehabt, auch Zeugen Jehovas. Ich hatte sogar einen Hindu neulich. Ich persönlich muss nicht gläubig sein. Und ich muss auch nicht die katholischen Regeln groß einhalten. Aber ich muss genügend Respekt mitbringen, falls jemand eine Salbung von einem Priester will.

Niemand stirbt gerne allein, aber viele tun es tatsächlich trotzdem. Hier gibt es viele, bei denen du auch weißt, da gibt es fünf oder sechs Kinder, und da kommt niemand. Aber ich sage auch immer: Man kuckt halt hin und nicht rein, und wer weiß, was da das Leben lang passiert ist. Dafür sind wir auch nicht da, um auf den letzten Metern alle Familienclinche noch zu lösen oder so. Aber es ist schon traurig, wenn du bei jemandem zu Hause anrufst und sagst, »Ihre Mutter ist gestorben« und dann kommt nur: »Ja, okay, ciao.«

Das ist schwierig, aber es ist, glaube ich, menschlich. Es gibt einfach unterschiedliche Familiensituationen. Nicht in jeder Familie ist alles Zuckersahne. Wir sind nicht dafür da, um das zu bewerten. Und mir ist auch egal, was der Patient im Vorgang so erlebt hat oder wie er zu seinen Kindern war, solange er zu uns respektvoll ist. Und alles andere geht mich auch nichts an.

Klar, Arschlöcher gibt es überall auf der Welt, also auch bei uns. Wir hatten einen da, der schwerer Alki war, der war wirklich ungemütlich. In diesem Punkt vermisse ich die Intensivmedizin schon. Als ich Intensivpfleger war, habe ich immer gesagt, den meisten Leuten steht so ein achter Tubus ganz gut, dann halten sie die Fresse. Ja, Pflegerhumor, manchmal muss man kompensieren.

Auch damit muss man umgehen. Wir haben von superlieb und herzig bis zu aggressiv alles dabei. Und zwar nicht nur krankheitsbedingt aggressiv, sondern wirklich schwierige Charaktere. Es ist nicht so, dass der nahende Tod die Menschen läutert.

Ich bin nicht dafür da, um ihn spüren zu lassen, dass er ein Arsch ist. Das ist nicht mein Job als Krankenpfleger. Wir ziehen Grenzen, gerade wenn es handgreiflich wird, sexuelle Belästigung war auch schon Thema bei uns. Da hat dieser eine Gast gesagt, die Kollegin sei zu aufreizend angezogen. Ich bin als einziger Mann in der Schicht hin und habe ihm versucht zu erklären, dass kein Kleidungsstück dieser Welt einen sexuellen Übergriff rechtfertigt. Das war ein sehr schwieriges Gespräch. Aber, naja, auch das hat sich gelöst.

Was passieren soll, naja. Es gab ja richtige Schritte. Nehmen wir nur mal das Personal-Untergrenzen-Gesetz, das 2020 durchgesetzt wurde, was jetzt aber auch wieder zurückgestuft wurde durch Corona. Wenn sich alles lockert, muss man es wieder ernst nehmen und instant wiedereinführen. Das wäre, glaube ich, schon ein guter Schritt. An erster Stelle musst du diesen Berufszweig attraktiver machen. Wenn du es schaffst, flächendeckend mehr Leute für diesen Beruf zu motivieren, ist in der Pflege viel getan. Aber solange du nicht bereit bist, an der Geldschraube zu drehen, wirds schwer. Auch diese generalisierte Ausbildung, die jetzt kommen soll, sehe ich sehr kritisch. Natürlich kann ein Pflegestudium interessant sein. Aber das sind nicht die Leute, die danach am Bett stehen.

Das ist das gleiche Geleier wie immer. Gib den Leuten mehr Geld, mach das alles ein bisschen attraktiver, dann hast du auch mehr Leute, die so einen Beruf angehen wollen. Damit machst du es der Pflege deutschlandweit angenehmer.

Weil, so traurig es ist, natürlich lockt man die Leute mit Geld. Es würde nicht schaden, dem ganzen Bereich auch ein bisschen mehr Kompetenzen zuwachsen zu lassen. Aber das sollte nicht bedeuten, dass man der Krankenschwester, die 40 Leute betreut, nochmal obendrauf legt, dass sie die ganzen Nadeln legt. Du musst das System ausgeklügelter machen, da dürfen wir uns gerne Richtung Skandinavien orientieren oder auch ein bisschen kucken, wie es in der Schweiz läuft, denn drüben ist auch nicht alles Gold, was glänzt. Aber dort hast du als Pflegekraft ganz andere Tätigkeitsbereiche, du machst eine Ausbildung, bist geschult im Umgang mit gewissen Medikamenten und das ist dann dein Job. Die Leute werden von anderen gewaschen und du hast mehr Zeit, deine Kompetenzen wahrzunehmen. Nur Kompetenzzuwachs, ohne dass man dir mehr Zeit oder mehr Möglichkeiten gibt, bringt ja auch nichts.

Ich finde es nur schade, dass man Leute, die sich einbringen, einfach nicht wertschätzt. Das ist in anderen Berufszweigen nicht so. Da wird persönliches Engagement ganz anders wahrgenommen als in unseren Gefilden. Es gibt auch keine echte Perspektive. Als Pflegekraft kannst du irgendwann noch den Wundmanager machen, den Kohl macht das auch nicht fett.

Ich sehe das eh sehr kritisch, weil viele Patienten auf Intensivstationen liegen. Da ist fraglich: Ist das wirklich noch Leben? Das muss aber jeder für sich definieren, was Leben ist.

Ich sehe halt, wenn jemand ohne Beatmung nicht mehr zurechtkommt oder jeden Tag Immunsuppressiva schlucken muss, damit der irgendwie mit seinem frisch eingesetzten Organ durchhalten kann. Wir hatten im Herzzentrum einen, der hat ein frisches Herz gekriegt. Und er hat noch genau sechs Monate durchgehalten, war aber die sechs Monate quasi in Isolationshaft. Da wurde umkehrisoliert. Er hat unser Haus nicht mehr verlassen. Er hat jeden Tag eine Therapie von 100 000 Euro gebraucht, damit er durch den Tag kommt. Und ob das Leben ist, ist fraglich, finde ich. Hat er selbst gesagt. Er hat auch gesagt, wenn er das gewusst hätte, hätte er sich gegen diese OP entschieden. Aber da sind, wie so oft, die Angehörigen, für die das ganz wichtig ist. Weil der Umgang mit Tod gerade in unserer Gesellschaft sehr schwierig ist, finde ich. Es wird immer relativ schnell verleugnet oder es herrscht superviel Angst davor und deswegen will man lieber nicht drüber sprechen. Aber man kann sich ein bisschen darauf vorbereiten. Gerade wenn die Oma schon 90 ist und seit 20 Jahren mit der Lunge oder Sonstigem zu kämpfen hat, kann man sich darauf vorbereiten, dass der Tod ein essentieller Bestandteil eines jeden Lebens ist.

Aufgrund der Belastungen während der Pandemie sind in der Zwischenzeit vier seiner Team-Kolleg*innen aus dem Beruf ausgeschieden. Klaus hält noch durch.

MARION

Marion ist Erzieherin in einer Einrichtung für stationäre Jugendhilfe in einer kleineren Großstadt.

Ich habe immer geschwankt zwischen Pflege und Erzieherin. Ich hab zuerst zwei Jahre FSJ gemacht, ein halbes Jahr in einem Kindergarten, ein halbes Jahr in Senioreneinrichtungen und ein Jahr in der Neurologischen Klinik als Pflegepraktikantin. Die Klinik hat mich letztendlich dazu gebracht, nicht in die Pflege zu gehen. Das ist fast zwanzig Jahre her. Es war damals schon so, dass du morgens zum Dienst kamst und es hieß: »Guten Morgen. Du machst die sieben, die zwölf und die fünfzehn.« Es war schon damals so, dass Patienten nach Nummern eingeordnet wurden. Ganz, ganz furchtbar, da war für mich klar: Das ist kein Beruf, den ich mein Leben lang machen möchte.

Es war auch damals schon so, dass ich als Pflegepraktikantin zu Tätigkeiten herangezogen wurde, die ich nicht machen durfte, Medikamentenvergabe über die PEG-Sonde zum Beispiel. Da war ich gerade mal acht Wochen da. Da hab ich Nein gesagt. Danach hieß es »Arbeitsverweigerung«, die haben mir direkt ein Personalgespräch aufs Auge gedrückt. Ich hab gesagt: »Entschuldigung, ich bin Praktikantin.« Ich wollte eigentlich bloß wissen, wie es ist, in der Pflege zu arbeiten. Ich habe meine 200 Euro damals gekriegt im Monat, mit »Zuschlägen«. Wenn ich Glück hatte, waren es 300, und ich hab da ganz normale Dienste gearbeitet. Natürlich nicht eigenverantwortlich, aber selbstständig, Leute gewaschen und angezogen, Essen gereicht und von der einen Therapie zur anderen gebracht.

Da war ich 17, 18 Jahre alt. Ich hab einen Realschulabschluss gemacht und nach der Erfahrung in der Klinik meine Erzieherausbildung angefangen. Ich wollte schon immer ins Soziale. Ich hab viele Heilerziehungspfleger in meinem Freundeskreis, auch in der Familie. Viele Erzieher, viele Krankenschwestern, sehr viele soziale Berufe. Für mich war schon immer klar, dass das mein Bereich ist.

Die Ausbildung war gut, hilft mir aber nur begrenzt weiter. Jugendarbeit an sich war bei uns nicht richtig Thema. Aufklärung, Drogen, Drogenmissbrauch, Abhängigkeit, Medienerziehung, Medienkompetenz. Sowas wurde bei uns sehr selten besprochen. Die Ausbildung ist allerdings schon etwas her.

Wir arbeiten in der Konstellation im Team seit zweieinhalb Jahren, das merkt man. Ich bin die Älteste, mit Mitte Dreißig. Das ist gut, wir sind altersmäßig sehr nah aneinander dran. Ich finde es sehr angenehm, niemand von uns hat Anhang. Das klingt jetzt blöd. Stimmt aber, wir haben eine andere Arbeitsbereitschaft, eine andere Haltung, auch was Kollegialität angeht.

Ich habe vorher in einem Team gearbeitet, in dem es sehr starke Altersunterschiede gab. Da war ich die Jüngste, die älteste war Mitte 50. Und da hat man gemerkt, dass die Solidarität nicht so groß ist, dass man sich schnell in die Haare kriegt und ich um mein Standing kämpfen muss. Dass man einfach abgekanzelt wurde, wenn es zu Meinungsverschiedenheiten kam. Das ist jetzt nicht so.

Das ganze Haus ist viel jünger geworden, wir haben uns auch stark vergrößert in den letzten zehn Jahren. Wir haben inzwischen Außenstellen, ein Haupthaus, bei uns werden mittlerweile über 100 Kinder stationär betreut. Das heißt klassische Jugendhilfe. Einen Hort haben wir auch.

Insgesamt betreuen wir ungefähr 250 Kinder, auch an Schulen, sprich: erzieherische Tätigkeit in Ganztagsschulen, Unterrichtsbegleitung, Hausaufgabenbetreuung, klassische Schulsozialarbeit also. Wir haben eine sozialpädagogische Familienhilfe. Es sind 30 bis 40 Familien, die betreut werden mit unterstützenden Maßnahmen. Dazu gibt es die ambulanten Hilfen, dass die Kinder von der Schule abgeholt werden oder dorthin gebracht werden oder Mittagessen bekommen und ein, zwei Stunden Freizeitbegleitung, und dann abends wieder nach Hause gehen. Das sind auch 40 Kinder. Und eben die zehn stationären Gruppen.

In unserer Gruppe haben wir neun Kinder. Wir bekommen Kinder aus Inobhutnahmen vermittelt. Ab Grundschulalter nehmen wir auf, also ab sechs Jahren bis 21. Jugendhilfe geht bis 21, regulär bloß bis 18, ist aber in Einzelfällen verlängerbar. Den Fall haben wir zum Beispiel jetzt gerade, eines unserer Mädels wird im Sommer 18, die lebt jetzt schon neun Jahre bei uns. Die ist mit uns groß geworden. Sie hat einfach keine Familie sonst. Da gibt es kein Familienkonstrukt, dass sie, wenn sie ausziehen würde, so unterstützen könnte, wie man sich das wünscht.

Die fängt im Oktober mit einer Ausbildung an als Krankenschwester. Und da weiß man einfach, das wäre zu viel Veränderung auf einmal: Wechsel von der Schule ins Berufsleben, dann noch in so einen Beruf, und dazu ein Auszug. Das wäre zu viel. Die braucht noch ein bisschen. Eine Mitbewohnerin, mit der sie sich gut versteht, wird in anderthalb Jahren 18, da hat man halt die Hoffnung, dass man die zwei zusammen ausziehen lassen kann, vielleicht in eine WG.

Unser Ziel ist trotzdem in der Regel die Rückführung. Wenn es möglich ist, die Rückführung nach Hause. Aktuell sind von den neun Mädels, die bei uns leben, vier Mädels acht Jahre oder länger bei uns.

Es gibt auch nicht die Patentlösungen, und es gibt nicht die Rahmenbedingungen, nach denen ein Kind die Jugendhilfe durchläuft. Es gibt so viele Faktoren, die mit hineinspielen. Warum wurde das Kind aufgenommen? Welche Familie? Gibts da Strukturen, auf die man aufbauen kann? Oder ist von vornherein klar: Da ist so ein heilloses Durcheinander, das funktioniert auf keinen Fall. Wir haben auch Kinder, die von sexuellem Missbrauch betroffen sind. Klar ist: Kein Kind kehrt in eine Täterfamilie zurück. Wenn die Mutter sich nicht vom gewalttätigen Partner trennt oder der Vater von der gewalttätigen Partnerin, hat das keine Zukunft. Entweder das Elternteil trennt sich, oder das Kind bleibt hier. Es hört sich hart an, das sagt man natürlich nicht so. Das macht man in Sitzungen und in der Familientherapie.

Aber es gibt kein festes Muster, die Fälle sind immer sehr individuell. Wir haben schon 14-Jährige gehabt, die waren bereit für eine WG mit 16-Jährigen. Das wäre Quatsch gewesen, die bei uns zu halten, weil wir sehr enge Strukturen haben und man einfach weiß, die halten das nicht aus.

Unsere Aufgabe ist es, den ganz normalen Alltag zu strukturieren. Morgens aufstehen, wecken, Frühstück. Schauen, dass sie pünktlich in die Schule gehen, Körperhygiene. Morgens haben wir dann meistens Zeit für Vorarbeiten oder für die Berichte ans Jugendamt, für Besprechungen und solche Geschichten. Und ab mittags wieder ganz normales Programm, wie das Zuhause in einer Familie wäre: Mittagessen, Hausaufgaben, Freizeit und zwischendurch eben kucken: Müssen Kinder zur Therapie? Oder hat wer Gesprächsbedarf? Oder Elternbesuche: Wir haben auch Eltern, die kommen zu begleiteten Besuchen vorbei. Da achten wir immer darauf, dass nur ein Kind Besuch bekommt pro Tag. Sonst ist das nicht leistbar, weil wir meistens allein im Dienst sind mit neun Kindern.

Natürlich ist bei neun Kindern immer was los. Bei uns herrscht zum Beispiel eine eiserne Regel: Abends ab 19 Uhr 30 sind die Kleinen im Bett, und die dürfen dann nichts mehr, außer, wenn sich jemand was tut oder sie ihr zu Hause vermissen. Das ist klar, wenn sie sich schlecht fühlen, brauchen sie uns natürlich. Ansonsten ist abends Zeit für die Großen. Das muss man durchsetzen. Das dauert auch immer seine Zeit.

In der Corona-Krise hat uns die dünne Besetzung auf jeden Fall das Genick gebrochen. Und für die Kinder ist es auch hart. Wir haben Kinder, die eigentlich jedes Wochenende nach Hause gehen. Da sind zwei, die sind schon acht Wochen nicht mehr gefahren. Bei ihnen waren eigentlich die Rückführungen nach Hause geplant, die im Sommer nun nicht stattfinden können, weil ganz viel Erprobung fehlt. Oft nehmen wir Ferien dazu, wir sagen: »Alles klar, das Kind wird zum ersten bis zum letzten Ferientag komplett nach Hause beurlaubt.« Es gibt keine Unterstützung durch uns, außer im allergrößten Notfall natürlich. Aber niemand von uns schaut dort vorbei oder so, wir proben jetzt zwei Wochen Alltag. Dann kommt eine Woche mit Schule dazu und es wird gekuckt: Wie kommen die morgens miteinander zurecht? Gehen die Kinder pünktlich raus? Haben sie alles, was sie brauchen? Das findet gerade alles nicht statt. Es fehlt nicht nur der Kontakt an sich, sondern auch einfach die Beziehungsarbeit zwischen Eltern und Kind.

Die Schulschließungen haben sehr viel kaputt gemacht zwischen uns, also dem Team, und den Kindern, weil wir in eine Rolle rutschen, die nicht unsere ist; eine sehr autoritäre Rolle, was die Schule betrifft, was das Lernen betrifft.

Ein Mädchen geht auf eine Erziehungshilfe-Schule. Erziehungshilfe-Schule heißt, da sind Kinder, die einen ganz besonderen Bedarf haben, die es nicht aushalten in einem Klassenzimmer mit der typischen Klassengröße 20 plus. Die bräuchten eine Einzelbetreuung, weil sie es einfach nicht schaffen, sich zu konzentrieren, weil sie eine geringe Frustrationstoleranz haben, wenn sie zum Beispiel aufs Blatt kucken und feststellen: Die Hälfte davon kann ich nicht. Dann lässt man es lieber ganz und nimmt auch nichts mit aus dem Schultag. Deswegen gibt es in Erziehungshilfeschulen nochmal eine ganz andere Förderung. Die Klassengröße liegt bei sechs Kindern, dann ist dort ein Sonderschulpädagoge und noch zwei Erzieher. Und es gibt auch einen Extra-Raum, wo die einfach hin können, wenn sie eine Auszeit brauchen, die nennen das Insel. Es ist eine ganz geringe Anspruchshaltung an die Schüler.

Kinder mit einem hohen Bedarf profitieren davon sehr, weil man trotzdem in Erziehungshilfe-Schulen normale Abschlüsse machen kann. Man kann sogar rein theoretisch das Gymnasium abschließen. An der Schule gibt es das aber eher selten. Wenn man das erreichen wollen würde, müsste die Förderung durch den Staat höher sein, und man bräuchte mehr Personal.

Nachdem die Schulen dicht waren, haben wir natürlich große Schwierigkeiten damit gehabt, mit allen Kindern gleichzeitig zu arbeiten. Und obendrein nur einen Lehrer, in Anführungszeichen, weil faktisch morgens nur einer da ist von uns. Wir haben zwei Kinder in der Grundschule, alle anderen machen dieses Jahr Abschluss, entweder Hauptschule oder Realschule. Das heißt, die anderen haben hart für ihre Prüfung gebüffelt und sind dann mit Aufgaben um die Ecke gekommen, bei denen man sich erst selbst nochmal einlesen musste und eine halbe Stunde gebraucht hat, um zu checken, was da überhaupt gewollt ist.

Nebenher hat unser Mädchen mit dem hohen Bedarf echt dämliche Aufgaben gekriegt. Teilweise musste sie Sachen raussuchen über Emil von Behring und so Geschichten, schreib über den nen Steckbrief, und so ein Quark.

Sie hat echt ne kurze Zündschnur. Du kannst sie aber nicht so auffangen, wie du sie sonst auffangen könntest, weil du acht andere Kinder hast, die trotzdem Aufmerksamkeit brauchen. Das hat dazu geführt, dass sie von den Aufgaben viele nicht gemacht hat. Da hat sie wiederum von ihrem Lehrer wöchentlich die Rückmeldung bekommen: »Du musst mehr tun, du machst zu wenig. Bitte mach jenes noch.« Und wir stehen dann zwischen den Stühlen.

Ich bin keine Lehrerin. Ich weiß nicht, wie man Lernstoff vermittelt. Ich kann Hausaufgabenhilfe machen, damit habe ich kein Problem. Ich habe ein gutes Allgemeinwissen. Es ist nicht meine Aufgabe, sie zum Lernen zu zwingen, meine Aufgabe ist es, zu kucken, dass sie pädagogisch aufgefangen ist und in ihrem Fall auch therapeutisch. Das kann ich aber nicht leisten gerade. Ich kann ihr nicht hinterherlaufen, wenn sie teilweise von der Gruppe oder vom Gelände abhaut, sondern muss sie machen lassen und muss in dem Moment unsere Erziehungsleitung rufen oder im schlimmsten Falle auch die Polizei, um zu sagen: »Hier ist gerade ein Kind abgehauen.« Die ist jetzt nicht unbedingt fremd- oder selbstgefährdend, aber melden muss man es.

Keines der Kinder ist bei uns, weil es ihm supergut geht. Wir merken auch, dass wir an unsere Grenzen gelangen, was die Lehrer betrifft, die teilweise hohe Ansprüche haben, so dass wir manchmal sagen müssen:

»Wir haben keine acht Laptops hier stehen oder Tablets oder haben supergeiles Internet, dass neun Kinder gleichzeitig Videounterricht machen können.« Ich habe keine Kapazität, einmal quer durch die Stadt zu fahren, um für irgendwen ein Paket Blätter irgendwo in der Schule abzuholen und zu einer bestimmten Uhrzeit wieder zurückzubringen. Wirklich durch die halbe Stadt. Wir haben ein Mädchen aufgenommen, die hat anderthalb Stunden Schulweg, weil die aus dem Stadtteil raus sollte, so weit wie möglich von den Eltern weg, aber im Stadtgebiet bleiben. Da geht es nicht, dass wir mal kurz anderthalb Stunden dahin gurken, um etwas abzuholen. Das geht einfach nicht.

Oder wie viele Apps wir inzwischen auf unserem PC haben. Aber wir haben keine IT-Rechte am Rechner, so dass wir Sachen installieren können. Für jede Scheiß-App muss ich die IT anrufen, mich eine Viertelstunde an den PC setzen, um das alles zu installieren. Ich weiß nicht, wie viele Sonntagabende und Montagmorgen ich deswegen fluchend verbracht habe. Und gleichzeitig geht die Beziehung zu den Kindern kaputt, weil ich faktisch keine Zeit für sie habe.

Also lassen wir alles liegen. Aber Lehrer, Eltern, Jugendamt sowie Leitungsebene verstehen nicht, dass das jeden Tag vier Stunden Büroarbeit sind, die ich nicht leisten kann. Kann ich einfach nicht. Ich bin vier Stunden nicht erreichbar, für niemanden, weil ich für neun Kinder Lehrerin spiele. Da geht nichts. Ich kann nicht kurz einkaufen gehen, ich kann nicht kurz ans Telefon und irgendwas klären, ich kann nicht kurz zur Bank oder ins Büro, um die Post abzuholen. Ich kann nicht mal die Wäsche in die Wäscherei fahren. Wir waschen unsere Wäsche im Moment selbst, weil es sonst logistisch unmöglich ist. Das ist ein echter Alptraum.

Wir sind zum Glück ein gutes Team. Drei von uns arbeiten jetzt schon einige Jahre zusammen. Wir haben auch eine Zeit gehabt, in der wir eine Supervision gebraucht haben mit einer anderen Kollegin, die uns irgendwann auch verlassen musste, weil wir gesagt haben, wir können mit ihr nicht mehr arbeiten. Danach ging eine andere Kollegin, aus ganz anderen Gründen. Und dann haben wir zu dritt diese Gruppe geschmissen, und ich glaube, das spiegelt sich sehr wider in der Art, wie wir arbeiten, weil wir wissen, dass wir uns aufeinander verlassen können. Und mit der Arbeitsmoral arbeiten wir auch neue Leute ein. Zum Beispiel die Auszubildende, die wir übernommen haben. Das ist im Prinzip wie eine Arbeitsfamilie. Du musst an einem Strang ziehen, du kannst nicht einfach larifari dein Ding durchziehen. Und juchhu, noch zwei Dienste, dann bin ich erstmal weg. Du kannst es so zwar machen, aber damit machen wir uns im Endeffekt nur Mehrarbeit, weil deine Kollegen das auffangen müssen, und du dich rechtfertigen musst.

Deswegen gehen wir sehr offen miteinander um und können unseren Frust gut untereinander teilen und es auch ungezwungen unserer Leitungsebene mitteilen.

Am Anfang der Pandemie haben wir uns mit den Kindern zusammengesetzt und einen Plan gemacht. Zuerst haben wir alles erklärt, was das alles heißt. Wir haben überlegt: Was wäre für uns gut? Dann haben wir mit den Kindern gemeinsam beschlossen, was wir jetzt machen: Hygieneplan, Ablaufpläne, Lernpläne. Das war echt eine positive Überraschung, wie gut sich die Kinder eingebracht haben. Und dann gab es auch gute Entwicklungen.

Das eine Mädchen, das wir betreuen, die ist bei uns, seit sie sieben Jahre alt ist. Hast du den Film »Systemsprenger« gesehen? Den habe ich nicht gesehen, kann ich nicht. Ich hab die Vorschau gesehen und hatte die direkt vor Augen und hab gesagt »Ich möchte nicht ins Kino, ich kann diesen Film nicht sehen. Es geht nicht. Das erinnert mich alles viel zu stark an dieses Mädchen.«

Sie hat sehr viel Gewalt erfahren in kindlichem Alter. Wir wissen nicht, wie viel sie davon weiß. Es wird vermutet, dass sie autistisch ist. Eigentlich dürften Kinder bei uns ab zwölf den Stadtteil verlassen. Wir leben in einer etwas größeren Stadt, man braucht von unserem Haus aus ungefähr eine halbe Stunde mit der Straßenbahn in die Innenstadt. Man muss zum Glück nur durchfahren. Wir haben eine Straßenbahnhaltestelle direkt vor der Haustür. Doch sie ist nicht in der Lage gewesen mit zwölf Jahren diesen Weg allein zu machen, du hast nicht gewusst, ob sie ankommt, wo sie ankommen soll. Babbelt sie jemanden an, wird sie von jemandem angebabbelt?

Sie braucht ganz klare Regeln und Abläufe. Das ist zwar hart und schwarzpädagogisch, das läuft aber bei ihr einfach nicht anders. Sie muss wissen: Wenn ich das mache, passiert das. Sie braucht einen ganz krass getakteten Alltag. Wenn wir sagen: »Wir essen um 18 Uhr«, ist es manchmal echt hart für sie, wenn wir um 18.10 Uhr noch nicht angefangen haben. Das hält sie kaum aus, sie muss dann am Tisch sitzen und alle anderen auch.

Sie war sehr lange die Jüngste. Und hat gesagt: »Wann kommt endlich jemand, der kleiner ist als ich, dann bin ich nicht die, die immer als Erstes ins Bett muss.« Das war eines ihrer Hauptanliegen. Dann kam irgendwann ein jüngeres Mädchen. Und die ist bei ihr ins Zimmer gezogen. Die haben sehr viel gespielt, sie haben ähnliche Interessen: Barbie, Tiere, Meerjungfrauen. Aber irgendwann ist das gekippt, weil die gemerkt hat: »Oh, die ist kleiner als ich, die kriegt mehr Aufmerksamkeit.« Da sitzt die Erzieherin länger nebenan, weil sie mehr Hilfe braucht bei den Hausaufgaben als ich. Die kriegt abends vorgelesen, wird nochmal lieb zugedeckt. Da wird abends noch einmal der Rücken gekrault, wenn sie nicht schlafen kann. Man hat einfach gemerkt: Da nagt die Eifersucht.

Dann kam ein zweites Mädchen, das so alt ist wie das andere, deswegen mussten wir die Zimmer wechseln. Das heißt, das Mädel musste umziehen in ein anderes Zimmer. Und die anderen beiden kamen zusammen. Natürlich war das sofort wie Arsch auf Eimer. Die zwei Kleinen waren nur noch zusammen unterwegs und haben zusammen gespielt. Und die andere hatte halt Schwierigkeiten, sie hat nicht so ein Sozialverhalten wie andere Kinder, die halt sagen: »Hey du, ich würde auch gern mitspielen.« Ihr Ding war: Ich tue irgendjemandem weh, ich schrei so lange rum, bis irgendjemand kommt, oder ich geh den Erziehern hart auf den Sack.

Alle zwei Minuten dann: »Darf ich ein Spiel haben? Darf ich ein Hörspiel hören? Kriege ich mein Handy? Gehen wir in den Garten?

Hast du Zeit für mich?« Bis man irgendwann sagen musste: »Jetzt ist Schluss. Jetzt bin ich für jemand anderen da.« Und genaue Uhrzeiten nennen musste: »Um 19:45 hab ich Zeit für dich, aber bis dahin, bitte, lass mich in Frieden.«

Irgendwann hat sie Sachen kaputt gemacht und es den zwei Kleinen in die Schuhe geschoben. Oder hat angefangen, eine Erzieherrolle einzunehmen den zweien gegenüber und sie herumkommandiert. Auch weil sie dachte: Alles, was für sie gilt, gilt für alle anderen auch. Das Individuelle, das eigentlich unsere Arbeitsweise ist, ist mit ihr sehr schwer. Es ist immer wieder ein Kampf mit ihr, und es war jetzt natürlich noch viel mehr Kampf. Meine Ruhephase bestand irgendwann darin, mich bei der Waschmaschine einzuschließen, um mal fünf Minuten zum Durchatmen zu haben.

Und irgendwann kam bei ihr so ein Punkt. Dazu muss ich ein bisschen ausholen. Sie war auch früher schon in der Psychiatrie, über mehrere Wochen, weil sie sich suizidal geäußert hatte.

Und dann kam dieser Tag. Da war ich im Dienst, und dieser Tag bereitet mir heute noch Herzschmerz und Gänsehaut gleichzeitig. Das sind so Momente, da wird dir bewusst, warum du die Arbeit tust, die du tust. Sie saß völlig fertig in ihrem Zimmer und hatte drei Stunden am Stück geschrien. Sie schreit wirklich nur, da kommen keine Worte. Ich bin irgendwann rein. Ich hatte eigentlich Feierabend. Meine Kollegin hatte Spätdienst, es war einer der Tage, an dem wir mal zu zweit waren. Ich hab dann zu dem Mädchen gesagt: »Ich habe ein bisschen Angst, meine Kollegin allein zu lassen, weil ich nicht weiß, ob ihr beide noch hier seid, wenn ich morgen wieder komme. Entweder sie ist weg, weil sie sagt, sie kann nimmer und muss jetzt nach Hause gehen. Oder du bist weg, weil du oder ihr feststellt: So wie es hier gerade ist, geht es nicht weiter. Du brauchst eine Auszeit oder wir müssen tatsächlich in die Psychiatrie.« Das ist ein Begriff für sie, sie weiß, was das ist. Wir haben viele Mädchen, die selbstverletzendes Verhalten zeigen, die stark traumatisiert sind. Dann hat sie mich ganz groß angekuckt, und gesagt: »Ja, vielleicht ist es besser so.« Da war sie elf. Ich hab sie gefragt, warum, da hat die bitterlich angefangen zu heulen und hat gesagt: »Weil es gerade nicht schön ist am Leben zu sein.« Richtig krass.

Sie hat dann mit mir zusammen die Tasche gepackt, noch kurz die Mama angerufen und Bescheid gesagt. Sowas habe ich wirklich noch nie erlebt, das war so ein ganz großer Moment mit ihr. Als sie wiederkam, waren plötzlich diese jüngeren Mädchen da.

Dann hat sie gesagt bekommen, dass wir überlegen, ob wir eine geeignetere Einrichtung für sie finden, weil sie bei uns fast nichts machen kann. Wir haben versucht, ihr klarzumachen, dass es nicht darum geht, zu sagen: »Du kannst hier nicht bleiben.« Sondern, dass die Schule weit weg ist. Man kann sie nicht allein einkaufen schicken. Sie darf ihr Handy nicht behalten. Sie hat bei uns im Stadtteil keine Freunde, weil sie so weit weg auf die Schule geht. Das ist schon schwer. Und wir haben versucht, ihr klarzumachen, dass wir eine Einrichtung finden würden, die ländlicher liegt. Wo es viele Tiere gibt, weil sie Tiere liebt, wo die Schule mit im Haus ist, wo es außen herum viel Wald und Wiese gibt. Sie ist ein sehr naturverbundenes Kind, obwohl die in der Stadt groß geworden ist. Das hat sie akzeptiert. Das fand sie auch gut. Wir haben dann eine Einrichtung angekuckt. Die wurde allerdings wieder abgesagt und jetzt sitzt sie auf glühenden Kohlen, weil ihr Sachbearbeiter nicht dazu in der Lage ist, Einrichtungen anzufragen. Macht der einfach nicht. Niemand weiß wieso.

Das Dumme dabei ist: Wir haben damals dem Jugendamt gesagt, wir können das weiterhin tragen, wenn klar ist, dass sie innerhalb eines bestimmten Zeitrahmens geht. Einfach, damit alle Klarheit haben. Es geht nicht darum, sie loszuwerden, sondern alle müssen sich orientieren können. Klar, könnten wir sie theoretisch auch in die Notaufnahme schicken. Aber die geht da hoffnungslos unter. Die Inobhutnahmen sind überfüllt. Das muss ich leider sagen. Wir kriegen immer wieder Kinder, die uns Sachen erzählen, da stellen sich dir die Nackenhaare auf. Wenn du 80 Prozent davon abziehst, ist es immer noch irre. Nee, dann hab ich sie lieber noch hier und weiß: Die ist bei Menschen, die sie kennen, und muss kein Zwischenabstellgleis in Anspruch nehmen. In dieser

Rolle befindet sich dieses Kind. Für die waren die letzten Wochen pure Hölle.

Bis zu dem Punkt, an dem sie wieder so einen Breakdown hatte, dass sie gesagt hat: »Alles Scheiße, alles, ihr wollt, dass ich gehe, ihr wollt mich alle nur loswerden. Meine Mama will mich auch nicht. Alle Kinder hier finden mich blöd. Alle hassen mich.« Und dann haben wir mit ganz kleinen Schritten angefangen, es aufzuarbeiten. »Warum glaubst du denn, dass wir dich hassen?« Es waren ganz minimale Dinge, die sie gesagt hat. »Ich werde immer noch als Kleine bezeichnet. Ich zähle nicht zu den Großen, obwohl ich alt genug bin. Wenn ihr hier von uns Kindern sprecht, dann sind es immer die Großen und die Kleinen. Und ich gehöre immer zu den Kleinen. Ich darf nie abends mit euch spielen. Ich darf meine Hausaufgaben nicht im Zimmer machen, sondern muss mit an den Esstisch, wo die Kleinen sitzen.« Das waren ganz minimale Sachen. Wir haben halt gesagt: »Alles klar, dann machen wir es jetzt anders.« Das hat den Knoten gelöst, seither läuft es wie am Schnürchen.

Am ersten Abend haben wir es dann natürlich fett übertrieben, wir haben Monopoly gespielt, und wir haben Nutella-Eis gemacht und volle Röhre. Alles rein geknallt, überzogen bis um halb eins. Der nächste Morgen war halt superhart, aufstehen um acht. Ich habe sie am nächsten Morgen gefragt, beim Frühstück: »Und, ist es anstrengend, groß zu sein?« »Ja«, meinte sie. Seither funktioniert alles wunderbar.

Eine ihrer Mitbewohnerinnen ist ein eigentlich sehr in sich gekehrtes Mädchen. Weniger im Sinne von schüchtern oder unsicher oder so, sondern die wird von der Mama dahingehend indoktriniert, dass wir der Feind sind. Wir würden die Familie auseinanderhalten. Da checkt die Mutter nicht, dass wir nicht Auftraggeber, sondern Ausführende sind. Wir kriegen den Auftrag: »Hier sind zwei Kinder, betreut die.« Wir sind aber nicht die, die sagen, diese Kinder kommen weg, um es flapsig zu sagen. Es ist hart, an sie heranzukommen. Sie hat sich vor drei Jahren das letzte Mal in den Arm nehmen lassen.

Inzwischen blüht sie richtig auf. Gestern durfte sie zum Beispiel einkaufen gehen, so kommt sie mal aus der Gruppe raus. »Unsere Süßigkeitenschublade ist leer, hier sind 10 Euro.« Dann ist sie raus und ist extra wieder reingekommen, um mich zu fragen, ob ich Lust auf irgendwas Bestimmtes hätte. Das sind die Momente, in denen man merkt: Alles klar, wir sind ja eine Gemeinschaft, wir gehören zusammen.

Man merkt auch, in was für eine Rolle die Großen schlüpfen, gerade als ich ziemlich fertig war. Das haben die Großen gemerkt. Sie haben sich auch immer beschwert: »Ihr habt nur Zeit für die Kleinen.« Irgendwann hatten wir mal wieder Besprechungen. Da haben die Großen das zum Thema gemacht und haben es den Kleinen gegenüber richtig gut verbalisiert: »Ihr nehmt uns den Tag weg, ihr nehmt uns unsere Zeit weg, und es ist hier nicht aushaltbar, weil ihr immer so drauf seid«, und es dann mit Beispielen belegt. Sie haben auch gesagt: »Wenn ihr das Gefühl habt, ihr braucht irgendwas, dann müsst ihr das sagen. Wenn ihr es nicht sagen könnt, schreibt einen Zettel und schiebt den unter der Tür durch. Kein Problem, aber hört auf, Arschlöcher zu sein. Ihr macht es hier unerträglich, ihr macht es kaputt.« Wir haben einen Plan aufgestellt. Wie wollen wir miteinander umgehen? Lieb sein. Miteinander sprechen, aufeinander Rücksicht nehmen, Ordnung halten, zuhören, empathisch sein. Alle akzeptieren. Die anderen nicht provozieren.

In der Gruppe kriegen wir es hin. Beim Träger sieht das ein bisschen anders aus. Letzte Woche haben sie ein riesiges Plakat in den Flur gehängt, auf dem draufsteht, was Kollegialität bedeutet. Das macht mich richtig aggro. Wir ersaufen hier in Arbeit, und es ist keiner da, der uns hilft. Wo sind die ganzen Leute? Die sollen hier ja nicht die Dienste machen, wenn sie es sich nicht zutrauen, aber Wäsche waschen, Post holen, mal zur Bank oder einkaufen gehen. Oder mal bei den Hausaufgaben helfen.

Stattdessen hatten wir neulich ne Besprechung. Wir machen die noch vor Ort, selten, aber trotzdem: Das ist wichtig, sonst geht zu viel verloren. Die Besprechung war um elf, ich wohn außerhalb, die Zugfahrpläne sind total ausgedünnt, deswegen hätte ich erst um 11.30 Uhr da sein können. Oder ich hätte halt, um pünktlich zu sein, den Zug um sieben nehmen müssen. Da hab ich zum Chef gesagt: »Sag mal, können wir ne halbe Stunde später anfangen.« Da meinte der, das sei schlecht, denn er müsse um 12.30 Uhr los, da gäbs Mittagessen im Haupthaus. Da bin ich richtig explodiert. Ich reiß mir den Arsch auf, ich hab zwischendrin mal zehn Tage Dienst am Stück gemacht, und der denkt an sein Mittagessen. Und ich muss sagen, der macht seine Sache eigentlich ganz gut, das ist einer von den Guten.

Ich hab auch echt Respekt vor Führungsaufgaben, so ist es nicht. Zwischendurch habe ich Gruppenleiterin gemacht, ein paar Jahre lang. Am Ende hat der Chef zu mir gesagt: »Wir müssen ganz dringend reden über dich und deine Arbeit.« Da rutscht dir erstmal das Herz in die Hose. Ich bin da hin, der hat mich angekuckt und hat mich gefragt, wie es mir geht.

»Ist anstrengend im Moment, aber geht«, hab ich gesagt, was man halt so antwortet. Und der meinte, er habe eher das Gefühl, dass langsam der Ofen aus sei bei mir und eigentlich eine Kur mal ganz gut wäre. Ich solle auch nicht sofort antworten, sondern das erstmal mitnehmen.

Ich bin nach Hause und hab eigentlich dann erst festgestellt, wie heruntergewirtschaftet ich war, vor allem was das Emotionale betrifft. Ich bin wieder zu dem hin und hab gesagt: »Alles klar, mach ich.« Ich weiß nicht, wie der das gedreht bekommen hat, aber am Ende war ich fast ein halbes Jahr nicht da bei vollem Gehalt. Das war super, weil ich das Gefühl hatte, alle stehen hinter mir. Danach kam ich wieder, und hatte wieder Kraft.

Damals hatte ich ein schlechtes Gewissen, aber jetzt denke ich: An irgendeinem Punkt muss man in unseren Berufen egoistisch sein und muss sagen: »Und jetzt bin ich dran.« Sonst packt man das nicht.

Im Sommer 2020 wurden in der Gruppe drei Jugendliche nach Hause zurückgeführt, die Plätze wurden nicht nachbelegt, was zeitweise zu einer, wie Marion sagt, »willkommenen Entlastung« führte. Für die Kinder und Jugendlichen sei Corona allerdings eine psychische Höchstbelastung, einige der Jugendlichen kämpften wieder vermehrt mit selbstverletzendem Verhalten. Außerdem habe die Hälfte des Teams in den letzten Monaten gekündigt. »Die Situation«, sagt Marion, »war teilweise sehr grenzwertig, und heute frage ich mich, wie ich das geschafft habe.«

GEORG

Georg, Mitte 40, ist Krankenpfleger bei einem mobilen Pflegedienst.

Wir sind eigentlich ein klassischer Pflegedienst. Wir hatten früher den Ruf, auch viel psychosoziale Betreuung zu machen und psychisch kranke Klient*innen aufzunehmen. Inzwischen ist das ein bisschen beliebiger geworden. Wir fahren Touren, jeden Tag. Morgens, es kommt immer drauf an, so von 6 bis 8 Uhr bei den ersten Klient*innen. Sind die Aufgaben geteilt zwischen Pfleger*innen und Pflegehelfer*innen, mache ich als Fachkraft meistens sowas wie Medikamente stellen, Insulingabe und man fährt dann von Haus zu Haus. Die Touren sind so angelegt, dass es zeitlich hinhaut, so wie es die Leute brauchen. Da ist auch mal Körperpflege mit drin, später mal ein Einkauf. In anderen Pflegediensten ist das scharf getrennt, dass die Fachkräfte nur die medizinischen Sachen machen, und die pflegerischen Sachen machen da nur die Helfer*innen. Aber bei uns ist das noch ein bisschen gemischt. Das mag ich auch deswegen, weil man mal länger bei jemanden bleiben kann. Und wir haben auch noch Betreuungsangebote. Das geht über das Bezirksamt, meistens Beschäftigung, Gespräch, Spaziergänge, Begleitung beim Einkauf, solche Sachen.

Ich hatte in der Firma jetzt das Zehnjährige letztes Jahr. Vorher hab ich die Ausbildung gemacht, insgesamt mache ich das also 13, 14 Jahre. Am Anfang hab ich auch im Heim gearbeitet, damals, drei Jahre in der Ausbildung. Jetzt würde ich das nicht mehr missen wollen, diese Unabhängigkeit. Auf Station war es immer sehr nett, aber ich bin mehr so der Einzelarbeiter.

Ich bin da so reingerutscht. Das war eigentlich ganz … Also Soziales habe ich schon immer gerne gemacht. Dann kam eine Zeit, da hatte ich nicht so viel zu tun irgendwie. Ich bin immer an einem Altenheim vorbeigegangen, und – das klingt ein bisschen merkwürdig – es erschien mir, wie soll ich das beschreiben … Das war an einem Waldrand, mit Balkonen, ich dachte: Mensch, hier müsste man seinen Lebensabend verbringen. Das sah so idyllisch aus und übte direkt so eine Anziehungskraft aus. Und dann habe ich mir gedacht: Naja, wenn ich jetzt nicht direkt hinziehen kann, arbeite ich da vielleicht mal kurz. Ich bin dann auf so eine Anzeige gestoßen und habe mich beworben. Ich habe nur mal so angefragt, nebenher. Wie ist das denn? Wie lange dauert das? Gibts da Geld vom Arbeitsamt für? Die Antwort war: Danke für die Bewerbung, kommen Sie vorbei. Plötzlich hatte ich einen Ausbildungsplatz. Ich habe die Ausbildung gemacht, das war schon hart, muss ich sagen, mit Pendeln sogar. Wahrscheinlich war das unnötig gewesen, aber naja. Und da gab es auch diese harten Dienstpläne. Zwölf Tage durcharbeiten, um ein Wochenende frei zu haben. Zwölf Tage durcharbeiten ist ja in Ordnung. Das mache ich auch heute noch. Aber jetzt bekomme ich für das Wochenende, das ich gearbeitet habe, auch mal vier Tage frei. Das würde ich nicht mehr anders machen, aber damals hieß es: Zwei Tage frei müssen reichen. Der Pflegedienstleiter war vorher bei der Bundeswehr und der war echt schlimm. Das war der Standard, die Leute fanden das ganz normal. Man musste, wenn man mal ein Wochenende krank war, jemanden suchen, der Ersatz dafür macht. Aber ich war in einer so komischen Lage, dass ich das damals hingenommen habe. Wenn man drei Wochen Urlaub hatte und es war ein Wochenende dabei, musste man jemanden finden, der einspringt, lauter komische, absurde Regeln.

Später bin ich nach Berlin gezogen, privat begründet, und habe das letzte Ausbildungsjahr da gemacht, hab in einem anderen Heim gearbeitet. Und dort hatte ich ganz normale Arbeitszeiten wie jeder normale Mensch. Für mich war das total paradiesisch, weil ich plötzlich jedes Wochenende frei hatte, beziehungsweise Frei-Tage dafür bekommen habe.

Jetzt habe ich einen absolut netten, angenehmen, schönen Job in einem anderen Stadtteil. Diese ganzen Leute besuchen, das ist auch stressig, aber meistens nett. Es macht Spaß. Es wird jetzt auch nicht toll bezahlt, das ist auch nicht der Grund, warum ich da bin. Da gibts bestimmt Stellen, auch in der Pflege, die besser bezahlt werden.

Aber das Betriebsklima ist gut, das ist schon wichtig. Wir sind zwar privat eher nicht befreundet, trotzdem: Man kennt und mag sich und mit vereinzelten Leuten hat man auch privat zu tun, wenn auch nicht so eng. Es wird gerade mehr, weil wir nämlich dabei sind, einen Betriebsrat zu gründen, das schweißt ein bisschen mehr zusammen. Wir waren vorher bei einer eigenständigen Firma, die einen ganz guten Ruf hatte und ziemlich viele nette Leute angezogen hat, doch inzwischen wurden wir verkauft, an einen Verbund, der viele Pflegedienste hat. Der Kapitalismus war natürlich vorher auch schon da. Aber früher hatte das einen alternativen Anstrich, war eigentlich ja auch schon Mist.

Ursprünglich waren das so Alt-Berliner*innen, die einen Pflegedienst gegründet haben. Die haben das geschmissen, den Laden, auf Kumpelbasis. Am Ende war es natürlich so, dass sie die Leute schlecht bezahlt haben und sich die Taschen vollgemacht haben. Man hat echt wenig Geld gekriegt. Als ich angefangen habe, gab es Urlaubsgeld und Weihnachtsgeld. Das wurde irgendwann gestrichen und durch eine Gesundheitsprämie ersetzt. Für Leute, die wenig krank sind.

Damals hatten wir Papierdienstpläne, die wurden einfach ausgedruckt. Man hatte Pauschalzeiten für alle, 15 Minuten insgesamt, mit Anfahrt. Es kam Zeit für sowas wie Einkäufe und Waschen obendrauf. Aber Standard war 15 Minuten. Es war sehr großzügig berechnet, weil manche direkt nebeneinander wohnen. Da konnte man sehr viel Zeit gutmachen. Wir haben zum Beispiel ein Haus, da wohnt die Hälfte der ganzen Leute, ein Wohnhaus, und da ist das natürlich weniger Weg. Da sind auch Ungerechtigkeiten entstanden. Aber trotzdem war das für jemanden, der gern unabhängig und frei arbeitet, ein gutes Konzept. Man hatte seine Zeit, und was du draus machst, ist deine Sache. An dem einen Tag war man schneller und am nächsten hat es länger gedauert, aber am Ende hat das hingehauen. Es war auf dieser Basis die ganze Zeit ein netter Laden, coole Leute und legendäre Weihnachtsfeiern. Irgendwann haben sie den Laden verkauft und sich nach Spanien abgesetzt.

Dann haben das so Leute aus der Start-up-Branche übernommen. Die dachten sich wahrscheinlich, in der Pflege kann man Geld machen. Die haben dann eine neue, hippe Firma gegründet, so kam mir das vor, und die kamen am Anfang so an: Das wird alles richtig gut. Der Mensch steht im Mittelpunkt und lauter so Sprüche und tolle Fortbildungskonzepte und bla. Jetzt schlägt das alles so um in Sparmaßnahmen, ein Pflegedienst wurde schon aufgelöst im Verbund und solche Sachen. Manche Sachen sind besser geworden, die Bezahlung ist ein bisschen besser. Doch manche Sachen wie die Digitalisierung und verschiedene andere Sachen, die haben sich verschlechtert. Jetzt gehts nach Sekunden. Man hat ein Mobiltelefon und gibt ein: Wann kommt man rein und wann geht man raus? Das ist total getaktet. Ich würde trotzdem nicht sagen, dass man insgesamt zu wenig Zeit hat. Mag sein, dass das vielleicht woanders so ist, ich hatte das Gefühl jedoch nie in meiner Stelle. Die Zeit war immer ausreichend für mich. Man hat halt immer Zeit, bei jemandem kurz zu bleiben und sich was anzuhören, wenn es irgendein Problem gibt. Dafür geht man halt woanders schneller wieder raus. Ich mach das immer noch so, aber es ist komischer geworden mit diesen digitalisierten Sachen, und in den Fahrzeugen sind GPS-Systeme drin, das ist schon beklemmend. Wir müssen mal klären, ob das überhaupt erlaubt ist, wenn wir da nicht zugestimmt haben.

Dann haben die eine ganz komische Personalpolitik: Wir suchen händeringend Leute, und Fachkräfte werden zum Beispiel nicht verlängert. Was auch nicht unbedingt zum Sicherheitsgefühl beiträgt. Wenn etwa eine Kollegin, die von allen als gut wahrgenommen wird, nicht übernommen wird.

So langsam geht der gute Spirit flöten, den diese Firma eigentlich hatte. Ehrlich gesagt, ich weiß nicht, ob man noch was retten kann, muss man sehen. Sonst würde ich mich auch irgendwann nach etwas anderem umkucken. Aber es ist halt einfach ein nettes Arbeiten. Weil man auch die Klient*innen mag und kennt.

Die Klient*innen sind gelassen angesichts der Pandemie. Ich weiß es nicht, wie es in den Leuten aussieht. Bei vielen ändert sich nicht viel, außer dass wir mit Mundschutz kommen. Sie haben vorher auch schon so gelebt, isoliert zu Hause. Wir sind oft die einzigen Bezugspersonen. Aber es gibt auch eine ganze Reihe von Leuten, die vorher in Tagesstätten gegangen sind und ein Sozialleben hatten. Sie sind immer noch besser drauf, als ich gedacht hätte. Trotzdem leiden sie. Es gibt da zwei, die haben gerade kurz vor der Pandemie angefangen sich anzufreunden, und sich gegenseitig zu besuchen. Am Wochenende übernachten bei der anderen und so, das war ganz toll. Aber das geht jetzt nicht mehr. Eine Klientin hat sich bei mir entschuldigt, weil ihr Freund komische AfD-Sachen verbreitet hat, sich jetzt auf einmal als Sympathisant geoutet hat. Ob ich trotzdem noch kommen würde, hat sie mich gefragt.

Aber wir hatten noch keine krassen Fälle, dass Leute akut durchdrehen. Wir haben Kontakte zu Einzelfallhilfen. Wir haben auch eine Sozialarbeiterin, die kümmert sich, wenn irgendwo Sachen entgleisen, wir haben ja auch viele Messies. Und da gibts dann schon ab und zu mal Situationen, wo es schlimmer wird und eine Hilfskette in Gang gesetzt wird mit Psychiatrie oder ambulanten Stationen. Meistens sind die Leute auch dort in Betreuung. Das funktioniert jetzt wieder besser. Am Anfang der Pandemie haben sie ganze Psychiatrie-Stationen geräumt, hab ich gehört. Ich habe nur mitbekommen, dass ambulante Betreuungssachen dicht waren, Tagesangebote für psychisch Kranke. Aber wie gesagt, ich habe keine ganz schlimmen Sachen mitbekommen.

Ich war in dieser Krise Verdachtsfall auf Covid-19, genau dann, als das Balkonklatschen anfing. Da hab ich mich in Quarantäne begeben. Damals wurde fast gar nicht getestet. Und dann bist du die ganze Zeit in so einer Zwickmühle: Du willst zuhause bleiben, weil du niemanden gefährden willst.

Aber die haben dann angefangen, Druck zu machen. Und mit dem Kranksein zum Beispiel, das ist sowieso so ne Sache. Normalerweise gehst du doch nochmal los. Die Kolleg*innen kriegen den Dienstplan nicht auf die Reihe und du hast so einen komischen Gewissenskonflikt. Eigentlich müsste es ja so sein, dass du in dem Bereich sofort zuhause bleibst, bei Halsschmerzen zum Beispiel.

Ich habe unterschrieben, dass ich notfalls auch Covid-Patient*innen behandeln würde. Hab aber dazu den Satz geschrieben, dass ich das nur mache, wenn ich die entsprechende Schutzbekleidung bekomme. Bisher ist das Einzige, was wir haben, das, was wir immer haben: der Standard-MNS, der nur die anderen schützt, Handschuhe und Desinfektionsmittel. Selbst die sind knapp geworden zwischendurch.

Ich hoffe, dass es besser wird. Es kann sein, dass sich das Bild verbessert, das über Pflegekräfte in der Gesellschaft existiert. Das Bild ist schon gut, aber eben mit diesem Exotischen, für das man sich nicht wirklich interessiert. Da kommt immer der Spruch: »Ja, das ist aber toll, dass du das machst. Ich könnte das ja nicht. Aber ich hab riesigen Respekt davor.« Das ist gut und schlecht gleichzeitig. Und nicht sonderlich wertvoll, in der Hierarchie ziemlich weit unten.

Die Hoffnung bleibt, dass sich die Leute in der Pflege organisieren. Aber ich denke, dass sich etwas dadurch ändern wird, dass es noch weniger Fachkräfte werden, und sich die Arbeitgeber*innen bewegen müssen, mit den Löhnen hoch gehen müssen, weil sie sich im Kampf um die Fachkräfte befinden.

Seit Januar 2021 arbeitet Georg in einer Tagesklinik für traumatisierte Geflüchtete und Folteropfer. Die Betriebsratsgründung bei seinem vorherigen Arbeitgeber ist nach seinem Weggang nicht zustande gekommen.

GLOSSAR

Antikoagulation: Als Antikoagulation bezeichnet man die Gabe eines Medikamentes zur Hemmung der Blutgerinnung. Dadurch sollen Blutgerinnsel (Thromben) entweder verhindert oder aufgelöst werden.

Case Management: Genormte Verfahrensweisen und Maßnahmenpakete, um im Einzelfall nötige Unterstützung, Behandlung und Versorgung für Menschen mit Bedarf bereitstellen zu können.

BAMF: Bundesamt für Migration und Flüchtlinge, zuständig für die Durchführung von Asylverfahren und die Koordination der bundesweiten Integrationsförderung.

Caritas: Wohlfahrtsverband der römisch-katholischen Kirche in Deutschland. Einer der großen sozialen Träger mit ungefähr 660.000 Beschäftigten.

Clearing-Stelle: Knotenpunkt in verschiedenen Hilfesystemen, an dem kurzfristig Problemlagen aufgenommen werden und über weitere Hilfemaßnahmen entschieden wird.

COPD: Sammelbegriff für chronisch obstruktive Lungenerkrankungen, die insbesondere das Ausatmen erschweren.

DRK: Deutsches Rotes Kreuz. Einer der großen Wohlfahrtsverbände in Deutschland mit ungefähr 180.000 Beschäftigten.

Dialyse: Blutreinigungsverfahren, das bei Nierenversagen angewendet wird.

ECMO: Extrakorporale Membranoxygenierung, eine Methode zur externen Beatmung durch Maschinen, die in Intensivstationen zur Anwendung kommt.

Ergotherapie: Therapieform zu Erhalt und Wiederherstellung der individuellen Handlungsfähigkeit. Schwerpunkte liegen darauf, die Bereiche Selbstversorgung, Produktivität und Freizeit im persönlichen Umfeld zu stärken. Ziel ist gesellschaftliche Teilhabe und eine Verbesserung der Lebensqualität.

FSJ: Freiwilliges Soziales Jahr. Vorläufer des Bundesfreiwilligendienstes.

Inklusion: Wörtlich Einschluss. Ziel gesellschaftlicher Inklusion ist es, dass jeder einzelne Mensch in seiner Individualität einen Platz in der Gesellschaft findet. Grundlage dafür ist die Wertschätzung und Anerkennung von Diversität. Anders als bei der Exklusion (Ausschluss bestimmter Bevölkerungsgruppen) oder der Integration (die darauf abzielt, Ausgeschlossene wieder mitaufzunehmen) wendet sich der Inklusionsbegriff in der Theorie an alle Mitglieder einer Gesellschaft.

Klient*in: Manche Bereiche der Sozialen Arbeit bezeichnen die Menschen, mit denen sie arbeiten, als Klient*innen; dadurch soll der Dienstleistungsaspekt unterstützender Angebote betont werden.

KJPD: Kinder- und Jugendpsychiatrischer Dienst. Beratungs- und Unterstützungsangebot.

Kostenträger: Hilfsangebote werden von Kostenträgern finanziert, dabei handelt es sich meist um eine Behörde. Geregelt werden die Finanzierungen in den jeweiligen SGBs.

LAF: Landesamt für Flüchtlingsangelegenheiten in Berlin.

Liquor: Umgangssprachlich Gehirnwasser. Klare und farblose Flüssigkeit.

Mitarbeiter*innenvertretung: Durch das gesonderte Arbeitsrecht gibt es in kirchlichen Einrichtungen keine Betriebsräte, sondern Mitarbeiter*innenvertretungen.

MIST-Patient*innen: Als MIST bezeichnet man ein Diagnoseschema bei Traumapatient*innen.

NIV-Maske: Vorrichtung zur nicht-invasiven Beatmung.

MNS: Mund-Nasen-Schutz.

PEG-Sonde: Perkutane endoskopische Gastrostomie, ein Verfahren zur künstlichen Ernährung.

Reha: Rehabilitationsmaßnahme.

RSD: Regionaler Sozialpädagogischer Dienst. Basisdienst des Jugendamtes, allgemeine Anlaufstelle für Eltern, Kinder und Jugendliche bei Erziehungsfragen und familiären Problemen.

SGB: Sozialgesetzbuch. In den zwölf Sozialgesetzbüchern sind die grundlegenden Sozialleistungsgesetze zusammengefasst. Die jeweiligen Bücher behandeln unterschiedliche Hilfebereiche, etwa SGB VIII die Kinder- und Jugendhilfe oder SGB IX die Rehabilitation und Teilhabe von Menschen mit Behinderungen.

Shaldon: Dialysekatheter.

SPK: Suprapubischer Katheter.

SPZ: Sozialpädiatrische Zentren sind auf Kinder und Jugendliche spezialisierte, ambulante Einrichtungen. SPZs sind interdisziplinär ausgerichtet, der Tätigkeitsbereich beinhaltet auch Anleitung und Beratung von Bezugspersonen.

Stroke Unit: Krankenstation mit spezieller Ausrichtung auf Schlaganfälle.

Tracheostoma: Permanenter Zugang zur Luftröhre zur Langzeitbeatmung.

Träger: Träger sind Institutionen, die Personal, Infrastruktur und Sachmittel für Hilfeleistungen zur Verfügung stellen. Sie sind keine staatlichen Einrichtungen und werden für erbrachte Leistungen von den Kostenträgern finanziert.

Tubus: Kunststoffschlauch, der zur Beatmung in die Luftröhre eingeführt wird.

VERBRECHER VERLAG

Sascha Verlan /
Almut Schnerring

EQUAL CARE

Über Fürsorge und Gesellschaft

Broschur
150 Seiten
18 €

ISBN 978-3-95732-427-6

Am Anfang und am Ende des Lebens sind wir darauf angewiesen, dass andere Menschen sich um uns kümmern, bedingungslos fürsorglich sind. Aber auch in den Jahren dazwischen: Wer kocht, räumt auf und putzt? Wer erzieht, betreut und pflegt? Wer hört zu und gibt Rückhalt? Wer ist bereit, die eigenen Wünsche zurückzustellen und sich hier und jetzt um andere zu kümmern? All diese Care-Aufgaben sind in unserer Gesellschaft sehr ungleich verteilt. Im professionellen Bereich sowie im Privaten.

Die Grundthese ist: Nur wenn Sorgearbeit zwischen den Geschlechtern gerecht aufgeteilt wird, haben alle Menschen gleichermaßen die Möglichkeit zur gesellschaftlichen Teilhabe, politisch und wirtschaftlich, in Kultur und Wissenschaft, beruflich und privat, auf allen Ebenen und Hierarchiestufen. Ausgehend von den Fragen »Was ist Care?« (mehr als pflegen und sauber machen), »Was ist Arbeit?« (mehr als die reine Erwerbsarbeit auf jeden Fall) und »Wie privat ist Fürsorge eigentlich?« (gar nicht) beschreibt das Buch die sozialen Verwerfungen, die der Gender Care Gap in den unterschiedlichen Lebens und Gesellschaftsbereichen nach sich zieht (ja, auch Männer sind davon betroffen). Wie kommt es, dass sich allen Erfolgen der Gleichstellungsbewegung zum Trotz im Sorgebereich so wenig verändert hat?

Verbrecher Verlag | Gneisenaustraße 2a | 10961 Berlin | info@verbrecherei.de

www.verbrecherei.de